JN220936

コード
監査等委員会
グループ内部統制

変わるコーポレートガバナンス

森・濱田松本法律事務所 編

日本経済新聞出版社

はしがき

現在、上場企業の経営者は、コーポレートガバナンスに関して、次から次と重大な判断をしなければならない。本書は、このような判断を求められる上場企業の経営者や、経営者の判断をサポートする方々に向けて作成している。

しかし、経営者のコーポレートガバナンスの現状認識と、投資家サイドの動きや考えに大きなギャップがあり危機感を感じている。しかも、コーポレートガバナンス・コードが政府の肝いりで作成されたように、現在の動きは過去のものと相違する。上場企業のコーポレートガバナンスの潮流は大きく変わろうとしている。

本書は、このような状況のなか、経営者がどのように舵を切るべきか、その判断材料を提供することを意図している。そのため、多様な立場の識者の見解を掲載した。

第1章では、現在のコーポレートガバナンスの潮流全体について、最重要の10のキーワードの解説という形で、できるだけ簡明に記載した。

第2章から第5章では、各界を代表する識者の見解を紹介しつつ、それぞれのテーマについて、一歩深い説明・意見を掲載している。なお、第2章から第4章は、森・濱田松本法律事務所主催のセミナーに基づき、第5章は株式会社商事法務主催のセミナーに基づいている。第1章を読んだ後に、興味の湧く章を選んでご覧いただいてもよい。

本書作成において、まずは、貴重な時間を割いてセミナーに登壇し、原稿を執筆いただいたセミナーのパネリスト・ゲストの皆様に、感謝申し上げたい。

また、出版にあたり、企画については日本経済新聞出版社の斎藤修一社長、コンセプトや編集については同社網野一憲氏に尽力いただいた。森・濱田松本法律事務所内の編集作業は中尾匡利、伊藤雄馬の両弁護士にサポートを受けた。株式会社商事法務には主催セミナーのコンテンツ利用について快諾いただいた。皆様に心より感謝したい。

なお、本書に掲載するのは個人の意見であり、それぞれが所属する団体の意見ではない。森・濱田松本法律事務所の弁護士についても同様である。

二〇一五年四月

森・濱田松本法律事務所
弁護士　澤口　実

目次

2 パネルディスカッション 120

第3章 グループ内部統制

2

第4章 コーポレートガバナンス・コードへの対応

2

パネルディスカッション

第5章 投資家との対話

装幀／萩原弦一郎・橋本雪（デジカル）

第1章

10のキーワードから紐解く、コーポレートガバナンスの潮流

澤口実（森・濱田松本法律事務所弁護士）

はじめに

監査等委員会設置会社への移行企業の急増や、低ＲＯＥ企業の経営トップ選任議案への反対票の増加、さらには国内大手機関投資家が議決権行使基準にＲＯＥ指標を導入するなど、最近はコーポレートガバナンス関連の気になる動きが多い。

その中でも、二〇一五年六月一日に適用される、いわゆるコーポレートガバナンス・コードの対応には、多くの上場企業が忙殺されているはずだ。

コーポレートガバナンス・コードは、金融庁と東京証券取引所が事務局となり有識者を集めた会議での議論を踏まえまとめた、いわゆるソフトローであり、上場規則によって上場企業に尊重

が求めることとなったコーポレートガバナンスに関する基本的な考えである。
その内容は多岐にわたるうえに、多くの上場会社にとって、従来の自社のコーポレートガバナンスを大きく見直す契機になることと想定される。

しかし、このコーポレートガバナンス・コードへの対応を検討する経営者の中には、釈然としない気持ちを持つ方も多いのではないか。

「社外取締役など経営の役に立たない」
「コーポレートガバナンスを強化しても企業価値は上がらない」
と信念をもって語る経営者もいる。

実体験に基づくこれらの発言は重みがあり、また、実証研究の結果からも、必ずしも間違いとも決めつけられない。

そもそもコーポレートガバナンスの論議は、経営者にとってわかりやすいとはいえない。
企業経営に関係する多様な立場から、多様な主張がなされている。経営者自身はもとより、株主・投資家、政府、法学者、法律・会計の専門家、コンサルタント、経営や投資を支える専門会社、各種団体など、論議に参戦する関係者は枚挙にいとまがない。一方、経営を専門領域とする研究分野からはアカデミックな指摘が少なく、それもあってか、いわば「百家争鳴」ともいうべき様相を呈している。なかには意見の相違の範疇を超えて、首を傾げたくなるような主張も散見され、経営者をますます混乱させているのが実情ではないか。

本書は、そのような現状を冷静に客観的に理解したいと考えている経営者のために作成している。特に、現在の動きに疑問を感じている経営者にこそ読んでほしい。なぜ、現在の動きが生じているのか、それが今までの動きと何が相違するのか。経営者としてはどのようにしてこの事態を俯瞰して見るべきか。

本書は、そのような経営者の判断の材料をできるだけわかりやすい形で、特定の立場に偏ることなく客観的に提供することを目指している。したがって、第2章以下では、森・濱田松本法律事務所が二〇一四年一二月二四日、一五年二月二三日、同三月二四日の三回にわたり実施した関連セミナーに参加いただいた、多様な立場の識者の意見を紹介している。

そして、これらの識者の意見などからは、上場企業のコーポレートガバナンスの潮流は今大きく変わろうとしていること、経営者の皆さんは、ちょうどその潮目に差し掛かっている可能性が高いことがおわかりいただけると考えている。このような現状を、舵を切る立場の方には理解していただきたい。

まずは本章において、現在のコーポレートガバナンスの潮流の変化を把握するために、最重要な10のキーワードについて説明する。

1　コーポレートガバナンス・コード

経営者、特に上場企業の経営者にとって、今、対処すべき優先度が最も高いのは、コーポレートガバナンス・コードであろう。

◆コーポレートガバナンス・コードは法令とは違う

コーポレートガバナンス・コードにおけるコンプライ・オア・エクスプレインという仕組みは、法令とは異なり、馴染みが薄い。

改正される上場規則には、コーポレートガバナンス・コードの趣旨・精神を尊重する義務が規定されるが、そのコード自体は、その内容となる各原則について、実施（コンプライ）しなければならないとはせず、実施しなくても実施しない理由を説明（エクスプレイン）すればよいとしていることから、結局のところ、コーポレートガバナンス・コードは、理由さえしっかりと明らかにすれば実施する必要はない規律ということとなる。

そして、どの原則を実施しないのか、実施しない理由は何かという会社の判断（説明）を、投資家が評価する。その評価に基づく投資家の行動（株式処分や議決権行使、対話）の結果が企業に及ぶ。こういった流れとなるのが、コーポレートガバナンス・コードである。法令のように、実施しなければ違法というようなことは全くない。

ただし、コーポレートガバナンス・コードの各原則は、いわばベストプラクティスとして、望ましいコーポレートガバナンスの施策として整理されている。また、現に多くの投資家の支持も得ている。したがって、実施しない理由の説明には、相応の説得力が必要であり、決して容易でないことも事実である。

◆何が規定されているか

コーポレートガバナンス・コードは、五つの基本原則、三〇の原則、三八の補充原則により構成されている。

このうち、独立社外取締役を二名以上選任する点や、政策保有株式についての開示を強化する点についてはよく報道されているが、これらはコードが定める合計七三の原則のうちの二つに過ぎない。

コードが整理する考え方は多岐にわたる。コードの各原則について実施（コンプライ）を選択した場合に、開示が必要となる方針を掲げる原則は一一ある。また、取締役会が主体として何らかのアクションが必要、つまり取締役会での審議が必要な事項を定めると考えられる原則は約三ある。

これらの中には、多くの上場会社で既に対処している事項を定めるものもあるが、そうでないものも少なくない。

特に影響が大きなものについては、第4章で詳しく取り上げるが、いずれにしても、コーポレートガバナンスに関する時計の針を、一挙に進める内容であることは間違いない。

◆成長戦略の「一丁目一番地」

なぜ、このようなコードが策定されたのか。

要綱、つまり骨子が平成二四(二〇一二)年に決まった会社法改正では、社外取締役一名の選任の義務付けを巡って法制審議会会社法制部会において激しい応酬がなされ、結果として、義務付けは回避された経緯がある。

それから二年しか経過していない時点でコードは策定された。

しかも、コーポレートガバナンス・コードは、平成二六(二〇一四)年八月の有識者会議の立ち上げから四カ月後の同年末に原案を公表している。平成二七(二〇一五)年三月の有識者会議で原案が確定したが、平成二六年末に公表されたものから実質的な変更はない。コーポレートガバナンス・コードは実質四カ月で作成されたことになる。

この点を理解するためには、政府の成長戦略を理解する必要がある。平成二六年六月に公表された改訂版日本再興戦略に、コーポレートガバナンス・コードは登場している。

しかも、その扱いが特別である。

改訂戦略におけるカギとなる施策の冒頭に、日本経済を本格的な成長軌道に乗せ、経済の好循環を引き続き回転させていくためには、日本経済全体としての生産性を向上させ、「稼ぐ力（＝収益力）」を強化していくことが不可欠であるとしている。

そして、その施策の冒頭に、「企業が変わる」と題して、次のとおり、企業の生産性の向上、収益力の向上が重要な政策目標であることが表明されている。

（1）企業が変わる

（生産性の向上）

日本企業の生産性は欧米企業に比して低く、特にサービス業をはじめとする非製造業分野の低生産性は深刻で、これが日本経済全体の足を引っ張っている状況にある。また、グローバルな市場で戦っている産業・企業には、市場環境の変化への対応が遅れ、苦戦を強いられているケースも多い。第2次安倍内閣発足後のマクロ環境の改善により企業業績は回復しつつあるものの、競合するグローバル企業との比較では、未だ十分とは言い難い。サービス分野を含めて生産性の底上げを行い、我が国企業が厳しい国際競争に打ち勝って行くためには、大胆な事業再編を通じた選択と集中を断行し、将来性のある新規事業への進出や海外展開を促進することや情報化による経営革新を進めることで、グローバル・スタンダードの収益水準・生産性を達成していくことが求められている。企業の「稼ぐ力」の向上は、これからが正念場である。

これに続けて、企業の生産性の向上のための具体的施策の冒頭に「コーポレートガバナンスの強化」と題して、次のとおり述べている。

（コーポレートガバナンスの強化）

日本企業の「稼ぐ力」、すなわち中長期的な収益性・生産性を高め、その果実を広く国民（家計）に均てんさせるには何が必要か。まずは、コーポレートガバナンスの強化により、経営者のマインドを変革し、グローバル水準のＲＯＥの達成等を一つの目安に、グローバル競争に打ち勝つ攻めの経営判断を後押しする仕組みを強化していくことが重要である。特に、数年ぶりの好決算を実現した企業については、内部留保を貯め込むのではなく、新規の設備投資や、大胆な事業再編、Ｍ＆Ａなどに積極的に活用していくことが期待される。

そして、コーポレートガバナンスの強化に関する主要施策例の冒頭に次のとおり、「コーポレートガバナンス・コード」の策定が挙げられている。

○「コーポレートガバナンス・コード」の策定

持続的成長に向けた企業の自律的な取組を促すため、東京証券取引所が、新たに「コーポレートガバナンス・コード」を策定する。上場企業に対して、当該コードにある原則を実施するか、実施しない場合はその理由の説明を求める。

【来年の株主総会のシーズンに間に合うよう策定】

以上のとおり、コーポレートガバナンス・コードの策定は、改訂版日本再興戦略において最優先とも思えるような位置づけの重要施策とされた。

コーポレートガバナンス・コードについては、「成長戦略の一丁目一番地」という表現が使われているが、これは、以上のような改訂版日本再興戦略におけるコードの記載場所を踏まえた整理である。

言い換えると、コーポレートガバナンス、そしてコーポレートガバナンス・コードが、アベノミクスの「第三の矢」の中核的な施策に躍り出た結果といえる。

今回のコード策定は、政府方針に基づくものであり、そう理解すれば、極めて短期間に、従来にない内容がとりまとめられた理由も理解できる。

◆日本再生ビジョンから具体化した施策

なお、平成二五（二〇一三）年六月に作成された、改訂前の日本再興戦略では、コーポレートガバナンス・コードに対する言及はなく、コーポレートガバナンス強化は謳われているものの、諸政策の中での位置づけは必ずしも高いものとはいえなかった。

しかし、コーポレートガバナンス・コードが政府方針に取り込まれる直前、平成二六年五月にまとめられた自由民主党の「日本再生ビジョン」では、コーポレートガバナンス改革が、列挙される重要政策テーマの中で法人税改革の次というポジションに記載されたうえで、コーポレートガバナンス・コードの制定も明記された。

これが、前記した平成二六年六月の改訂版の日本再興戦略の内容に繋がったといえよう。

◆三つの特徴

コーポレートガバナンス・コードについて、従来のコーポレートガバナンスに関する論議と比較しての特徴をいくつか挙げるならば、次の三つになる。

攻めのガバナンスを目指している

投資家側の意見に耳を傾けている

資本効率の向上を重視している

①攻めのガバナンス

「攻めのガバナンス」とは、極めて情緒的な表現であるが、コーポレートガバナンス・コードの序文においても、改訂版日本再興戦略においても使用されている用語である。

コーポレートガバナンス・コードの序文では、次のように言及されている。

本コード（原案）は、こうした責務に関する説明責任を果たすことを含め会社の意思決定の透明性・公正性を担保しつつ、これを前提とした会社の迅速・果断な意思決定を促すことを通じて、いわば「攻めのガバナンス」の実現を目指すものである。本コード（原案）では、会社におけるリスクの回避・抑制や不祥事の防止といった側面を過度に強調するのではなく、むしろ健全な企業家精神の発揮を促し、会社の持続的な成長と中長期的な企業価値の向上を図ることに主眼を置いている。（序文7）

いろいろな配慮がある表現のためわかりづらいかもしれないが、端的にいえば、収益力を上げる、稼ぐ力を取り戻す目的のコーポレートガバナンスの改革であり、リスク回避や不祥事防止といった「守りのガバナンス」とは力点が違うということである。

会社法改正が法制審議会で検討されていた頃、経営者が関与する不祥事が発生し、この絡みで社外取締役の登用の要否が盛んに議論されたこともあり、一部に社外取締役の登用に代表されるコーポレートガバナンスの目的として、法令遵守、リスク回避、さらには不祥事防止に力点を置く主張がなされた。

このような動きに対しては、社外取締役の役割を誤解したものではないかとの指摘もなされてきたが、コーポレートガバナンス・コードは、少なくとも、不祥事防止ではなく、収益力を高めることに力点を置いて作成されているということである。

②投資家側の意見に耳を傾けた内容

コーポレートガバナンス・コードは、会社をめぐる多数のステークホルダーの利害に配慮されたものであり、コードは各所にその配慮を滲ませている。

例えば、株主との対話について規定する基本原則5自体でも、次のとおり、株主以外のステークホルダーへの配慮に言及している。

経営陣幹部・取締役（社外取締役を含む）は、こうした対話を通じて株主の声に耳を傾け、その関心・懸念に正当な関心を払うとともに、自らの経営方針を株主に分かりやすい形で明確に説明しその理解を得る努力を行い、株主を含むステークホルダーの立場に関するバラン

スのとれた理解と、そうした理解を踏まえた適切な対応に努めるべきである。（基本原則5）

また、経営者側、投資家側といっても意見は多様であり、どのようなコーポレートガバナンスがどちら側の求めるものというような単純な整理はできない。

しかし、コードの各原則を俯瞰してみれば、コーポレートガバナンスを巡る論議の中で、主として投資家側から支持する声が多かった事項を多く定めているといえる。その意味では、コーポレートガバナンス・コードは、政府が関与して作成されたコーポレートガバナンスに関する基準として見れば、投資家側の意見に大きく耳を傾けた内容となっている。

③資本効率の向上を重視している

日本の株式市場の低迷や資本効率の低さといった問題意識を踏まえ、資本効率の向上という観点を取り入れている点が、コードの第三の特徴である。

本章でも「ROE」の説明部分で触れるが、最近、投資家側からコーポレートガバナンスにおいて資本効率の重視を求める声が高まっている。

議決権行使助言機関のインスティテューショナルシェアホルダーサービシーズ（ISS）の二〇一五年版日本向け議決権行使助言基準において、「過去五期平均のROE（自己資本利益率）が五％を下回り、かつ改善傾向（直近の会計年度のROEが五％以上ある場合を指す）にない場合、経営トップ（社長・会長）である取締役の選任について、原則として反対を推奨する」旨の方針が示された。

また、経済産業省が取り組む「持続的成長への競争力とインセンティブ～企業と投資家の望ましい関係構築～」プロジェクト（座長：伊藤邦雄・一橋大学大学院商学研究科教授）は、二〇一四年八月に「最終報告書（伊藤レポート）」をまとめたが、その「伊藤レポート」ではROEに関する具体的な数値目標の提言もなされている。

この流れは、従来の機関設計中心のコーポレートガバナンスの議論とは趣を異にするものである。一昔前の投資家側からのコーポレートガバナンス改革の要求は、社外取締役の導入、増員など、機関設計に関わるものが目立っていたし、その要求の裏付ける論理も、あまりエビデンスのない説得力の乏しいものが多かった。

しかし、日本企業の資本効率の改善に関する投資家側の要求は、後述のとおり、エビデンスに基づく一定の説得力を有するものである。そして、有識者会議での議論や各原則の内容からも、コードはこのような資本効率の改善・向上に関する意見をも背景に策定されたものといえる。

コーポレートガバナンス・コードへの対応の詳細については、本書第4章を参照されたい。

コーポレートガバナンス・コードと「車の両輪」といわれているのが、スチュワードシップ・コードである。

2　スチュワードシップ・コード

◆スチュワードシップ・コードとは

コーポレートガバナンス・コードとは異なり、スチュワードシップ・コードについては認識が乏しい経営者の方が少なくないであろう。

なぜなら、このコードの名宛人は機関投資家であり、企業や経営者ではない。

正式には『「責任ある機関投資家」の諸原則』と呼ばれ、副題として『日本版スチュワードシップ・コード』が付されたものである。

平成二六（二〇一四）年二月に、金融庁に設けられた日本版スチュワードシップ・コードに関する有識者検討会における検討のうえで発表されたものである。その内容は、主として日本の上場企業の株式に投資する機関投資家が「責任ある機関投資家」としての責任を果たすために有用と考えられる原則を定めたものである。

そして、その「責任ある機関投資家」としての責任のことを、スチュワードシップ責任と表現している。これは、この原則が、二〇一〇年に英国で策定されたスチュワードシップ・コードを参考に作成されたものだからである。

二〇一五年二月末の時点で、信託銀行等六、投信・投資顧問会社等一二九、生命保険会社一七、損害保険会社四、年金基金等二一、その他（議決権行使助言会社他）七の合計一八四の会社・団体から受入表明がなされている。

日本の主立った機関投資家は、ほぼ受入表明をしているといわれている。

◈スチュワードシップ・コードも成長戦略の一つ

スチュワードシップ・コードの序文にも明記されているが、平成二五年六月にとりまとめられた日本再興戦略において、成長戦略のために早期に取り組むべき主要施策として、「コーポレートガバナンスを見直し、公的資金等の運用の在り方を検討する」ための三つの具体的施策が謳われた。その一つが「機関投資家が、対話を通じて企業の中長期的な成長を促すなど、受託者責任を果たすための原則（日本版スチュワードシップコード）について検討し、取りまとめる。」である。

スチュワードシップ・コードの策定は、政府の成長戦略の一環として実施されたものである。

◆七つの原則

スチュワードシップ・コードは、コーポレートガバナンス・コードと違い、七つの原則しかない。しかも、以下のとおり、各原則の内容は抽象性が高い。

1　機関投資家は、スチュワードシップ責任を果たすための明確な方針を策定し、これを公表すべきである。

2　機関投資家は、スチュワードシップ責任を果たすうえで管理すべき利益相反について、明確な方針を策定し、これを公表すべきである。

3　機関投資家は、投資先企業の持続的成長に向けてスチュワードシップ責任を適切に果たすため、当該企業の状況を的確に把握すべきである。

4　機関投資家は、投資先企業との建設的な「目的を持った対話」を通じて、投資先企業と認識の共有を図るとともに、問題の改善に努めるべきである。

5　機関投資家は、議決権の行使と行使結果の公表について明確な方針を持つとともに、議決権行使の方針については、単に形式的な判断基準にとどまるのではなく、投資先企業の持続的成長に資するものとなるよう工夫すべきである。

6　機関投資家は、議決権の行使も含め、スチュワードシップ責任をどのように果たしているのかについて、原則として、顧客・受益者に対して定期的に報告を行うべきである。

7　機関投資家は、投資先企業の持続的成長に資するよう、投資先企業やその事業環境等に関する深い理解に基づき、当該企業との対話やスチュワードシップ活動に伴う判断を適切に行うための実力を備えるべきである。

この原則のうち、企業との直接の接点が記述されているのは、原則4の建設的な「目的を持った対話」と、原則5の議決権行使とその公表であるが、その前提として原則3で企業の状況の的確な把握が求められ、原則6では議決権行使結果等の顧客・受益者への定期報告も謳われている。

◆機関投資家を通じて、投資対象の企業の改革も意図

そもそも、スチュワードシップ・コードの制定を求めた日本再興戦略においても、スチュワードシップ・コードがコーポレートガバナンスの見直しの施策と位置づけられ、また、「対話を通じて企業の中長期的な成長を促す」ことが明記されているのが象徴的である。

スチュワードシップ・コードは、直接的には機関投資家に改革を求めているが、間接的には機関投資家の先にいる企業の改革を視野に入れたコードというべきであろう。

スチュワードシップ・コードは、コーポレートガバナンス・コードとともに「車の両輪」などと表現される。これは、企業の持続的成長と投資家の中長期的な投資リターンの増大という共通の目的のために策定された、企業と投資家のそれぞれのベストプラクティスだからといえる。ス

チュワードシップ・コードは、投資家の中長期的な投資リターンの増大のために、議決権行使を通じて企業のコーポレートガバナンス改革を推し進めることを意図しているという意味において、企業にとっても極めて重要なコードといえる。

コーポレートガバナンス・コードは、企業を規律する原則であり、その原則への企業の姿勢を機関投資家が評価することにより、企業のコーポレートガバナンスを改革していこうというものであるが、スチュワードシップ・コードは、機関投資家自体の行動を規律するものであり、長期的には、コーポレートガバナンス・コードよりも企業への影響が大きくなる可能性を秘めている。しかも、現在の日本企業においては、安定株主にかわり保有部門として大きな影響力を持つ機関投資家の議決権を背景にした制度である。

スチュワードシップ・コードは、企業にとっては間接的な効用のある「漢方薬」のようなものであるが、長い目で見ればとても大きな影響を及ぼす可能性がある。現に、国内大手機関投資家の議決行使が、徐々にではあるが確実に変化してきている。

3　エンゲージメント

スチュワードシップ・コードが求める投資家と会社との「目的を持った対話」とは、近年、「エンゲージメント」と呼ばれている行動のことである。

◆目的を持った対話

「エンゲージメント」は、経営者の多くには馴染みがない言葉かもしれないが、機関投資家には今や常識となっている。

英国のスチュワードシップ・コードでも、企業戦略やコーポレートガバナンス、株主総会の議案を巡り、投資家と企業との間で行われる目的ある対話をエンゲージメントと定義している。

米国でも、機関投資家が投資先企業との間で様々な形で対話を持ち、コーポレートガバナンスの改善や経営改革を促す取り組みが一般化しており、これらの活動はエンゲージメント活動と呼ばれている。

社会的責任に関する新しい国際規格であるＩＳＯ２６０００でも、ステークホルダーとのエンゲージメントが、七つの重要な原則の一つとして定められている。

エンゲージメントは、会社のステークホルダー、特に機関投資家の世界では、その行動を表現するグローバルな共通用語となっている。

◆機関投資家の行動の変化

遡れば、機関投資家の行動原理は、ウォール・ストリート・ルールと呼ばれる、投資先企業の業績等に不満があれば株式を売却するというものであった。その結果、株価が低下することが間接的なガバナンスになるとも考えられていた。

しかし、機関投資家の運用資産の拡大に伴い、市場での売却による投資資金の回収が、株価への影響により困難をもたらすほどの規模となり、ウォール・ストリート・ルールだけでは対応できなくなった。また、機関投資家の受託責任が強化されるのに伴い、議決権行使その他の方法により、投資先企業に働きかけを行い、企業価値の増大又は株価の上昇により、投資リターンの増大を目指す選択を行うようになった。

その過程では、いろいろな試行錯誤が、企業と投資家側の双方でなされてきた。

そして、さまざまに紆余曲折を経て、投資家と企業との建設的な相互の働きかけの概念が誕生し、認識されるようになった。エンゲージメントの概念は多義的であるが、特に、企業価値の長期的向上を目指す経営者と相互の効果的な働きかけを可能とする、同じく長期の企業価値向上により投資リターンの増大を意図する中長期運用の投資家が企業との間で行う活動を、エンゲージメントと呼ぶ傾向が強まっていた。

そして、リーマンショックにより大きな痛手を負った資本市場は、その主要な原因の一つを投資家と企業の短期的志向（ショートターミズム）と位置づけ、その是正に動いた。

英国ではスチュワードシップ・コードが策定され、その中で改めて概念として整理されたのが、企業の長期的成功を意図した対話を中心とした活動であるエンゲージメントである。

そして、日本のスチュワードシップ・コードが定めるスチュワードシップ活動の中核の一つをなす活動が、「目的を持った対話」であり、「エンゲージメント」とされたのである。

「物言わぬ株主」という言葉があるが、機関投資家サイドでは、エンゲージすること、つまり、目的を持った対話をする＝「物言う」ことは当然であり、逆に「物言わない」ことが、責任ある投資家の行動として問題であると考えられているのである。

◆株式所有構造の変化

一方、我が国の企業経営・会社支配を巡る環境は大きく変化している。

既にいわれて久しいが、我が国の上場企業の株式保有構造は、この二〇年で劇的に変化している。

昭和四五（一九七〇）年度以降、平成二五（二〇一三）年度までの、主要投資部門別の株式保

資料1－1

日本における主要投資部門別株式保有比率の推移

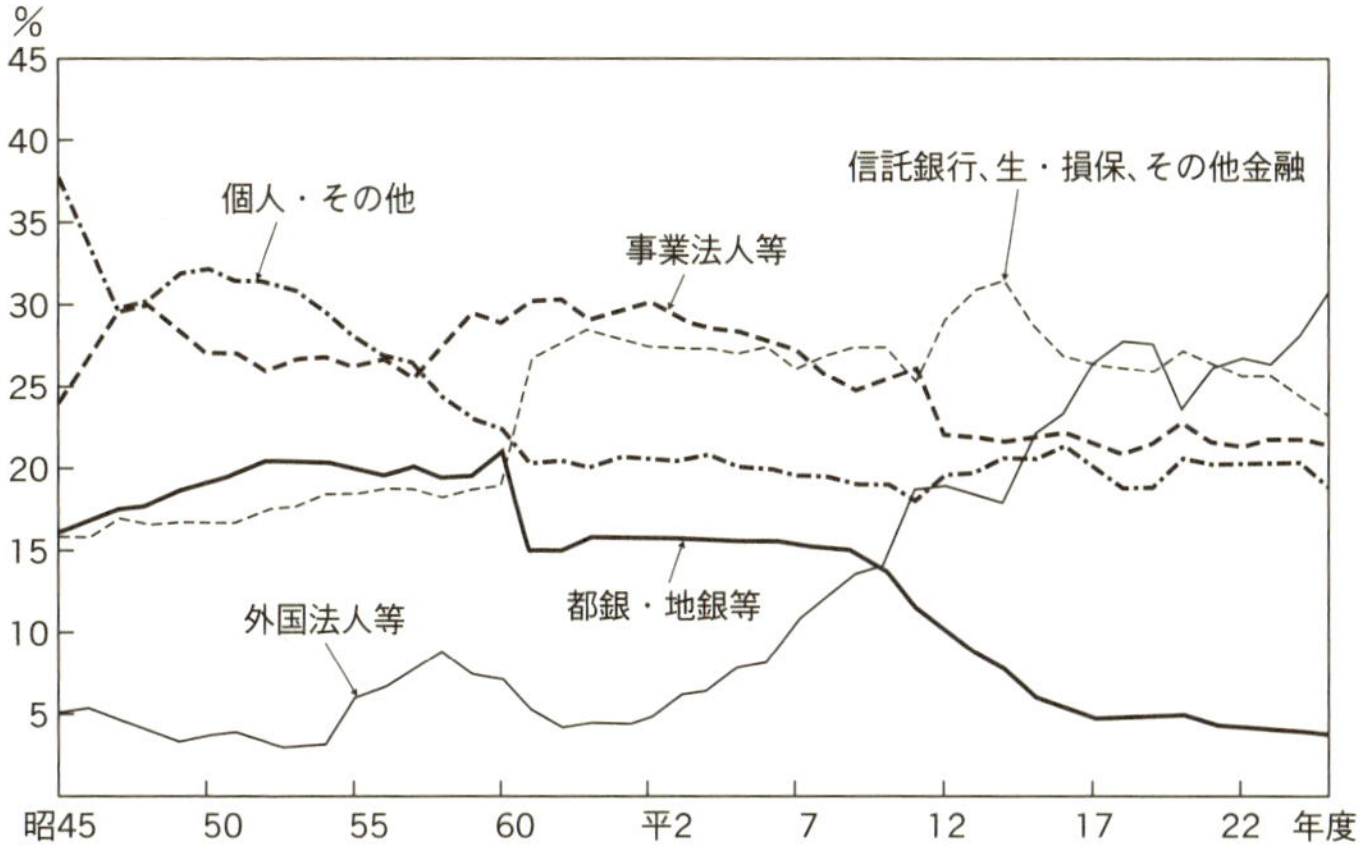

（出典）東京証券取引所等「平成25年度株式分布状況調査の調査結果について」

有比率は資料1－1のとおりである。

金融機関、特にいわゆる安定株主となる都市銀行・地方銀行の株式保有比率が大きく減少したのに対して、外国人の比率が大きく増加した。現在、上場会社の株式の約三割は外国人が保有しているのに対して、都市銀行・地方銀行の株式保有比率は五％を切っている。

その他にもいわゆる安定株主と呼ばれることが多い事業法人や個人株主の比率も、中長期的には減少傾向にある。

そして、資本市場のグローバル化は不可欠といわれている。国内投資家の量的限界から、日本企業が必要とする資金を、日本の機関投資家だけで支えることは困難である。（注1）

現在の経営者は、このような株式所有構造の変化を前提に、既に三割を占める外国人株主を含む株主から信任を得て経営を行う必要がある。

逆に、安定株主に頼った経営は、多くの上場企業で終わりを迎えようとしている。つまり、株主・投資家とのエンゲージメントが求められているのである。

◆エンゲージメントは双方向

今、機関投資家が行おうとするエンゲージメントの活動は、一方通行のアクションではなく、企業のレスポンス・参加が不可欠である。

コーポレートガバナンス・コードにおいても、五つの基本原則の一つが、株主との対話であり、まさに企業の立場からのエンゲージメントについて、次のとおり規定している。

上場会社は、その持続的な成長と中長期的な企業価値の向上に資するため、株主総会の場以外においても、株主との間で建設的な対話を行うべきである。

経営陣幹部・取締役（社外取締役を含む）は、こうした対話を通じて株主の声に耳を傾け、その関心・懸念に正当な関心を払うとともに、自らの経営方針を株主に分かりやすい形で明確に説明しその理解を得る努力を行い、株主を含むステークホルダーの立場に関するバランスのとれた理解と、そうした理解を踏まえた適切な対応に努めるべきである。

この基本原則を受けた原則５－１では、対話に関する方針を定め開示すべきこと、また補充原則5－1②では当該方針に規定すべきことが具体的に規定されている。

経営者側からも、株主・投資家と積極的にエンゲージメントが求められる時代が到来している。

4　政策保有株式

エンゲージメントが行われない株式として、「政策保有株式」が投資家から問題視されている。

◆政策保有株式への逆風

政策保有株式は、実務上の概念で法令等に定義はない。

一般には、有価証券報告書に保有目的の開示が求められる純投資以外の目的で保有する株式のことと理解されている。

そして多くの場合、政策保有株式の投資先において、政策保有株式の株主はいわゆる「安定株主」と分類されている。

この「政策保有株式」に、今、大きな逆風が吹いている。

政策保有株式を減らす方向への強い圧力である。政策保有株式に対しては、機関投資家から、投資先と保有する企業の双方の経営を歪めるという指摘がなされている。

投資先の企業の経営を歪めるというのは、投資以外の目的、例えば取引関係の維持のために株式を保有する場合は、議決権は経営者の提案する議案に賛成する方向で行使され、しかも、保有は長期間にわたることが多く、そのような状況が長期間にわたり固定される。これがいわゆる持ち合い目的であれば、前記の状況がより強固に出現する。このような政策保有株式を保有する株主はまさに「物言わぬ株主」となり、投資先企業の経営に対する株主の立場からの働きかけはなく、そればかりか、投資先企業に対する他の投資家のエンゲージメントの効果を削ぐ結果となる。

また、銀行が取引先の株式を保有する場合のように、必ずしも投資先企業への働きかけがないわけではないが、それは主として取引上の利益、銀行でいえば融資の確実な回収とこれによる収益計上が目的ではないかと疑われ、これが他の投資家には利益相反と映っている。融資の回収による利益を優先して議決権行使をするので、企業のリスクテイクに対して一般的に消極的な判断が加わり、株主・投資家一般の利害と必ずしも一致しないという懸念である。

政策保有株式を保有する企業の経営を歪めるという指摘は、この政策保有が投資先とのいわゆる持ち合いになっていれば、結局のところ、投資先企業と同様に自社の経営を歪める結果になるのではないか、さらに、そのような場合は株式の保有自体の経済合理性が欠けることが多く、自社の経営の合理性、資本効率を意識した経営からも乖離しているのではないか、という指摘である。

◆エクイティガバナンス（カルチャー）とデットガバナンス（カルチャー）

このような考えを、政策保有株式という枠にとらわれずに見ると、上場企業に対するエクイティガバナンス（株主による経営への規律付けを中心とした企業統治）とデットガバナンス（主として銀行などの債権者による経営への規律付けを中心とした企業統治）の対比という見方ができる。（注2）「日本でエクイティガバナンスが広がらないのは銀行によるデットガバナンスが強すぎるのではないか」という意見もある。

さらには、安定を好むデットカルチャーと、一定のリスクをとりにいくエクイティカルチャーを対比し、現在はデットカルチャーからエクイティカルチャーへの企業経営の転換期という整理も可能かもしれない。

我が国では、メインバンク制の崩壊、不良債権処理過程での保有株式の圧縮により、前記のとおり銀行の株式保有比率は大幅に減少していることから、デットガバナンスは大きく後退した。したがって、経営のカルチャーの問題というべきかもしれない。

◆コーポレートガバナンス・コードによる開示強化

改訂版の日本再興戦略に大きな影響を与えた、自由民主党の日本再生ビジョンでは、この政策保有株式に対して、次のとおり厳しい目を向けている。

株式持ち合いや銀行等金融機関などによる株式保有は、長らく我が国における企業経営から緊張感を奪い、産業の新陳代謝が停滞する一因となってきた。このことに対する反省を含め、とりわけ機関投資家については、議決権などの持分権の行使内容を自らの出資者に説明する受託者責任の原則などを明確化するものとして、「日本版スチュワードシップ・コード」が本年（2014年）2月に策定されるなど、取り組みが強化されているところである。しかしながら、既に一定程度の改善が進んでいるものの、我が国企業の収益性を向上させ、新陳代謝の促進と経済活動の活発化を通じて潜在成長力の抜本的な底上げを図るには、コーポレートガバナンス（企業統治）改革の一環として、「株式持ち合い」や「物言わぬ株主による株式保有」を解消する必要がある。

持ち合い株式の議決権行使の在り方についての検討、また銀行における政策保有株保有についての有価証券報告書の開示における、単に融資先である以上の理由を求めるなどでスチュワードシップ（受託者責任）を高め、また、債権者あるいは取引先としての立場と一般株主としての立場の「利益相反」を避けるためにも、上場企業またはそのグループ企業である融資先の株式保有の在り方について検討すべきである。

（自由民主党「日本再生ビジョン」競争力強化のためのコーポレートガバナンス改革から抜粋）

コーポレートガバナンス・コードでは、政策保有株式の保有自体を否定する原則は定められることはなかったが、その保有の合理性を具体的に検証し、一定の開示や説明を求める原則が設けられた。

上場会社がいわゆる政策保有株式として上場株式を保有する場合には、政策保有に関する方針を開示すべきである。また、毎年、取締役会で主要な政策保有についてそのリターンとリスクなどを踏まえた中長期的な経済合理性や将来の見通しを検証し、これを反映した保有のねらい・合理性について具体的な説明を行うべきである。

上場会社は、政策保有株式に係る議決権の行使について、適切な対応を確保するための基準を策定・開示すべきである。（原則1－4）

政策保有株式には別の観点からの逆風もある。それは、取引上の利益を顧慮して株主権を行使する、例えば政策保有株式については基本的に賛成の議決権行使をするということは、法令が禁止する株主の権利行使に対する違法な利益供与に該当するのではないかという見方である。

これは、投資家、特にいわゆるアクティビストと呼ばれる投資家が指摘することが多い点である。現に、電源開発やJTに対する株主権行使が耳目を集めたチルドレン・インベストメント・

ファンドは、二〇〇八年、電源開発の大口株主に対して、安定株主の制度が、株主としての正当な要求や関心事項から会社経営陣を遮断してしまう効果があり、日本の資本市場と経済全体に対して有害なものであるばかりか、株主としての権利行使に関する利益供与の法的責任が発生し得る余地があることを警告する書簡を送っている。

株主の権利行使に関して利益を供与することを禁止し、これに違反した者に刑事罰を科す制度は、昭和五六（一九八一）年の商法改正で総会屋対策として入れられたものであるが、取引上の利益のために経営者に有利な議決権行使をするのであれば、これは違法行為ではないかという問いかけである。

今、上場企業は、自らが保有する政策保有株式の保有の目的と合理性の見直しを、さらには自らの「安定株主」の再考を、政府、投資家、そして法令遵守の観点から求められ、自らの立場、判断の説明が求められている。

本書第4章では、コーポレートガバナンス・コードの文脈における政策保有株式の問題を、第5章では、投資家から見える政策保有株式の問題点について言及しているので、参照されたい。

5 ROE

企業が投資家とエンゲージメントするためには、投資家の思考・投資原理を理解しておく必要がある。

投資家、特に中長期運用の投資家は、投資先の資本効率を尺度に投資を判断している。そして、その資本効率に係る代表的指標がＲＯＥ（自己資本利益率）である。

◆ＲＯＥが再登場

今、日本企業の経営を図る指標としてＲＯＥが大きな注目を浴びている。

日本企業がＲＯＥに着眼したのは、これが最初ではない。一九九〇年代には多くの企業において重要な経営指標と考えられていた。

一九九九年に当時の経済企画庁が実施したアンケート調査(注3)によれば、今後、企業の財務戦略上重視する考え方として、「資本利益率や資本効率を重視する」「どちらかといえば重視する」との回答が二五％を超え、「売上高や利益の絶対額と同程度に重視する」という回答四一％を加えると、過半数の企業が資本利益率や資本効率を戦略上重視する傾向を示していた。

バブル経済が崩壊した後の日本においては、バブル期に行った非効率な投資への反省から、ROE（又はROA）の活用は、もっぱら投資抑制とリストラのために使用されてきたと指摘されている。(注4)

そのROEが今再び、大きな注目を集めている。

◆ISSがROE基準を導入

米国機関投資家を中心に大きな影響力を有するといわれるISSが、二〇一五年版日本向け議決権行使助言基準において、資本効率の低い企業、具体的には過去五期の平均の自己資本利益率（ROE）が五％を下回る企業の経営トップに反対を推奨することを明らかにした。

この新しいポリシー（POLICY）は、既に二〇一五年の二月から適用を開始されている。

二〇一五年三月総会企業の議決権行使結果に既に大きな影響を与えている模様である。

ある大手企業の経営トップの選任議案は、二〇一四年の総会では反対票は約三％であったが、二〇一五年は約一七％の反対が集まり、その背景として、同社の前期のROEが三％であったことが影響したのではないかと報道されている。(注5)

◆経産省のプロジェクトがROE八％以上のコミットを提言

ROEの重視は、投資家側からの動きに留まらない。

経済産業省が取り組む「持続的成長への競争力とインセンティブ〜企業と投資家の望ましい関係構築〜」プロジェクトが二〇一四年八月にまとめた「最終報告書（伊藤レポート）」の中で、次のように、最低ラインとして八％を上回るROEの達成をコミットすべきと提言している。

企業の持続的成長は、長期的な視野を持つ投資家との協創の成果であり、それを評価する重要な指標がROE等の資本利益率である。グローバル経営を推進するには、国際的に見て広く認知されているROE等の経営指標を経営の中核的な目標に組み入れ、それにコミットした経営を実行すべきである。

本プロジェクトでは、グローバルな機関投資家が日本企業に期待する資本コストの平均が7％超との調査結果が示された。これによれば、ROEが8％を超える水準で約9割のグローバル投資家が想定する資本コストを上回ることになる。個々の企業の資本コストの水準は異なるが、グローバルな投資家と対話をする際の最低ラインとして8％を上回るROEを達成することに各企業はコミットすべきである。

政府が関与するプロジェクトで日本企業のROE目標が具体的に提言されたのは、初めてのことではないかと思われる。

◆ROEというよりは資本効率の重視

指標としてのROEは万能ではない。

昔から、度を超したダウンサイジングや縮小均衡を促してしまう可能性があるとか、分母を調整する財務的な操作により短期的に改善することが可能であるとか、あるいは、過小資本を招き企業経営の安定性を削ぐといった批判がなされている。

しかし、投資家側も、求めるものは継続的な資本効率の向上であり、そのための指標の一つ、あるいは最も低コストで共有できる指標がROEであると主張している。着眼しているのは、ROE自体ではなく資本効率ということである。

もちろん、長期的な企業価値の向上を犠牲にした短期的な指標の改善は本末転倒であり、また、企業の安定性を大きく損なうような過小資本は、企業価値向上にはつながらず、かえって中長期の資本効率を低下させるものとして、支持しないと主張している。

◆資本効率と資本コスト

中長期運用の投資家は、投資先の選定にあたり、資本効率を評価尺度としている。

資本効率とは、広い意味では投下資本に対する利回りのことである。自己資本に対する当期純利益の比率であるROEは、自己資本に着眼した資本効率の指標の一つである。

投資家は、リスクに見合ったリターンが得られる投資案件の中から選択して投資を行う。リスクに見合わないリターンしか得られない場合は、他の投資案件を選択するのが合理的行動である。そして、投資先企業において、このリスクに見合ったリターンの水準を示すのが資本コストである。

資本コストは、企業が資本を調達・維持するために必要なコストであり、市場が期待する収益率である。その意味で、資本コストは、事業が超えなければならないハードルレートとしての収益率ということができる。資本コストは、個別企業が資本構成を最適化するなどにより下げることが可能であるが、「伊藤レポート」では、グローバルな機関投資家が日本企業一般に期待する資本コストの平均が七％超としている。

そして、企業がリスクに見合ったリターンを稼いでいるかどうかは、投下資本に対する利回りがこの資本コストを上回っているかどうかで判断するのが一般的である。企業の投下資本に対する利回りの指標としてROEを使う場合は、ROEが資本コストを上回っているかどうかで投資判断を決定する。

これが中長期運用の投資家の基本的な投資原理である。

◆資本効率の向上と企業価値の向上との関係

以上の意味で、投資家が資本効率を重視するのは極めて自然なことといえるし、投資家を顧客とした議決権行使助言会社が、資本効率の指標を議決権行使基準に取り込むこと自体も不思議とはいえない。

問題は、企業自身がこの指摘をどう受け止めるかという問題である。伝統的な考え方によれば、企業活動で生み出された付加価値を資本と労働にどの程度に分配するのかについては、それぞれの生産性等を踏まえた多様な選択があり、資本分配率を高めることが、付加価値の最大化に繋がるとは限らない。

現に、日本経済の長期的低迷から抜け出すためには、労働生産性に対して資本効率の低下が顕著なことを理由に、付加価値の分配の比率が不整合であったのであり、生産性の高さに応じて労働分配率を高めるべきとか、ROEを重視する海外投資家が目指すものは、従業員報酬と設備投資とを抑圧することにより事業利益を拡大し、それを株主還元することであるとの見解もある。(注6)

一方で、労働分配率の問題と、資本効率の問題は次元が相違するとも思われ、また、資本効率の向上は株式の市場価格の上昇に繋がり、会社のすべてのステークホルダーの利益に繋がるという指摘もある。

いずれにしても、資本市場のグローバル化は必然であり、そして、日本企業が国際競争に勝ち残るために、海外投資家の資金を日本の証券市場に集め、企業活動への投資を促す必要がある。

資料1－2

ROEの国際比較（％）

	日本	米国	欧州	その他
ROE	3.60	11.44	10.03	10.49
最大	8.76	15.10	15.61	14.59
最小	−3.01	3.49	2.38	5.26
ボラティリティ	3.47	3.27	3.44	2.79
国債利回り	1.7	4.8	4.4	4.8
差	1.9	6.6	5.7	5.7

（図表注）欧州はドイツの国債利回りでデータストリームによるユーロ（1999年1月導入）以前の修正がある。その他はアジアやアフリカなどを含むが、金利は米ドル金利と同じとしている。ファクトセットのカバレッジ全銘柄を対象とし、市場ごとにドル建ての利益合計を資本合計で割るなどして1995～2012年について年ごと（毎年3月末時点）に算出。欧州に英国を含む。ROE（平均）とその最大、最小、ボラティリティは全て年別計測結果の18年について。

（出所）ファクトセット、データストリーム、BofAメリルリンチ・グローバルリサーチ

（出典）神山直樹「現代の株式会社とROE」（「証券アナリストジャーナル」51巻7号）

外国人が日本の上場企業の株式の三割を保有していることは、既に述べたとおりである。そのためには、日本の上場企業の株式への投資が、他の投資先と比較して資本効率の観点で優れている、そこまでいかなくても、劣っていないことは必要である。

そのような状況の中、日本企業の資本効率の低さは従来から指摘されていた。この点については、企業努力を超えた諸要素（円高の継続、デフレ）の影響もあるが、その点を考慮しても、資料1－2のとおり、主要国と比較して見劣りするのは否定できない。

その意味で、企業の資本効率が一定水準を下回ることは、株主・投資家のみならず、企業のすべてのステークホルダーにとって不利益であるという主張には、一定の説得力がある。

◆パッシブ運用の投資家にとり株式市場全体の資本効率の向上が重要

パッシブ運用は、機関投資家による日本株投資の中で相当の割合を占めている。

パッシブ運用とは運用目標とされるベンチマーク（日経平均株価やＴＯＰＩＸなどの指標）に連動する運用成果を目指す運用手法のことであり、投資対象の選定をせず、ベンチマークを構成する銘柄を機械的に取得する投資手法である。

パッシブ運用を行う中長期運用の投資家は、企業を選別して投資するわけではないので、資本効率が低い上場企業が当該市場に存在することが、運用成績の低下を招く。また、そのような企業を含むベンチマークの選択は回避するということになる。

そのようなパッシブ運用を行う中長期運用の投資家が証券市場にとって無視できない存在であれば、単に個々の上場企業が資本効率の向上の努力をするだけでなく、証券市場に上場する企業全体の資本効率を向上させることが求められる。

そのようなアクションをとらなければ、日本の証券市場はグローバルの資本市場の競争で後塵を拝す結果になる、といった投資家側の主張にも、一定の説得力があることは否定できない。

◆コーポレートガバナンス・コードも資本効率の向上を意図している

前記したとおり、資本効率の向上の視点は、コーポレートガバナンス・コードにも取り込まれている。

基本原則自体にも、次のとおり取締役会の責務として「資本効率」の改善が謳われている。

上場会社の取締役会は、株主に対する受託者責任・説明責任を踏まえ、会社の持続的成長と中長期的な企業価値の向上を促し、収益力・**資本効率**等の改善を図るべく、

(1) 企業戦略等の大きな方向性を示すこと

(2) 経営陣幹部による適切なリスクテイクを支える環境整備を行うこと

(3) 独立した客観的な立場から、経営陣（執行役及びいわゆる執行役員を含む）・取締役に対する実効性の高い監督を行うこと

をはじめとする役割・責務を適切に果たすべきである。（基本原則4）

そして、経営戦略や経営計画の策定・公表にあたっても、資本効率に関する目標の提示が求められている。

経営戦略や経営計画の策定・公表に当たっては、収益計画や資本政策の基本的な方針を示すとともに、収益力・**資本効率**等に関する目標を提示し、その実現のために、経営資源の配分等に関し具体的に何を実行するのかについて、株主に分かりやすい言葉・論理で明確に説明を行うべきである。（原則5－2）

コーポレートガバナンス・コードでは、縮小均衡に陥らないため、資本効率を収益力とセットで記載しているが、いずれにしても、資本効率の改善が取締役会の責務であり、また株主の極めて強い関心事項であり、経営計画においても目標を提示し、かつ、株主との対話において説明すべきというスタンスを示している。

今まで、資本効率に関する指標の導入に慎重であった国内の長期保有の機関投資家の中からも、議決権行使基準にＲＯＥ指標を取り入れる動きが出てきている。

資本効率の向上に関する投資家の考えの詳細については、本書第5章を参照されたい。

6 ショートターミズム

中長期運用の投資家は、ＲＯＥなどの資本効率を尺度に投資をしており、短期的な株主還元は必ずしも重視していない。

国際的にも、企業価値の長期的向上のために、投資家と企業の短期志向（ショートターミズム）の抑制に関心が払われている。

◆株主還元が増加している

我が国の企業の株主還元が増加している。

報道によれば、三月期決算企業のうち二〇〇八年三月期から比較可能な二二五九社の集計によれば、二〇一五年三月期の配当総額は七兆四三〇九億円と過去最高であった前期（六兆九〇二七億円）から五二八〇億円増えている。純利益の二九％を配当に回す計算となる。(注7)

生命保険協会が実施している機関投資家を対象としたアンケート調査においても、企業の配当水準について、「満足できる企業があまり多くない」との回答が四割を超えており、(注8)配当水準の改善を求める機関投資家の声が強いのも事実である。

なかには、利益をすべて自社株買いと配当に回す、つまり総還元性向一〇〇％の企業も登場して、注目を集めた。

◆中長期運用の投資家は株主還元ばかりを重視しているわけではない

しかし、中長期運用の投資家は、利益は、配当や自社株買いよりも企業価値を向上させる投資に使うべきであると考えており、少なくとも株主還元が多ければよいとは考えていない。

事業会社ごとの状況に応じて、答えはまったく違うと思います。基本的には、上がった利益は一〇〇％企業価値が上がる投資に回してほしいというのが、真っ当な中長期の企業価値を考える投資家の考え方だと思います。配当や自己株買いなども全く求めない。それがおそらく一番真っ当な、中長期でずっとその企業に投資をし続けたい投資家が思っていることです。

なぜなら、どの事業に投資することが最も利益が上がるかという判断は、経営者にすべて任せているからです。その判断を経営者に任せ企業価値が上がってくれれば、株式保有により中長期的に株価も結果的に上がります。したがって、経営者の方が判断する、最も利益が高いと思われる事業に、一〇〇%その利益を投資していただくというのが、基本的には一番、中長期で企業を保有したいと考えている投資家が思っていることです。ただし、経営者の方が考えて、そのような利益が上がる投資先がないのであれば、投資家に対していろいろな利益の還元の仕方があり得るのではないかと思います。

これは、本書第5章に掲載した堀江貞之氏（野村総合研究所・金融ＩＴイノベーション研究部）の見解である。投資家のコーポレートガバナンスへの関与が深まりつつある現状から、単に株主還元を増やすべきという思い込みがあるならば、思い直す必要がある。

もちろん、これは裏を返すと、企業価値に対する評価を踏まえない安易な株主還元は適切でないともいえる。経営者は株主からの経営の委託を受けた者として、利益の投資・使途については、企業価値向上のための最適な選択を常に求められ、仮に株主還元する場合も、企業の個別の状況とその企業価値を踏まえどのような還元策が適切か判断すべきであり、横並びといった発想は許されなくなってきている。

◆国際的なショートターミズムとその警戒

運用総資産が五〇〇兆円を超える世界最大の運用会社といわれ、日本企業の株式についても巨額の投資を行っているブラックロック社CEOのフィンク氏は、二〇一四年、S&P500社のCEOに宛てて書簡を出し、国際的に大きな関心を集めた。次のように報道されている。

主要企業に宛てたフィンクCEOの手紙が批判したのは経営者の〝短期志向〟。「多くの企業は将来の成長に投資せず、借金してまで配当や自社株買いを膨らませている」と指摘。「間違った目的のため設備投資を犠牲にして行われるなら、企業が長期にわたり利益を生む能力を脅かす」と訴えた。(注9)

つまり、安易な自社株買いや増配により長期的な企業価値向上を犠牲にしないように警告を発しているわけだ。同氏は、二〇一五年も同様の書簡を再び発し、経営者に警告を送っている。(注10)

このような警告がなされるほどに、投資家、そして企業において、長期的な成長を犠牲にした短期志向が拡がっているとの認識がある。この短期志向は、ショートターミズムと呼ばれている。世界の主要な株式市場における平均株式保有年数は短期化（売買回転率が上昇）する傾向にあり、特に、日米英の株式保有期間は過去数十年間にわたり劇的に短縮化しているといわれている。欧米では、投資コミュニティにおけるショートターミズムが、企業の意思決定や投資行動の短期志向化等の悪影響をもたらしているとの警戒がなされている。

我が国のスチュワードシップ・コードの原型となり、またコーポレートガバナンス・コードの策定の際に大きく参考とされたのは、いずれも英国のスチュワードシップ・コードとコーポレートガバナンス・コードであるが、いずれも我が国のコードとは異なり、投資家と企業の不祥事や短期志向を抑制することを大きな主眼として作成されたものである。

◆すべての株主とエンゲージメントが必要なわけではない

我が国のスチュワードシップ・コードにおける、エンゲージメントの目的が、企業の企業価値の向上や持続的成長を促すことにあることは、その表題からして「責任ある機関投資家」の諸原則とされたうえで、スチュワードシップ責任の次のような定義からも明らかといえる。

本コードにおいて、「スチュワードシップ責任」とは、機関投資家が、投資先企業やその事業環境等に関する深い理解に基づく建設的な「目的を持った対話」（エンゲージメント）

などを通じて、当該企業の企業価値の向上や持続的成長を促すことにより、「顧客・受益者」（最終受益者を含む。以下同じ）の中長期的な投資リターンの拡大を図る責任を意味する。

そもそも、本家英国のスチュワードシップ・コード自体が、リーマンショックの反省のもと、ショートターミズムへの対応を目的の一つとして作成されたものである。

我が国のスチュワードシップ・コードでは、投資先企業の「持続的成長」も謳っており、ショートターミズムへの警戒・配慮が強く窺える。

このスチュワードシップ・コードと「車の両輪」とされるコーポレートガバナンス・コードでも、エンゲージメントが求められるのが、企業の持続的な成長と中長期的な企業価値の向上という目的を共有できる投資家であることは、次のとおり基本原則から明らかといえる。

上場会社は、その持続的な成長と中長期的な企業価値の向上に資するため、株主総会の場以外においても、株主との間で建設的な対話を行うべきである。（基本原則5）

企業の持続的成長に責任を持つ経営者は、目的を共通とする株主・投資家とエンゲージメントをして、企業価値の中長期的向上に邁進するとともに、短期志向に陥らないことが求められる時代になっている。

7 モニタリング・モデル

コーポレートガバナンスの要は取締役会である。コーポレートガバナンス・コードでも最も多くの原則が定められているのは、取締役会である。

その取締役会のスタイルとして、海外の投資家に馴染み深く、逆に日本の経営者があまり認識していないのが、モニタリング・モデルである。

◆コーポレートガバナンス・コードとモニタリング・モデル

コーポレートガバナンス・コードは、監査役会設置会社、指名委員会等設置会社及び監査等委員会設置会社のいずれかの機関設定を推奨するものではなく、いずれの機関設計を採用する会社にも当てはまるものと明言する。

しかし、コーポレートガバナンス・コードが取締役会の主要な役割とする事項は、次の三点とされており、どちらかといえば、いわゆるモニタリング・モデルと相性がいい整理になっている。

(1) 企業戦略等の大きな方向性を示すこと
(2) 経営陣幹部による適切なリスクテイクを支える環境整備を行うこと

(3)　独立した客観的な立場から、経営陣（執行役及びいわゆる執行役員を含む）・取締役に対する実効性の高い監督を行うこと

また、コーポレートガバナンス・コードが自ら特徴と強調する「攻めのガバナンス」の考え方とも、モニタリング・モデルは相通ずる側面が少なくない。

モニタリング・モデルとは、一九七〇年代に米国で提唱された取締役会の姿である。これを提唱する論者は、取締役会は、時間的制約、情報収集能力及び分析能力の欠如等のため、経営の意思決定・業務執行機能をほとんど果たしていないと分析したうえで、取締役会に期待できる法的役割は、役員の選任・解任を基礎とする業務執行の監督と、これに付随する助言や基本的な経営計画の承認等であるとして、このような監督機能に重点を置いた取締役会をモニタリング・モデルと称した。経営目的を達成するための計画の立案及び日常業務の執行を役員に、これに対する監視・監督を取締役会に、それぞれ委ねることで、経営の執行機関と監視機関の分離を促した。(注11)

このスタイルは、米国ではほとんどの上場企業に広がっている。米国以外の主要国にも拡大しており、現時点では、いわばグローバル・スタンダードといってよい状況にある。

◆日本取締役協会の提言

このようなモニタリング・モデルの考え方について、わが国への導入を目指して、日本の経営者側の視点も加えて整理したものとして、日本取締役協会の提言がある。(注12)経営者向けに作成された原則であり、簡明な整理がなされているので、以下で紹介する。

まず、取締役会の役割とされる「監督」の意味が、論者により全く異なることから、その意義について、グローバルな意味でのモニタリングに引きつけて定義している。

1　社外取締役・取締役会の主たる職務は、経営（業務執行）の意思決定ではなく、経営者（業務執行者）の「監督」である。

2　「監督」の中核は、経営者が策定した経営戦略・計画に照らして、その成果が妥当であったかを検証し、最終的には現在の経営者に経営を委ねることの是非について判断することである。

3　具体的には、

(i)　経営者に対して経営戦略・計画について説明を求め、

(ii)　経営戦略・計画が株主の立場から是認できないものでないかを検討する。

(iii)　そして経営の成果について、経営者から説明を求める。

(iv) 前記から、経営者を評価し、最終的には現在の経営者に経営を委ねることの是非について判断する。

以上を経営者の責務の観点から言い換えれば、経営者は、経営戦略・計画が合理的であり、また、その成果が妥当であることを、社外取締役を含む取締役会に説明し、納得させる責任を負う。

もちろん、社外取締役や取締役会には、前記の意味での監督以外にいくつか関連した職務があることから、これについては次のとおり整理している。

4 前記に加え、経営者の評価や投資家の投資判断の前提となる財務情報の重要性に鑑み、その信頼性を高める観点、経営者の報酬を成果に応じた合理的なものとする観点、経営者の利益相反行為の抑止、更には適切なリスク管理体制の構築などの観点からも、社外取締役による経営者の監督が期待されている。

そのうえで、社外取締役や取締役会による役割として誤解されている事項、期待すべきでない役割について、次のとおり明確に述べる。

5　社外取締役・取締役会による経営者の「監督」とは、経営そのものではない。会社法上求められる取締役会における重要な業務執行の決定についても、社外取締役は、経営者の提案が株主の立場から是認できるのか否かという観点で判断すべきであり、その意味で「監督」に近い性格を有するものである。そもそも、外部者である社外取締役は、経営者と比較すると、業務執行に関する専門的知識や情報が不足しており、個別の業務執行の決定ではなく、経営者や経営全体に関する評価が、その特性を活かし、企業価値を高める職務である。

6　取締役会では、社外取締役による「監督」に適合した事項について、十分な審議を行うべきであり、一方、個別の業務執行の決定は、経営者と会社との利益相反が生ずる場合を除き、法令で許される範囲で経営者に委譲するべきである。

7　社外取締役・取締役会による経営者の「監督」とは、自ら動いて隠された不祥事を発見することではない。社外取締役は、不祥事の発生を防止するリスク管理体制の構築を「監督」し、「監督」の過程で不正行為の端緒を把握した場合は適切な調査を行うべきであるが、隠された個別の不祥事の発見自体は社外取締役による経営者の「監督」の直接的な目的ではない。

そして、監督の意味が前記のとおりであることから、論理的な帰着として、取締役、特に社外取締役に求められる資質について、次のとおり整理する。

8　経営者の「監督」の機能を果たすために、社外取締役には独立性が求められる。社外取締役による経営者の「監督」の中核的部分が、経営者の評価にあることからすれば、経営者からの社外取締役の独立性は不可欠である。ここにいう経営者からの独立性とは、経営者との間で利害関係を有しないことを意味する。

9　経営者の「監督」の機能を高めるためには、取締役会における社外取締役の数を増やし、その比率を高める必要がある。また、少数の社外取締役に重要な役割や権限を与えるよりも、多数の社外取締役に委ねる方が、「監督」の質が高まり、またその安定にも資する。

10　多数選任された社外取締役に多様性が存することは望ましいが、「監督」の中核的な部分が経営者の評価にあることから、まずは、これに適した者、例えば他社の経営者やその経験者など、経営一般についての知見を有する者を社外取締役として確保することが合理的である。

そして、最後に、「モニタリング・モデル」の意味や、提言の考えが「モニタリング・モデル」に依拠すること、これが経営者と敵対するものでないと整理している。

11　本提言の考えの多くは、「モニタリング・モデル」と共通なものである。「モニタリング・モデル」は、社外取締役を含む取締役会に期待できる基本的な役割が、業務執行の決定ではなく、役員の選解任を中心とした業務執行の監督とする取締役会の仕組みである。1970年代に米国で誕生して以降、米国の上場企業の多くで採用され、米国以外にも広く浸透しつつある。「モニタリング・モデル」は、多くの誠実な経営者にとっては、決して経営に敵対的な仕組みではなく、社外取締役を通じて経営への株主からの支持を得る仕組みとなりうえ、結果として、経営に正統性を与え、経営者を後押しする効果がある。

12　社外取締役の職務や取締役会の在り方には、多様な選択がありうえ、また、会社によっても異なる。「モニタリング・モデル」といっても「監督」の主眼をどこに置くのかには差異がありえるし、そもそも取締役会の在り方は「モニタリング・モデル」だけには限られない。

しかし、いずれの選択をした場合も、「モニタリング・モデル」としての特徴や、「モニタリング・モデル」との差異を説明することが、自社のコーポレートガバナンスに対する株主や投資家の理解を深めるために重要である。

この提言で謳われる事項の多くは、コーポレートガバナンス・コードの中にも垣間見ることが可能である。

◆監査役会設置会社はモニタリング・モデルには移行できないか

前記した日本取締役協会の提言は、その序文によれば、主として監査役会設置会社を対象に作成されたものといわれる。

しかし、モニタリング・モデルは、我が国の監査役を置く会社が移行するのは難しいという意見も少なくない。

その理由は、会社法において、重要な業務執行は取締役会で決める必要があると規定されているので、取締役会は経営者の監督ばかりではなく、個別のビジネスの意思決定をしなければならないと考えられているからである。

ここにいう、重要な業務執行とは、法令には具体的な定めがないが、解釈により、だいたい総資産の一％に該当するような資産の売買や借財が該当すると理解されている。事業内容によっては頻繁に該当する案件が発生する会社もある。そうすると、いわゆるモニタリング・モデルのような仕組みに馴染まないのではないかと指摘されている。

しかし、総資産の一％という実務的な基準は、平成四年に実施された上場企業を対象としたアンケート調査結果に基づく分析や、平成六年に下された最高裁判決を参考にしたものである。よく考えれば、既に二〇年以上前の実務に基づく基準である。

我が国においては、現在のようなコーポレートガバナンスに関する議論はもとより、社外取締役自体もほとんど存しない頃の話である。

コーポレートガバナンス・コードも誕生した現在において法令を解釈するならば、もっと重要性の高いものに限って、社外取締役が複数選任されている取締役会に付議すべきと考えてもおかしくはない。

たしかに、重要な業務執行もすべて経営者に委ねることが可能な指名委員会等設置会社や監査等委員会設置会社のほうが、モニタリング・モデルに移行しやすい。

しかし、監査役がいる会社においても、モニタリング・モデルに近い運用は可能である。

◆ハイブリッド型

実は、純粋なモニタリング・モデルの仕組みが可能な指名委員会等設置会社でも、多くの会社が、重要な業務執行の判断のすべてを経営者に委ねているわけではなく、特に重要な業務執行は取締役会に付議しているのが実情だ。

独立社外取締役による経営者の監督といったモニタリング・モデルの要素も必要と考えると同時に、特に重要な業務執行は、やはり取締役会に付議して、社外取締役からも助言を受けたいという考えである。

このような取締役会のことを、「ハイブリッド型」と呼ぶことも増えてきた。

◆取締役会の過半数を社外取締役にしなければならないか

米国では、モニタリング・モデルは、提唱された当初より取締役の過半数を独立した社外取締役が占めるべきとされていた。

確かに、経営者の監督、つまり、最終的には経営者を交代させることも取締役会の役割とするならば、取締役会の決議要件が出席取締役の過半数である以上、取締役会の過半数を社外取締役が占めることは望ましい。


しかし、取締役会の過半数を社外取締役が占めない限り、モニタリング・モデルにおいて社外取締役に期待される「監督」の働きが期待できないわけではない。逆に、過半数に達していれば必ず「監督」の役割を果たせるわけでもない。

仮に、社外取締役の意見が取締役会の過半数を占めなかったとしても、その職務として前記した「監督」にかかる事項が取締役会で審議されること自体、経営者に対して強い影響を与えるであろう。また、我が国の上場企業の取締役会において、賛否について全員一致しない決議の比率は極端に少なく、仮に一名であったとしても、独立した社外取締役の反対を押し切り、賛成多数にて決議を行うことは、我が国の上場企業の経営者としては容易なことではない。また、指名委員会等設置会社以外の会社においても、社外取締役をメンバーとする任意の取締役会内部委員会を設置して、そこでの審議を経ることにより、社外取締役の影響力を高め、「監督」の働きを強めることも考えられる。

そして、取締役会の過半数でなければ社外取締役は無意味とするのではなく、仮に少数であってもその意義を認め、段階的な移行を促すほうが、社外取締役の拡がりに繋がり、結果として我が国の上場企業のコーポレートガバナンスの早期の変革に繋がると考えられる。また、少数であっても、登用した社外取締役の働きや社外取締役が加わった取締役会の役割について、経営者と社外取締役の双方が、十分なコンセンサスのもとに成功体験を経ることが、結果として取締役会における社外取締役の比率の上昇を早めよう。

8 独立社外取締役

コーポレートガバナンス・コードでも、モニタリング・モデルにおいても、重視されているのが独立社外取締役の存在である。

しかし、その役割には誤解が多い。

◆社外取締役に求めるべき役割、求めるべきでない役割

昔から、社外取締役の活躍の紹介として、取締役会に付議された案件を精査したうえで、経営側が気づかない問題点を調べて指摘して再検討させたとか、案件の合理性を徹底的に再検証することを求め、安易な案件実施を止めたといった論調の意見を目にすることが多い。

このような論調については、少なくとも、モニタリング・モデルの観点からは違和感が残る。モニタリング・モデルは、その出発点自体が、社外取締役は、時間的制約、情報収集能力及び分析能力の欠如等のため、経営の意思決定・業務執行機能をほとんど果たせないという現状認識であり、したがって、経営者は将来の収益予想に基づいて経営戦略・方針を策定し、業務執行を行うが、取締役会はあくまでその成果が当初の方針に照らして妥当であったかを検討するのであり、経営者の個別的な意思決定や業務執行を審査することを想定しているわけではない。（注13）

日本取締役協会の提言でも、「社外取締役・取締役会による経営者の『監督』とは、経営そのものではない。」「外部者である社外取締役は、経営者と比較すると、業務執行に関する専門的知識や情報が不足しており、個別の業務執行の決定ではなく、経営者や経営全体に関する評価が、

その特性を活かし、企業価値を高める職務である。」「取締役会では、社外取締役による『監督』に適合した事項について、十分な審議を行うべきであり、一方、個別の業務執行の決定は、経営者と会社との利益相反が生ずる場合を除き、法令で許される範囲で経営者に委譲するべきである。」と述べる。

確かに、社内の論理で不合理な投資案件が取締役会まであがってきたときに、社外取締役の意見によって中止したこともあるかもしれない。しかし、一方で、リスクをとるインセンティブの少ない社外取締役により、迅速に行うべき投資案件にブレーキがかかっているかもしれない。

実はこの点は、社外取締役の登用に積極的なモニタリング・モデルの考え方と、我が国における社外取締役の登用に懐疑的な従来からの意見が、同じ評価をしている。

ある日本を代表する大手企業は、社外取締役を登用する以前、コーポレートガバナンス報告書において、社外取締役を登用しない理由については、次のように説明していた。

役員体制については、当社の強みである「モノづくり」へのこだわり、現場重視、現地現物の精神を理解し実践できる人材を中心とすることが重要だと考えています。

これは結局のところ、業務執行に関する専門的知見等がないことから、社外取締役による業務執行の意思決定機能には疑問が残るということであり、この点は、モニタリング・モデルの考え方と矛盾しない。

今では影を潜めたが、数年前までは、企業不祥事が発生する度に、社外取締役がいないから発生したとか、社外取締役がいても独立性が低いから防げなかったなどといった意見が少なくなかった。

この点、東京大学の藤田友敬教授は次のように述べている。

例えば企業の不祥事防止のためのガバナンス強化策として、社外取締役の設置義務づけが提案されることがある。逆に、社内の事情に精通していない社外取締役では、不祥事の防止・発見の役に立たないといった批判がなされることもある。社外取締役が置かれている上場会社において不祥事が起きたことが社外取締役の機能しない証拠として言及されたり、社外取締役の独立性が低かったことがその原因であると再反論されたりする例もみられる。いずれも不幸にして不毛な議論の応酬である。企業内部で密かに行われる不正の摘発といった役割は、そもそも社外取締役に期待すべきではない役割・機能の最たるものなのであり、そのようなことを期待して社外取締役の導入を勧めたり、そのような機能が果たせるか否かをもって社外取締役の意義を評価したりする筋合いではないからである。(注14)

コーポレートガバナンス・コードにおいても、わざわざ原則において、次のように定めている。

コンプライアンスや財務報告に係る内部統制や先を見越したリスク管理体制の整備は、適切なリスクテイクの裏付けとなり得るものであるが、取締役会は、これらの体制の適切な構築や、その運用が有効に行われているか否かの監督に重点を置くべきであり、個別の業務執行に係るコンプライアンスの審査に終始すべきではない。（補充原則4－3②）

社外取締役の役割が明確でないからこそ、経営者がその登用に躊躇していたとするならば、やむを得ない側面がある。

◆独立社外取締役の適任者は誰か

コーポレートガバナンス・コードでは独立社外取締役の適任者について、次のように述べている。

取締役会は、その役割・責務を実効的に果たすための知識・経験・能力を全体としてバランス良く備え、多様性と適正規模を両立させる形で構成されるべきである。（原則4－11）

その趣旨としては、官僚OBや弁護士などの専門家というよりも、企業経営の経験者がより適任と考えている模様である。

日本取締役協会の提言でも、次のように述べる。

多数選任された社外取締役に多様性が存することは望ましいが、「監督」の中核的な部分が経営者の評価にあることから、まずは、これに適した者、例えば他社の経営者やその経験者など、経営一般についての知見を有する者を社外取締役として確保することが合理的である。（提言10）

経営者OBは、社外取締役の主要な供給源となりそうである。

なお、米国では上場企業の現役の経営者（CEO）も、他社の社外取締役を兼務していることが珍しくない。これから社外取締役を増やそうという日本こそ、独立社外取締役がいかにコーポレートガバナンスに貢献できるのか否か、経営者自ら他社の社外取締役としての実体験を持つのは、失う時間以上に得るものが大きいようにも思われる。

◆独立社外取締役は何人が望ましいのか

コーポレートガバナンス・コードでは、独立社外取締役の数について、次のように定めている。

独立社外取締役は会社の持続的な成長と中長期的な企業価値の向上に寄与するように役割・責務を果たすべきであり、上場会社はそのような資質を十分に備えた独立社外取締役を少なくとも2名以上選任すべきである。

また、業種・規模・事業特性・機関設計・会社をとりまく環境等を総合的に勘案して、自主的な判断により、少なくとも3分の1以上の独立社外取締役を選任することが必要と考える上場会社は、前記にかかわらず、そのための取組み方針を開示すべきである。（原則4－8）

ＩＳＳは、日本向け議決権行使助言基準として、二〇一六年二月より、取締役会に複数名の社外取締役がいない企業の経営トップに反対を推奨することを明らかにした。詳細は未確定であるが、ＩＳＳの影響力の大きさは、過去のポリシー改訂の経験からも明らかである。

既に広く知られているように、海外に目を向けると、米国はもとより、ほとんどの主要国、さらには少なくない新興国でも、上場企業における社外取締役の比率は、わが国に比してかなり高く、半数以上が社外取締役というスタイルがグローバル・スタンダードになりつつあるといってよいだろう。

日本取締役協会の提言では、「経営者の『監督』の機能を高めるためには、取締役会における社外取締役の数を増やし、その比率を高める必要がある。」とするが、同時に、「また、少数の社外取締役に重要な役割や権限を与えるよりも、多数の社外取締役に委ねる方が、『監督』」の質が高まり、またその安定にも資する。」ともする。

解説編では次のように説明している。

取締役会における社外取締役の比率を高めることの副次的な効果として、社外取締役の中に必ずしも妥当でない意見が存したとしても、当該意見に過度に左右される事態も防げる。社外取締役が万能で無謬であるはずもないことは他言を要しない。業務執行に関する専門知識がないことから、既存概念に捉われない有益な意見が提供されることもあれば、その逆もありえる。したがって、少数の社外取締役に重要な役割や権限を与えるよりも、多数の社外取締役に委ねる方が、社外取締役の「監督」の質もその安定感も高まるであろう。

9 監査等委員会設置会社

コーポレートガバナンス・コードにおいて、複数の独立社外取締役の選任を求める原則が規定されて以降、上場企業において、監査等委員会設置会社に移行への動きに拍車がかかっている。

◆移行企業が急増している

二〇一五年一月に最初の移行公表企業が出て以降、監査等委員会設置会社に移行を表明する企業が急増している。

二〇一五年四月一〇日時点で、資料1−3記載の七八社が移行を発表している。本項の脱稿段階の四月二三日では九二社まで増加した。また、三月の定時総会で監査等委員会設置会社移行に必要な定款変更を完了させ、改正会社法施行と同時に移行を予定する企業も三社（サントリー食品インターナショナル、ユニ・チャーム、C&Gシステムズ）ある。

指名委員会等設置会社が、制度導入から一〇年経過しても導入企業が六〇社前後に留まっていることと比較しても、次元の異なる増加の勢いである。

しかも、二〇一五年は様子見という企業も少なくないことから、二〇一六年以降に本格的な移行の波を迎える可能性も否定できない。

◆興味深い機関設計の変遷

ここで、監査等委員会設置会社を正しく理解するためにも、我が国の株式会社の機関設計がどのように変遷したのか、見てみよう（資料1−4）。

①は戦前の我が国の株式会社の機関設計である。最高かつ万能の機関である株主総会が、業務

資料1－3

監査等委員会設置会社への移行企業

サンメッセ株式会社	アサヒホールディングス株式会社（1）
常磐興産株式会社	トーヨーカネツ株式会社
常磐開発株式会社	株式会社伊予銀行
酒井重工業株式会社（1）	明星工業株式会社
株式会社プレナス（1）	株式会社ビーアールホールディングス
トモニホールディングス株式会社（1）	株式会社植木組
ダイト株式会社	株式会社ニチダイ
日進工具株式会社	旭有機材工業株式会社（1）
東京鋼鐵株式会社	イートアンド株式会社
株式会社戸上電機製作所	株式会社トリドール（1）
株式会社フォーバル	グランディハウス株式会社
株式会社サンデー（1）	株式会社ワコム（1）
株式会社エービーシー・マート	松田産業株式会社
カワセコンピュータサプライ株式会社	インヴァスト証券株式会社
株式会社ケーヨー	明治機械株式会社
未来工業株式会社（1）	日本デコラックス株式会社
ナカバヤシ株式会社（1）	株式会社コメ兵
株式会社ヤガミ	サンヨーホームズ株式会社
株式会社サンゲツ（1）	株式会社コーセーアールイー
株式会社ダイサン	株式会社三菱ケミカルホールディングス（1）
天馬株式会社	リックス株式会社
株式会社共立メンテナンス	株式会社ヨロズ
株式会社クレスコ	ケル株式会社
日本アジア投資株式会社	野村不動産ホールディングス株式会社（1）
三菱重工業株式会社（3）	東洋電機株式会社
小野産業株式会社	三浦工業株式会社
宮越ホールディングス株式会社	日本コンピュータ・ダイナミクス株式会社（1）
株式会社　北國銀行	株式会社三栄コーポレーション
株式会社リード	株式会社C&Gシステムズ
日本コンベヤ株式会社	株式会社ショーワ
日本管財株式会社	武蔵精密工業株式会社（1）
MUTOHホールディングス株式会社	リンテック株式会社（2）
児玉化学工業株式会社	ユニ・チャーム株式会社
株式会社セコニックホールディングス	サントリー食品インターナショナル株式会社（1）
株式会社アドバンテスト（3）	株式会社ジャフコ
株式会社アイレックス（1）	岩塚製菓株式会社
ジーエルサイエンス株式会社	コスモ石油株式会社（2）
株式会社岡三証券グループ	アンリツ株式会社（3）
アンドール株式会社（1）	株式会社バイテック（1）

（注）2015年4月10日時点、括弧内は移行公表時の社外取締役数

執行をする、つまりビジネスをする取締役を選ぶ。けれども、日常的に監督ができないことから、監査役も選んで取締役を監督させる。監査役は今でいう業務監査も会計監査も行う存在であった。この制度は、ドイツ法の影響を強く受けてつくられたものである。

戦前の制度が大きく変わったのは、戦争に負けて米国の制度を取り入れた、②の昭和二五（一九五〇）年の商法改正である。米国の株式会社制度といえば、ボード（取締役会）とＣＰＡ（公認会計士）である。取締役会が業務監査を、公認会計士が会計監査をということになるはずであったが、日本の公認会計士制度は誕生間もなかったことから、白羽の矢が立ったのが監査役であった。したがって、改正法案が国会に提出された段階では、監査役ではなく「会計監査役」とされていた。業務執行をする者に代表取締役という名前をつけたのは、誤解を招いたかもしれない。この代表というのは取締役の代表ではなく、会社の代表、つまり包括的代理権のことである。取締役の上下の関係はなかったし、今でもない。

次に大きく変わったのが、③の昭和四九（一九七四）年の商法改正である。これは当時社会問題となった、経営者が関与する大型粉飾決算事件の多発を踏まえた改正である。改正作業の途中で法制審議会から改正の方向性について、Ａ案とＢ案が示され、今でいうところのパブリックコメントに付された。これが非常に興味深い。

資料1－4

日本の会社機関設計の変遷

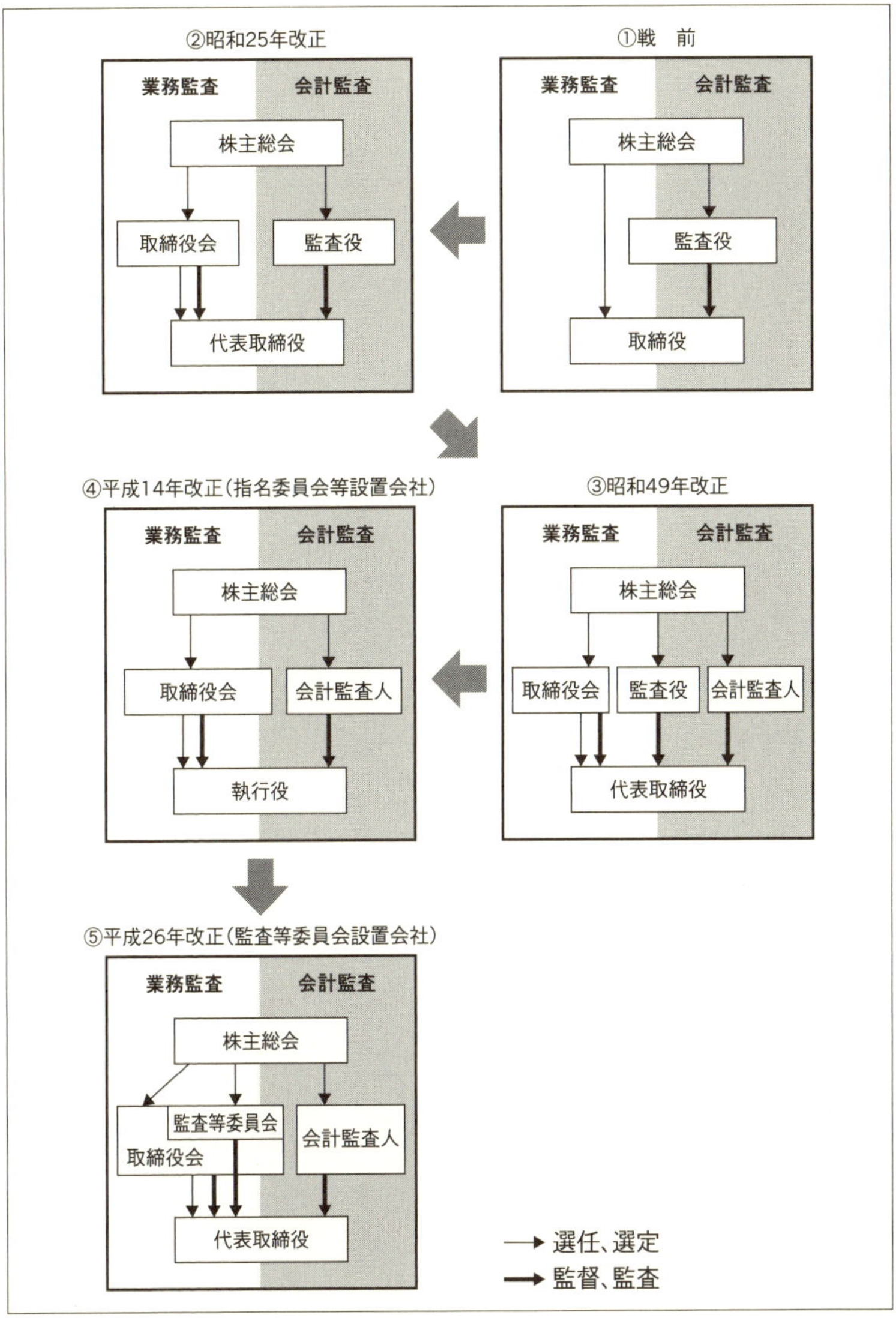

Ａ案は、問題の発生の原因を取締役会と見た。米国の制度にならって取締役会制度を入れてみたものの、ふたを開けると、日本企業の取締役会は全員が社内取締役で社長の部下ばかりだった。これが問題と考え、かなり革新的な提案をしている。例えば、「社長、副社長その他の業務担当役員及び使用人は、取締役となることができないものとすべき」、つまり、取締役会と経営者を人的に完全に分離する提案だ。それ以外にも、会計監査人を設置する会社は監査役を廃止するとか、取締役会議長と代表取締役との分離などを提案している。これに対してＢ案は、職業的専門家による会計監査人の導入後も、監査役制度を維持し、業務監査も担当させようという提案である。パブコメの結果はＡ案に対する拒絶反応が強く、Ｂ案の方向で進むことになった。これが、現在も上場会社のほとんどを占める監査役設置会社である。それからしばらくの間、不祥事などが原因で法律が変わる度に、監査役の権限や地位が強化されていった。

この流れと大きく異なる改正がなされたのが、④の平成一四（二〇〇二）年の商法改正である。正確にいえば、異なる選択肢として、委員会等設置会社（現在の指名委員会等設置会社）が誕生した。委員会等設置会社では、少ない社外取締役が大きな影響力を持てるように、取締役会に小規模な委員会をつくり、そこに取締役会の重要な権限を大胆に委譲していった。小規模な委員会では少ない社外取締役でも過半数を占めることが可能である。業務執行をする者は、取締役概念と区別して執行役と呼ぶこととした。これは、その図式からも明らかなように、昭和二五年改正、つまり米国流の機関設計の流れを汲んだものである。

そして、平成二六（二〇一四）年に改正された会社法に基づき、平成二七（二〇一五）年から誕生したのが、⑤の監査等委員会設置会社である。指名委員会等設置会社の数が一向に増えないことから、指名委員会と報酬委員会の設置を義務づけないこととし、その代わり、監査等委員は他の取締役と区別して株主総会で選任されるなどして独立性を強化した。

このような経緯を経て生まれたのが監査等委員会設置会社の制度である。

◆移行する理由

なぜ移行が急増しているのか。

理由は二つある。

一つは、一時的な理由である。すなわち、今まで社外取締役を登用していなかった会社は、改正会社法が二〇一五年五月一日に施行されると、社外取締役を選任することが相当でない理由を開示して株主総会で説明しなければならない。登用していても一人だけという会社も、コーポレートガバナンス・コードが適用されると、独立社外取締役を二人以上選定しない理由をコーポレートガバナンス報告書に記載しなければならない。このような対応を避けるためには、社外取締役を二人以上選定する必要があるが、比較的小規模な上場会社では社外監査役に加え、社外取締役を選定することが、人選の面でもコストの面でも負担となるのは否定できない。そこで、監査等委員会設置会社に移行し、例えば、社外監査役に社外取締役への横滑りをしてもらえば、とりあえず、改正会社法の施行やコーポレートガバナンス・コードの適用を乗り越えることが可能となる。

このことは、移行を表明する会社の多数が、表明時点で社外取締役を選定していないことからも裏付けられる。

しかし、既に社外取締役を複数選任している企業の中にも、監査等委員会設置会社への移行を表明する企業がある。そのような会社は、別の理由から移行の選択をしている。移行する理由のもう一つは、モニタリング・モデルあるいはその色彩を強めたコーポレートガバナンスへの志向である。

監査等委員会設置会社は、定款の定めを置けば、今まで取締役会での決定が求められていた重要な業務執行、つまり具体的なビジネスに関する意思決定を、経営者に委ねることが可能となる。また、どこまで委ねるのか会社が決めることも可能である。

そうすると、社外取締役を含む取締役会は、経営の監督に専念するモニタリング・モデルや、モニタリング・モデルとマネージメント・ボードの中間的なハイブリッド型と呼ばれる取締役会運営が容易になる。特に、ハイブリッド型と呼ばれる取締役会のスタイルと相性がいい。

監査等委員会設置会社は、投資家から、今のところポジティブな評価を受けているようである。ＩＳＳは、二〇一五年版日本向け議決権行使助言基準において、監査等委員会設置会社への移行は原則として賛成を推奨すること、また、監査役設置会社では、配当の取締役会授権を求める定款変更には一律に反対するが、監査等委員会設置会社では、移行に伴い提案される場合は、配当の株主提案権が排除されない限り、配当の取締役会授権を求める定款変更には賛成を推奨することを明らかにした。

◆改めて問われる「監査」の意義

監査等委員会設置会社が誕生して、改めて意義が問われるのが「監査」という概念である。ここにいう「監査」とは、会計監査ではなく、監査役、監査委員、監査等委員が行う監査のことである。

社外取締役の選任・増員圧力に対して、わが国の企業と政府は、監査役の存在を理由に、これをかわしてきた。その過程で、監査役の職務、つまり「監査」の内容が拡大していった。現在では、多くの監査役は、取締役の職務の適法性だけではなく妥当性も監査の対象と考え、行動している。権限も任期も拡大した。

ところが、監査等委員会では、監査等委員は取締役でもあることから、取締役としての職務とは別に、監査等委員としての職務を整理する必要に直面している。実は、この問題は指名委員会等設置会社が誕生したときにも生じた問題であるが、移行企業が少数に留まったこともあり、十分な整理がなされてこなかった。

意外に思われるかもしれないが、そもそも、今使用されている意味での「監査」という概念は、さほど歴史のある概念ではない。

会社法には、「監査役は、取締役の職務執行を監査する。」と規定されているが、この規定が誕生したのは、昭和四九（一九七四）年の商法改正時である。

当時の法務省の立案担当官は次のように説明している。

新法では、監査役の職務が取締役の職務の執行の監査にあることを明らかにするために、本項（昭和四九年商法改正により新設された「第２７４条１項　監査役ハ取締役ノ職務ノ執行ヲ監査ス」：筆者注）の規定を設けたのである。旧法においては、監査役は、会計に関する取締役の職務の執行を監査することを職務としていたと解されるが、新法は、会計に関する職務に限らず、取締役の職務全般について監査することとしたもので、これによって監査役による監査が会計監査から業務監査に拡大したのである。（味村治＝加藤一昶「改正商法及び監査特例法等の解説」財団法人法曹会、一九七七年）

このように、「監査」というのは比較的最近、その概念が誕生又は大きく意味を変えているのである。

会計監査とは同じ監査という言葉を使用しているが、意味は大きく相違している。

では、どう考えたらよいのであろうか。

法令上の制約は少ないので、社会の期待を踏まえ、何が適切か考えて決めていけばよい。

この監査を、広範な職務を含む概念と位置づけることも可能である。現に、前記と同様の理解を基礎に、監査の意義を重く見て、監査役は株式会社の監査機関ではなく、代替的経営機関であり、したがってまた、監査役の任務は、監査ではなく、経営の監視と是正であると理解する見解もある。（注15）

「監査」という概念が誕生した経過からすれば、このような理解の余地もある。

一方、取締役の身分を有するもの、例えば取締役である監査委員や監査等委員も「監査」することを前提に、従来よりは限定的にその意味を理解することも当然に可能である。例えば、米国のaudit committee（監査委員会）のような職務として理解することも可能である。

今回のコーポレートガバナンスを巡る動きには、資本市場のグローバル化という背景があることからすれば、中長期的には国際標準の監査委員会と位置づける方向に向かう可能性は否定できない。

もっとも、その米国の監査委員会も、エンロン事件やリーマン破綻といった問題が顕在化する度に、多少の揺り戻しがありつつも、権限が強化され、その役割が拡大している。他の委員会と比較しても、開催回数が圧倒的に多く、委員の負担が大きな委員会となっている。したがって、監査委員会に近づけて位置づけたからといって、重要であることに変わりはない。

監査等委員会設置会社への移行の詳細については、第2章を参照されたい。

10　グループ内部統制

親会社から子会社へのガバナンス。これについても、大きな曲がり角に差し掛かろうとしている。

◆三つの誤解

二〇一五年五月一日に施行される改正会社法及び改正会社法施行規則では、内部統制システムに関する取締役会決議事項が大幅に変更された。

法務省令の改正が予想外に多かったことや内部統制の重要性に鑑み、多くの企業で、この改正への対応にも相応の時間をとられているようだ。

しかし、その対応の過程で、無視できないいくつかの誤解に接することが多い。

①会社法改正で新たな義務が生じたという誤解

その一つは、今回の改正で、グループ内部統制について取締役会や取締役に新たな法令上の義務が付加されたというものである。具体的にいうと、子会社における内部統制システムに関する親会社の取締役会や取締役の義務が新たに生じたという考えである。

立法の経緯や細かい法令上の議論を省けば、このような考えは、会社法改正前は親会社の取締役会や取締役は、子会社における内部統制システムの構築について、法的責任を負っていなかったという理解が前提にあるようである。

これは、法人格が異なる親子会社の関係をどう見るかという問題と表裏の関係にあり、重要な問題である。

法律の世界では、伝統的に、法人格、つまり親会社と子会社といえども別の法人という点を重視してきた。親会社による子会社の支配や管理は昔から行われてきたが、法律家や法律学者からは、事実上行われている「病理現象」といった見方がなされてきた。

しかし、平成九（一九九七）年の独禁法改正により、純粋持株会社という子会社管理しか業務のない会社が誕生するに及んで、子会社管理というのは病理現象ではなく、親会社の重要な業務という理解が着実に拡がっていった。今日では、子会社の重要性等で内容には差異があるものの、親会社の取締役会や取締役は、子会社における内部統制システムの構築についても一定の責務を負うという理解が一般化しているといってよい。これは、法律家以上に企業経営者には当然に受け取られるであろう。

そもそも内部統制システム構築の義務や、その基本方針を取締役会で定める義務自体も、平成一七（二〇〇五）年の会社法制定により誕生したのではなく、それ以前に解釈により認められていたものである。その内部統制システム構築義務がどこまで及ぶのか、子会社まで及ぶのか否かは、企業経営の実態に基づき解釈されていくべきものである。

前記した誤解は、いまだに法人格の差異についての呪縛が強いことを示すと同時に、企業経営が法律の議論より既に先に進んでいることを示すものといえよう。

②会社法改正では何も変わらないという誤解

次の誤解は、今回の改正ではグループ内部統制について取締役会や取締役に新たな法令上の義務が付加されたわけではないので、グループ内部統制に関しては法務省令に対応した取締役会決議の見直しだけをしておけばいいというものである。

しかし、立法に至る経緯では、実務に比して遅れていた法律の世界でも、親会社が子会社の内部統制システムの構築について一定の義務を負うことが浮き彫りになるようなやりとりが繰り返しなされた。

これを端的に示すのが、改正の途中でパブリックコメントに付された法務省の提案である。法務省は取締役会の責務を定める会社法上の定めに、以下で枠囲みをする部分を追加してはどうかと提案した。

> 会社法362条4項
> 取締役会は、次に掲げる職務を行う。
> 二　株式会社及びその子会社の取締役の職務執行の監督

これは親会社の取締役会に、子会社の取締役の職務執行についても、親会社の取締役の職務執行に対するものと同様の監督責任を負わせようとも思えるものである。

さすがに、経済界の反対でこの改正は実現しなかったが、このことに代表されるように、遅れていた法律の世界でも、親会社の取締役会や経営者は、子会社の管理について重たい責任を負うという認識が拡がっている。この提案をした法務省の担当部署は、裁判所からの出向者が幹部を占める部署である。

さらに、法務省令の改正により、取締役会で決議すべき基本方針に、グループの内部統制に関する事項が大幅に増えた。この増加部分に対応するために、上場企業では、会社法制定時に定めて以後は本格的な見直しをしてこなかったグループの内部統制の基本方針について、深度の差異はあれ改めて検討が行われている。このプロセスは、結果として、多くの企業におけるグループ内部統制の底上げをする効果がある。

以上のとおり、多くの上場会社において、グループの内部統制についての見直し・整備が進み、その結果として、上場会社やその取締役に求められるグループ内部統制の内容や注意義務の水準がより高度なものになってきていることは間違いない。

③取締役会で決議すべき事項に関する誤解

もう一つ、誤解がある。

それは、内部統制の基本方針として取締役会で決議すべき事項についての法務省令についてのものである。

今回の会社法改正に伴って、内部統制システムの基本方針として取締役会で決議すべき事項は大きく増えた。増えた内容は、資料1－5で下線を引いた部分である。半分はグループの内部統制に関する事項である。

例えば、「子会社の損失の危険の管理に関する規程その他の体制」が取締役会決議事項に追加されている。「損失の危険の管理」とはリスクマネージメントのことであるから、子会社のリスクマネージメントに関する規程や体制について、親会社の取締役会で決議することになるように思える。

しかし、法務省は、親会社の取締役会が子会社のリスクマネージメントに関する規程自体を決めるのではなく、決議するのはあくまでも親会社における体制、つまり、親会社と子会社では法人格が相違するので、あくまでも子会社に親会社が要請する内容、つまり親会社が決められることを定めると説明している。そのために、1項の柱書きに「株式会社における」、つまり親会社における と追加したとも説明している。

そうすると、この法務省令はなかなか難しい読み方をしないといけないこととなり、その読み方については誤解も少なくないだろう。

資料1-5

会社法施行規則100条

1 法第362条第4項第6号に規定する法務省令で定める体制は、**当該株式会社における**次に掲げる体制とする。

一 **当該株式会社の**取締役の職務の執行に係る情報の保存及び管理に関する体制

二 **当該株式会社の**損失の危険の管理に関する規程その他の体制

三 **当該株式会社の**取締役の職務の執行が効率的に行われることを確保するための体制

四 **当該株式会社の**使用人の職務の執行が法令及び定款に適合することを確保するための体制

五 **次に掲げる体制その他の**当該株式会社並びにその親会社及び子会社から成る企業集団における業務の適正を確保するための体制

イ **当該株式会社の子会社の取締役、執行役、業務を執行する社員、法第598条第1項の職務を行うべき者その他これらの者に相当する者（ハ及びニにおいて「取締役等」という。）の職務の執行に係る事項の当該株式会社への報告に関する事項**

ロ **当該株式会社の子会社の損失の危険の管理に関する規程その他の体制**

ハ **当該株式会社の子会社の取締役等の職務の執行が効率的に行われることを確保するための体制**

ニ **当該株式会社の子会社の取締役等及び使用人の職務の執行が法令及び定款に適合することを確保するための体制**

3 監査役設置会社（監査役の監査の範囲を会計に関するものに限定する旨の定款の定めがある株式会社を含む。）である場合には、第一項に規定する体制には、次に掲げる体制を含むものとする。

一 **当該監査役設置会社の**監査役がその職務を補助すべき使用人を置くことを求めた場合における当該使用人に関する事項

二 前号の使用人の**当該監査役設置会社の**取締役からの独立性に関する事項

三 **当該監査役設置会社の監査役の第1号の使用人に対する指示の実効性の確保に関する事項**

四 **次に掲げる体制その他の当該監査役設置会社の**監査役への報告に関する体制

イ **当該監査役設置会社の**取締役及び**会計参与並びに**使用人が**当該監査役設置会社の**監査役に報告をするための体制

ロ **当該監査役設置会社の子会社の取締役、会計参与、監査役、執行役、業務を執行する社員、法第598号第1項の職務を行うべき者その他これらの者に相当する者及び使用人又はこれらの者から報告を受けた者が当該監査役設置会社の監査役に報告するための体制**

五 **前号の報告をした者が当該報告をしたことを理由として不利益な取扱いを受けないことを確保するための体制**

六 **当該監査役設置会社の監査役の職務の執行について生ずる費用の前払又は償還の手続その他の当該職務の執行について生ずる費用又は債務の処理に係る方針に関する事項**

七 その他**当該監査役設置会社の**監査役の監査が実効的に行われることを確保するための体制

しかし、それだけではない。そもそも、多くの上場企業では、財務報告に関する内部統制のために、連結ベースでの内部統制を構築済みであり、その際、少なくとも主要な一〇〇％子会社については、親会社と同様の内部統制システムを導入しているのが実情である。その意味で、企業経営の現場では、親子での法人格の差異をほとんど意識せず、いわば一体的に管理しているはずである。つまり、企業の現場では、重要な一〇〇％子会社における内部統制システムは、子会社任せにはせず親会社自身が決めている、あるいは深く関与しているといってよい。

企業経営の現場がこのような態様をとっているのは、合理性があるからである。一方、法務省令は上場企業に限らず多様な株式会社への適用を前提に作成されている。法令の規定ぶりには限界があるのも事実である。

親会社が子会社の内部統制システムの全部又は一部を決めていたとしても、その運用を変える必要はない。

◆法令に過度にこだわる必要はない

ついでにいえば、取締役会で決定する内部統制システムの基本方針については、会社法と法務省令、主に法務省令に定めがあるが、そこに例示されているものをすべて取り込もうとまで考える必要はない。

法務省令に規定する事項は、もとをただせば、平成一四（二〇〇二）年に商法が改正され、委員会等設置会社（現在の指名委員会等設置会社）が創設されたときに、常勤者が必須でない監査委員会が適切に職務を行うために必要な環境整備のために決められた事項である。それを、平成一八（二〇〇六）年の新会社法の施行時に手直しして、内部統制の基本方針として決議すべき事項としたものである。今回（平成二七〈二〇一五〉年）、これを再度手直しして、決議事項を追加した。

新会社法の施行時の手直しも、J－SOXが動きだす前に決められた内容であり、内部統制における国際的に有力な枠組みであるCOSOのフレームワークとも必ずしも合致していない。したがって、法務省令の内容は、いわば改築後に増築した建物のように、難解な様相を呈している。法務省令に自社の内部統制をむりやり合わせる合理性は低い。

会社法が制定された約一〇年前は、内部統制システムの基本的な方針として取締役会で決めるべき事項は、最低限これと法令に記載して、実務をガイドする意義があったかもしれない。しかし、その後、J－SOXの適用も開始され、また、不祥事などの問題が発生する都度、その見直しが継続的に行われ進化を続けている分野である。今日、法務省令にて決議事項を具体的に定める必要性はかなり低下しているように思われる。企業の自主的判断に委ねる時に近づいている。

◆J－SOXだけでは足りない

企業グループの内部統制については、一足先にJ－SOXが対応している。

そもそも、J－SOXでは、「財務報告に係る内部統制の有効性の評価は、原則として連結ベースで行うものとする」と公的基準に明記されているように、連結企業グループ全体で内部統制の整備が求められる。しかも、会社法の内部統制とは異なり、J－SOXでは外部監査が行われるために、具体的な評価や監査の基準が整備されている。したがって、J－SOXはグループ内部統制の構築上、重要な部分を占める。

しかし、J－SOXだけでは足りない。

やはり、J－SOXは目的が財務報告の信頼性の確保に限定されており、内部統制の目的とは相互に関連しているが、当然、一致するわけではない。特に、競争法違反などの財物の移転を伴わない法令等遵守に関するリスクについては苦手といってよい。もちろん、競争違反で課徴金を受ける可能性があれば財務報告の信頼性に影響を与え得るが、子会社におけるカルテル防止をJ－SOXに求めるのは無理があり、監査人も責任は負えない。

企業グループ全体に重大な影響を与えかねないリスクの管理のためには、J－SOX以外にも子会社の内部統制システムの整備が重要といえる。

◆リスクは子会社に

企業グループが経済的又はレピュテーション上深刻な打撃を受けるような、いわゆる不祥事は、近年、子会社で発生することが多い。食品関係の誤表示・偽装事件、大規模な個人情報流出事件、反社会的勢力との取引が問題となった事例も、いずれも舞台は子会社である。

また、海外子会社（現地法人）が、競争法違反行為や贈賄行為により、巨額のペナルティを受けるケースも増えてきた。

現在の経営者にとって、子会社の内部統制システムの構築は、優先度の高い経営課題といわざるを得ない。

しかも、前記したとおり、今まで法律の世界に存した法人格という最後の薄皮すら剝がれそうになっている。

グループ内部統制の現状はこうなっている。


このグループ内部統制の詳細については、本書第3章を参照されたい。

最後に

最近のコーポレートガバナンスを巡るいくつかの動きが、果たして企業価値を上げる方向につながるのかは、必ずしもわからない。少なくとも、企業価値を上げるか否かに最も影響するのは、経営者の日々の経営そのものであり、コーポレートガバナンスでないことは間違いない。

しかし、安定株主に代わり、日本の上場企業の株式の相当部分を保有する機関投資家との対話・エンゲージは避けて通れない。今回は政府も動いている。

また、グローバル化が進む資本市場を前提とすれば、コーポレートガバナンスも、会計基準におけるIFRS（国際財務報告基準）と同じ、共通の制度を入れることに一定の意義があることは否定できない。


このような状況の中、今、日本の上場企業のコーポレートガバナンスは、大きな転換期を迎えている。

現在の経営者は、ちょうど、コーポレートガバナンスという潮流の潮目に差し掛かっている可能性が高い。このような潮目には、過去の経験や先例踏襲はあまり参考にならない。

舵取りが重要なタイミングだ。


次章から第4章では、本章で取り上げた一〇のキーワードのうち、監査等委員会設置会社（第2章）、グループ内部統制（第3章）、そしてコーポレートガバナンス・コード（第4章）について、より詳しいプレゼンテーションと、各界の識者に参加いただいたディスカッションを紹介している。いずれも、森・濱田松本法律事務所主催のセミナーに基づくものである。

また、第5章では、それまで十分紹介できなかった、投資家側のコーポレートガバナンスへの目線について、コーポレートガバナンス・コードとスチュワードシップ・コードの双方の有識者会議のメンバーでもある堀江貞之氏のプレゼンテーションとディスカッションを紹介している。

経営者の舵取りの参考にしていただければ幸いである。

第1章注

1 堀江貞之＝金惺潤「機関投資家が期待する企業価値向上のプリンシプル」(「知的資産創造」二〇〇九年九月号)
2 中神康議ほか『ROE最貧国日本を変える』(日本経済新聞出版社、二〇一四年、二四四頁)
3 経済企画庁「企業行動に関するアンケート調査報告書」(一九九九年版)
4 本合暁詩『会社のものさし』(東洋経済新報社、二〇一一年)
5 日本経済新聞朝刊(二〇一五年四月七日付)
6 須藤時仁＝野村容康『日本経済の構造変化』(岩波書店、二〇一四年、五六頁)
7 日本経済新聞朝刊(二〇一五年二月一五日付)
8 生命保険協会「平成二六年度　生命保険強化調査　株式価値向上に向けた取り組みについて」
9 日本経済新聞夕刊(二〇一四年三月二七日付)
10 https://www.blackrock.com/corporate/en-us/literature/publication/long-term-value-letter-041415.pdf

11　川口幸美『社外取締役とコーポレートガバナンス』（弘文堂、二〇〇四年）
12　解説としては落合誠一＝澤口実「社外取締役・取締役会に期待される役割――日本取締役協会の提言」（「旬刊商事法務」二〇二八号、二〇一四年）。論評には、藤田友敬「『社外取締役・取締役会に期待される役割――日本取締役協会の提言』を読んで」（「旬刊商事法務」二〇三八号、二〇一四年）がある。
13　川口幸美『社外取締役とコーポレート・ガバナンス』（弘文堂、二〇〇四年）
14　藤田友敬「『社外取締役・取締役会に期待される役割―日本取締役協会の提言』を読んで」（「旬刊商事法務」二〇三八号、二〇一四年七月）
15　西山芳喜『監査役とは何か』（同文舘出版、二〇一四年）

第2章　監査等委員会設置会社への移行

本章は、二〇一四年一二月二四日に開催された、森・濱田松本法律事務所主催セミナー「監査等委員会設置会社への移行」のプレゼンテーション・パネルディスカッションに基づくものである。

1　制度概要と動向……………………………………内田修平（森・濱田松本法律事務所弁護士）

森・濱田松本法律事務所では、「変革の時を迎えたコーポレート・ガバナンスへの対応」と題し、会社法・コーポレートガバナンスに係るセミナーを三回ほど開催します。

今回は、その第一回、「監査等委員会設置会社への移行」として、移行への動きが加速しつつある監査等委員会設置会社をとりあげます。

まずは私から、監査等委員会設置会社制度の概要と最新動向について、ご説明します。

◆コーポレートガバナンスをめぐる状況

前提として、コーポレートガバナンスをめぐる状況を簡単におさらいしておきます。

改正会社法は、二〇一四（平成二六）年六月二七日に公布され、二〇一五（平成二七）年五月一日に施行されます。法務省令の改正案は、二〇一四年一二月二四日現在、パブリックコメント手続に付されているところですが、今回の法務省令の改正については、パブリックコメントの結果大きな修正が加わることは想定されず、現在公表されている案が、ほぼそのまま最終案として決定されるものと見込まれます。

また、このような会社法改正の施行と並行して、コーポレートガバナンスをめぐっては、いくつかの重要な動きが生じています。

一つは、コーポレートガバナンス・コードの策定です。こちらは、金融庁と東証の有識者会議において急ピッチで議論が進められており、二〇一四年一二月一七日に、コード原案がパブリックコメントに付されています。実務上の検討を要する点は多岐にわたり、後ほどご説明するとおり、複数の社外取締役の選任を促すルールも盛り込まれています。

もう一つは、議決権行使助言機関による議決権行使助言方針の改定です。ＩＳＳ（Institutional Shareholder Services）の議決権行使助言方針において、二〇一六年二月から、取締役会構成基準が厳格化される予定です。

◆社外取締役の選任に関する最新動向

次に、社外取締役の選任に関する最新動向をご紹介します。資料2－1に記載するとおり、社外取締役を選任する上場会社の比率は増加の一途をたどっており、東証一部では、既に七四％の会社が社外取締役を選任しています。

しかし、コーポレートガバナンスをめぐる議論は、社外取締役を一名選任しているかどうかというレベルを超えて、今や、複数の社外、それも独立社外の取締役の選任、というテーマが最も注目を浴びています。

現在では、東証一部の上場会社でも、複数社外取締役の選任は三四％、複数独立社外となると二一％にとどまっていますが、パブリックコメント手続に付されているコーポレートガバナンス・コードの原案には、上場会社は、独立社外取締役を少なくとも二名以上選任すべきであり、選任しない上場会社はその理由を説明すべき、との原則が盛り込まれています。また、さらに進んで、自主的な判断により、少なくとも三分の一以上の独立社外取締役を選任することが必要と考える上場会社は、そのための取組み方針を開示すべきともされています。

また、ＩＳＳも、二〇一六年二月から、議決権行使助言方針を改定し、取締役会に複数名の社外取締役がいない企業の経営トップに反対を推奨するとの方針を発表しています。

このように、社外取締役の選任をめぐっては、「複数社外取締役の選任」が、上場会社に期待されるスタンダードになりつつあるといえます。そして、監査等委員会設置会社制度は、複数の

資料2-1

社外取締役の選任に関する最新動向

■社外取締役を選任する上場会社のさらなる増加
- ▶東証一部上場会社のうち、社外取締役選任は74.2%、独立社外取締役選任は61.0%

■複数の社外取締役の選任
- ▶東証一部上場会社のうち、複数社外取締役選任は34.3%、複数独立社外取締役選任は21.7%
- ▶「コーポレートガバナンス・コードの基本的な考え方（案）」（2014年12月12日）
  - 上場会社は、独立社外取締役を少なくとも2名以上選任すべき
  - 業種・規模・事業特性・機関設計・会社をとりまく環境等を総合的に勘案して、自主的な判断により、少なくとも3分の1以上の独立社外取締役を選任することが必要と考える上場会社は、そのための取組み方針を開示すべき
- ▶議決権行使助言機関の方針
  - ISS議決権行使助言方針（2016年2月から適用予定の改定案）
    取締役会に複数名の社外取締役がいない企業の経営トップに反対を推奨

社外取締役を選任することにより業務執行と監督の分離を図り、取締役会の監督機能を強化することを狙ったものです。その意味で、まさに、複数の社外取締役の選任、という現在の議論と親和性の高いものといえます。

◆制度創設の経緯と制度概要

資料2－2は、制度創設の経緯を簡単にまとめたものです。

現行法で認められた監査役会設置会社においては、社外取締役の選任について、負担感や社外監査役との重複感が指摘され、また、監査役の機能について、業務執行者の人事に関与できないという点がマイナス要因として指摘されていたところです。他方、委員会設置会社――今回の改正に伴って指名委員会等設置会社という名称に変更――は、主に指名委員会・報酬委員会に対する抵抗感から、実務において広く採用されるには至っていないというのが現状です。

監査等委員会設置会社制度は、これらの問題点に対応するために企業が採り得る選択肢として、新たに創設されたものです。

資料2-2

監査等委員会設置会社制度の創設

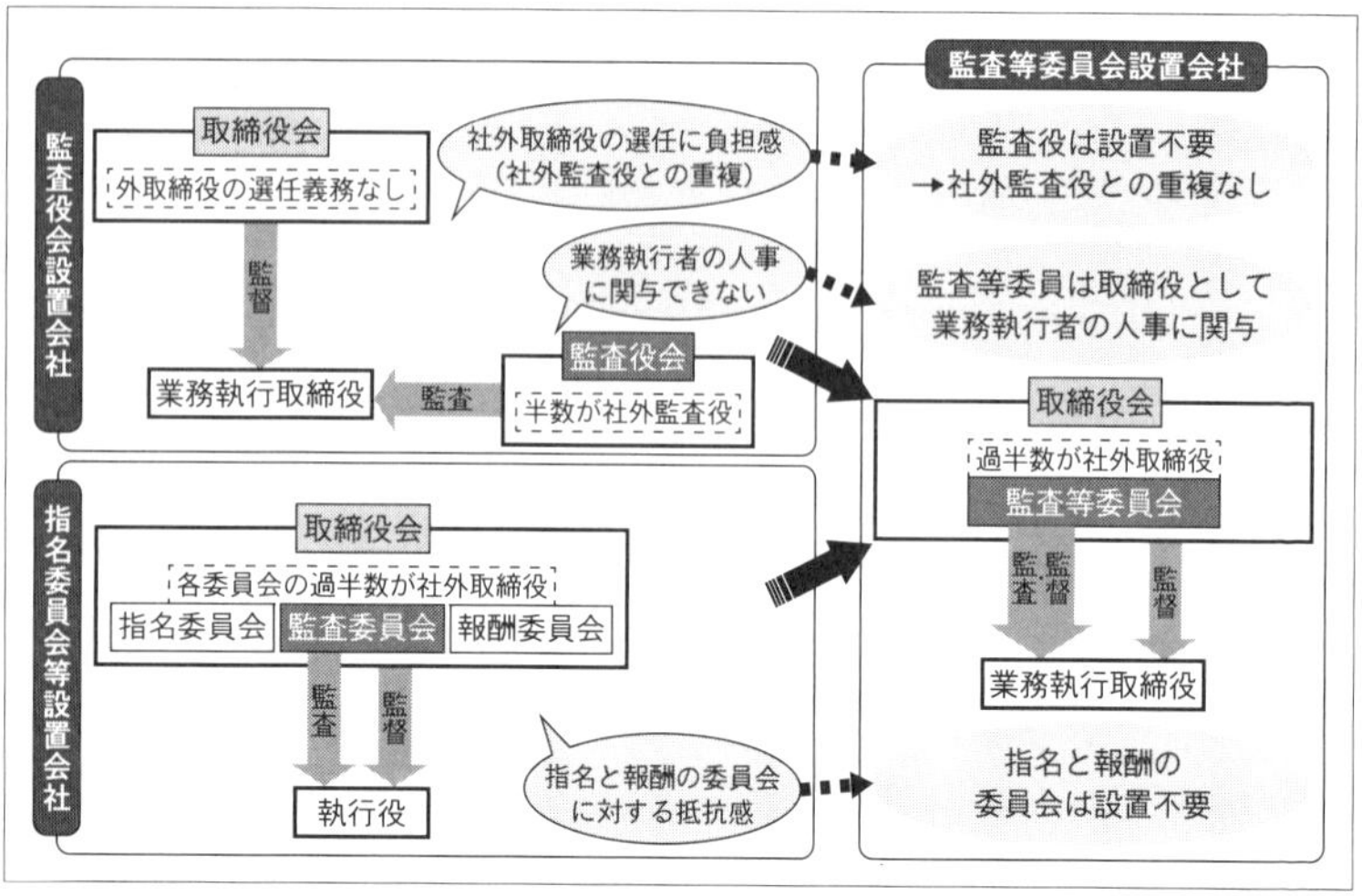

資料2－3に、監査等委員会設置会社制度の概要をまとめました。

まず、機関についてですが、監査等委員会が監査を行いますので、監査役は置かれず、したがって社外取締役と社外監査役との重複感が生じることはありません。他方、指名委員会・報酬委員会が置かれない点で、指名委員会等設置会社と比べ、企業にとって抵抗感の少ない機関設計といえるように思われます。

監査等委員会は、取締役三名以上で構成され、その過半数が社外取締役である必要があります。したがって、監査等委員会設置会社においては、必然的に、複数の社外取締役が選任されることになるわけです。それから、常勤の監査等委員の選定は求められていませんが、パブリックコメント手続に付された会社法施行規則改正案121条10号（注：公布された改正会社法施行規則でも変更

資料2－3

制度の概要

機関の設置	●監査役は存在せず、取締役のみ（327条4項） ●指名委員会・報酬委員会は置かれない（327条6項）
監査等委員会の構成	●取締役3名以上で監査等委員会を構成する（331条6項） ●監査等委員の過半数は社外取締役でなければならない（331条6項） →社外取締役の最低人数は2名 ●常勤の監査等委員は不要⇒事業報告で有無・理由を記載（施規案121条10号）
監査等委員（会）の権限	指名委員会等設置会社の監査委員会・各監査委員が有するものと同様の権限＋α（399条の2～399条の7）
監査等委員の選任	●株主総会の決議で、それ以外の取締役とは区別して選任される（329条2項） ●監査等委員の任期は2年（短縮不可）（332条1項本文、3項、4項） ●それ以外の取締役の任期は1年（332条1項、3項）
業務執行	代表取締役と業務執行取締役が業務執行を行う（363条：改正なし）
権限委譲	次の場合、業務執行の決定を指名委員会等設置会社と同様のレベルで取締役に委任することが可能（399条の13） (a) 取締役の過半数が社外取締役である場合（同条4項・5項） (b) 定款で定めた場合（同条4項・6項）

なし）では、常勤者の有無とともに、いずれの場合についてもその理由を事業報告に記載することが求められています。

監査等委員である取締役の選解任については、監査役の身分保証に関する制度と同様の規律が設けられており、監査等委員以外の取締役とは区別して株主総会で選任されます。資料2－3には入れていませんが、監査等委員である取締役については、報酬等の決定方法や、解任について株主総会の特別決議が必要であること、選任議案に関する監査等委員会の同意権や提案権、それから辞任した監査等委員の意見陳述権などについても、監査役とパラレルな規定が置かれています。

取締役の任期ですが、監査等委員である取締役については二年とされ、監査役の四年よりも短く設定されています。監査等委員以外の取締役に関しては、任期は一年となります。

指名委員会等設置会社のような執行役は置かれず、監査役会設置会社と同様、代表取締役等が業務執行を行うことになりますが、業務執行の決定については、取締役会から取締役への権限委譲が広く認められています。この点は、監査等委員会設置会社制度の主な特徴の一つに挙げられるところですので、後ほど改めてご紹介します。

資料2－4（次ページ）は、監査等委員会の権限等を、他の機関設計における監査機関、すなわち監査役会設置会社の監査役・監査役会や指名委員会等設置会社の監査委員会と比較したものです。

左側に列挙した権限等のうち、網掛け表示している業務財産調査権や違法行為等差止請求権といったものは、基本的に指名委員会等設置会社における監査委員会の権限と合わせる形で、合議体としての監査等委員会が選定する監査等委員か、または各監査等委員の権限として規定されています。ただし、網掛け表示したもののうち一番下、株主総会への報告義務だけは、監査役とパラレルな規定となっており、各監査等委員が株主総会への報告義務を負うことになります。

これに対して、下から三つの項目は、監査等委員会設置会社に特有のルールを含むものです。まず、取締役の選解任・辞任に関する意見陳述権ですが、監査等委員会設置会社の列を見ると、監査等委員である取締役の選解任・辞任については、各監査等委員が株主総会での意見陳述権を持っています。他方で、監査等委員以外の取締役の選解任・辞任に関しては、監査等委員会が選

資料2-4

他の機関設計との比較

		監査役会設置会社	監査等委員会設置会社	指名委員会等設置会社
独任性		あり	なし	なし
調査	業務財産調査権	各監査役	監査等委員会が選定する監査等委員	監査委員会が選定する監査委員
調査	子会社調査権	各監査役	監査等委員会が選定する監査等委員	監査委員会が選定する監査委員
是正	不正行為等に関する取締役会への報告義務	各監査役	各監査等委員	各監査委員
是正	会社・取締役等間の訴訟における会社の代表者	各監査役	監査等委員会が選定する監査等委員	監査委員会が選定する監査委員
是正	違法行為等差止請求権	各監査役	各監査等委員	各監査委員
是正	取締役会の招集権	各監査役（取締役への招集請求権）	監査等委員会が選定する監査等委員	各委員会が選定する委員
報告	株主総会提出議案等の調査・株主総会への報告	各監査役	各監査等委員	—
取締役の選解任・辞任に関する意見陳述権		— （注）監査役については各監査役	・監査等委員について：各監査等委員 ・それ以外の取締役について：監査等委員会が選定する監査等委員	— （注）選解任議案を指名委員会が決定
取締役の報酬等に関する意見陳述権		— （注）監査役については各監査役	・監査等委員について：各監査等委員 ・それ以外の取締役について：監査等委員会が選定する監査等委員	— （注）個人別の報酬等を報酬委員会が決定
利益相反取引の事前承認による任務懈怠推定の排除		—	監査等委員会	—

定する監査等委員が、監査等委員「会」としての意見を述べることができるとされています。これは、指名委員会等設置会社の場合には、取締役の選解任の議案を指名委員会が自ら決めることになるのに対し、監査等委員会設置会社の場合には、決めるというところまでは行かないのですが、選解任・辞任について監査等委員会が意見を述べるということで、ある意味、指名委員会の機能の一部代替とでもいうべき権限です。

取締役の報酬等についても同様で、監査等委員以外の取締役の報酬等についても、監査等委員「会」としての意見陳述が認められています。これはある意味、指名委員会等設置会社でいうところの報酬委員会の機能の一部を代替する、という位置付けの権限です。

最後に、利益相反取引の事前承認による任務懈怠推定の排除というものがあります。現行法では、利益相反取引によって損害が生じた場合は、取締役の任務懈怠が推定される旨、会社法423条3項に定められていますが、監査等委員会が事前に承認した利益相反取引であれば、この任務懈怠推定が適用されないというもので、これは、監査等委員会設置会社に特有の仕組みです。

◆取締役会のあり方

制度の概要は以上ですが、その中で、監査等委員会設置会社制度の大きな特徴の一つは、業務執行の決定に関する権限委譲を広く認める余地があるという点です。

改正会社法399条の13第4項は、監査等委員会設置会社における重要な業務執行の決定は、取締役会で行わなければならず、これを取締役に委任することはできない旨を定めており、この点は、監査役会設置会社と同様の規定になっています。

しかし、この規定には、三九九条の一三第五項と第六項で、重要な例外が二つ定められています。まず、第5項では、取締役の過半数が社外取締役である場合を例外としています。また、実務上特に注目されるのは、第6項に規定される、委任を認める定款の定めを置く場合です。これらのうちいずれかの場合には、指名委員会等設置会社の取締役会が執行役に委任できるのと同じ範囲で、業務執行の決定を取締役に委任することができるものとされています。

このように、取締役会から取締役への権限委譲を広く認めることは、迅速な意思決定を可能とするというメリットがありますが、それだけではなく、取締役会の監督機能という観点からも重要な意義があり、これは、取締役会のあり方・モデル論にも関連するものです。

最近紹介されることが多くなっている取締役会のモデルとして、「モニタリング・モデル」があります。これは、取締役会の基本的な役割を、業務執行の決定ではなく、経営の基本方針の決定と、役員の選解任を中心とした業務執行の監督と位置付けるものです。

監査等委員会設置会社制度は、このモニタリング・モデルを取り入れやすくするものと位置付けることが可能です。すなわち、監査役会設置会社においては、重要な業務執行の決定は取締役会の専決事項とされ、取締役への委任が認められません。例えば、重要財産の処分や多額の借財に加えて、「その他の重要な業務執行」という抽象的な内容が専決事項として規定されているため、実務的には、安全サイドに立って、取締役会決議事項を広めに定めておくという考慮が働くといわれています。

これに対して、監査等委員会設置会社制度では、業務執行の決定を取締役に広く委任することが可能となります。これは、社外取締役をはじめとする取締役会のメンバーが、個別の業務執行の決定に関与するのではなく、基本的な経営方針の策定や、それを前提とした業務執行の監督に専念することを可能とする点で、モニタリング・モデルを取り入れやすくするものといえます。

モニタリング・モデルを取り入れるといっても、その程度は会社によって様々であってよいと考えられます。我が国の取締役会は、伝統的に、業務執行の決定を主な役割とする、いわゆる「マネジメント・ボード」といわれてきましたが、マネジメント・ボードかモニタリング・モデルかというのは、オール・オア・ナッシングの議論ではなく、我が国の、また、各社の実情を踏まえた適切なバランスというものがあるはずです。

監査等委員会設置会社制度では、定款の規定内容等を通じて、モニタリング・モデルを取り入れるかどうか、また、どの程度取り入れるかを自由に決めることができます。我が国の実情を踏まえると、マネジメント・ボードのよさを残しつつ、モニタリング・モデルも一定程度取り入れるといった「ハイブリッド型」の取締役会とすることも、有力な選択肢となり得ると思われます。

◆監査・監督のあり方

監査等委員会設置会社における監査・監督のあり方については、立案の過程で、「自己監査」への懸念――すなわち、業務執行の決定に関与する取締役は、監査役とは異なり、業務執行に関する監査を十分に行うことができないのではないか、という懸念――が示されたこともあります。ただ、この点については、監査等委員は、自ら業務執行をしないため、少なくとも業務執行と監督は分離しています。また、経営の基本方針等、特に重要な業務執行の決定に関与すること自体が、監督としての側面を有すると考えられるところです。

また、監査等委員会による監査・監督は、内部統制システムを利用して行われるため、常勤の監査等委員の選定は強制されていません。そのうえで、先ほどご説明したとおり、常勤者の有無及びその理由は、事業報告に記載が求められることになります。

以上のように、監査等委員会設置会社については、複数の社外取締役の活用や、迅速な意思決定が可能となること、モニタリング・モデルを取り入れやすくなること等のメリットがある一方、立案過程で指摘されることのあった自己監査の問題は、議論としては既に解決済みともいえ、目立ったデメリットは見当たりません。

したがって、監査等委員会設置会社に移行する場合はもとより、移行しない場合でも、その理由について十分に説明することができるよう、準備しておく必要があります。そのためには、各社における移行のメリット・デメリットの分析や、それを踏まえた移行の当否について、早期の検討が欠かせないといえます。

◆移行を選択した場合の手続

最後に、移行を選択した場合に必要となる手続について、ご説明します。移行の場合には、株主総会の決議が必要となるわけですが、付議する必要のある議案は、多岐にわたります。

まず、監査等委員会設置会社への移行に係る定款変更は、当然必要となります。そして、この定款変更は、施行日前に開催される株主総会において、改正法の施行を条件として決議することができるとされています。したがって、例えば、三月総会の会社も、二〇一五年三月の総会で、施行を条件として監査等委員会設置会社への移行を決議しておくことで、施行とともに移行を行うことが可能です。

定款変更に伴って、既存の取締役及び監査役は全員退任することになります（改正会社法332条7項1号、336条4項2号）。そのため、監査等委員でない取締役と監査等委員である取締役を、それぞれ選任する必要があります。ここで、改正会社法344条の2では、監査等委員である取締役の選任議案を株主総会に提出するには、監査等委員会の同意が必要とされていますが、移行前には監査等委員会が存在せず、その同意を取得しようがありません。そこで、実務上は、その代替として、監査役会の同意を得ることも考えられるところです。監査等委員である取締役の選任については、そのような実務が予想されます。

併せて、補欠の監査等委員の選任についても、検討する必要があります。

また、取締役の報酬等についてですが、監査等委員会設置会社制度においては、取締役が監査等委員とそれ以外の二つに分かれ、それぞれ別個に報酬等を定めるべきこととされています（改正会社法361条2項）。そこで、従前の取締役の報酬等に関する決議の内容をそのまま維持してよいか、慎重に検討する必要があり、実務的には、監査等委員である取締役とそれ以外の取締役について、それぞれ、報酬等の決議を取り直すことが妥当と考えられます。

移行に際して退任する監査役への退職慰労金の贈呈も、決議事項となり得ると思われます。その際には、個々の監査役について具体的な金額を株主総会で定める必要はないと考えられます。この場合に、具体的な金額の一任先をどのように考えるべきかですが、監査役会設置会社における取り扱いとのバランス上、監査等委員である取締役の協議に一任するのが適切と考えられます。

以上が、株主総会に付議すべき事項となりますが、移行に当たっては、それ以外にも、代表取締役の選定、取締役への業務執行の決定の委任、内部統制システムの見直し、取締役会規則の改定や監査等委員会規則の制定など、取締役会決議を要する事項も多数考えられます。

2　パネルディスカッション

司会：

太子堂厚子（弁護士、森・濱田松本法律事務所）。

パネリスト：

石田猛行（インスティテューショナルシェアホルダーサービシーズ〈ＩＳＳ〉株式会社代表取締役）……ＩＳＳは欧米の機関投資家に強い影響力を持つ議決権行使助言会社。

和田照子（日本経済団体連合会・経済基盤本部上席主幹）……法制審議会会社法制部会やコーポレートガバナンス・コード有識者会議に臨席。日本経団連における検討に関与。

田中亘（東京大学社会科学研究所准教授）……今回の会社法改正に関する法制審議会会社法制部会幹事を務め、監査等委員会に関する議論に関与。

太子堂　本日、パネルディスカッションの司会を務めます、弁護士の太子堂厚子です。どうぞよろしくお願いいたします。本日はパネリストとして三名の方をお招きしておりますが、石田猛行様には、ＩＳＳまたは海外の機関投資家の視点も含めて、ご意見をお伺いしたいと考えております。

和田照子様には、日本経団連あるいは企業の立場から、ご意見をお伺いしたいと考えております。また、田中亘先生からは、監査等委員会設置会社制度が創設された経緯なども踏まえ、いろいろご意見を伺ってまいります。このほか、森・濱田松本法律事務所の内田修平弁護士及び澤口実弁護士も登壇させていただいております。

◆監査等委員会設置会社に対する経団連のスタンス

太子堂　まず和田様にお伺いします。今回の会社法改正に関して、経団連としての取り組み全般を教えていただくとともに、監査等委員会設置会社に対するスタンスについてもお話しいただけますでしょうか。

和田　経団連では、これまで発行体企業の意見を代弁するという立場で会社法改正の議論に関わってきました。今回の会社法改正論議では、法制審議会に諮問が出される前から政治的にも社外取締役の義務付け等の論点が非常に大きくフィーチャーされているという流れはあったのですが、発行体企業のほうの立場からすると、どのようなガバナンス体制とするかということも含めて創意工夫するのも競争力の一つであると捉えている企業経営者の方が多いのではないかというふうに考えております。そこで、経団連としては、発行体企業各社が経営戦略を実現するためにそれぞれ自社に最も適切なガバナンス体制の構築が実現できるように、できるだけ形式的な義務付けを排除することを求めてまいりました。

その端的な例として、社外取締役を義務付けるべきという議論については、経団連では各社が自主的に判断すべきものであるという理由で反対してきたわけです。ただ、これはあくまでも義務付けに反対しているだけでして、社外取締役を選任すること自体については全く反対していません。

もう一つの質問の監査等委員会設置会社についてですが、この選択肢が新たに加わることについては、企業の経営形態に新たに選択肢が増えるということですので、経団連としては、歓迎しております。

今は名称が変わりましたが、委員会設置会社ができて、そこで三委員会が必置とされた当時から、そもそも監査役会と監査委員会を選択できるような制度を入れたらいいのではないかという理由で、選択的に各委員会や執行役制度を導入できるようにすべきということも経団連としては提言してきた経緯があります。

課題としては、監査役会設置会社も含めて、仕組みとして三つの類型があるのがわかりにくいという声もあると聞いています。なので、日本の法制度や企業の実態に馴染みの薄い海外投資家にも、この三つの類型がガバナンス上は等価値であるということを正当に評価していただけるように、経団連としても努力してまいりたいと考えています。

◆制度創設の経緯と背景

太子堂　今回の会社法改正において、監査等委員会設置会社制度が創設された経緯とその背景について、田中先生のご意見を教えていただけますか。

田中　伝統的なガバナンス形態である監査役会設置会社は、監査役が取締役会において議決権を持たないため、監督機能が必ずしも十分でないという批判が、外国機関投資家を中心として存在しました。他方、モニタリング・モデルを取り入れるべく平成一四（二〇〇二）年に導入された委員会等設置会社、現行の委員会設置会社では、監査委員会に加えて、指名委員会、報酬委員会の設置を要するという高いハードルから、上場会社における導入は数十社と、必ずしも多くは使われていない現状があります。こうした状況を踏まえて、構成員の過半数を社外取締役とする監査等委員会が監査役会と同等の監査機能を果たしつつ、監査等委員は、取締役会の構成員として、代表取締役の選解任をはじめとする取締役会決議にも参加できるものとする監査等委員会設置会社制度が創設されました。

監査役会設置会社では、社外監査役を二名以上選任しなければならず、社外取締役を増員することは負担の重複になりますが、監査等委員会設置会社には監査役は置かれないため、社外監査役との重複選任の必要がないので、社外取締役の増員がよりスムーズに進むという期待がありま す。また、現行法上、社外取締役は、単独で会社の事業や財産状況を調査する権限が、少なくとも明文上は与えられておらず、監査・監督機能を担ううえで、必要な情報が不足しているのではないかという懸念があります。この点、監査等委員会設置会社では、社外取締役は、監査等委員会の委員として、会社の事業・財産状況を調査する権限を持っており、これによって得た情報を取締役会における監督権限の行使にも活かすことができるという期待もあるように思います。

太子堂　石田様にお伺いします。

資料2－5をご覧いただきたいと思いますが、ISSの二〇一五年版の議決権行使助言方針においては、監査役会設置会社から監査等委員会設置会社への移行の定款変更には、原則として賛成を推奨するとされています。このようなポリシー導入の背景について、お話しいただけますか。

石田　直接的な背景は、法律制度の変更への対応です。資料2－5にあるように、監査等委員会設置会社への移行それ自体は、特段よいも悪いもなく、積極的に反対する理由は見つからず、賛成します。つまり、監査等委員会設置会社への移行自体はニュートラルと考えるのです。ただし、現時点では、監査等委員会設置会社は想像上にしか存在しないので、その評価も想像上の評価です。投資家がその新しいガバナンス体制を評価するには、時間が必要であることを付け加えます。

一方で、現時点で問題視されることが明確なのは、同時に提案されるかもしれない取締役会への配当授権です。監査等委員会設置会社に移行する際に、配当の授権を取締役会に与える定款変更が提案される時は要注意と考えております。

そこで、どのような時が問題かといいますと、株主提案によって配当を株主総会に議案として

資料2-5

ISSの2015年版の議決権行使助言方針（ポリシー）

■監査等委員会設置会社への対応に関するポリシー改定の概要

定款変更

監査等委員会設置会社への移行は、原則として賛成（注1）を推奨します。ただし委員会設置会社から監査等委員会設置会社への移行は個別に判断します。

取締役選任

監査等委員会設置会社においては、監査等委員である社外取締役がISSの独立性基準を満たさない場合、反対を推奨します（注2）。

ポリシー改定の意図と影響

監査等委員会設置会社では、「監査等委員である取締役」と「それ以外の取締役」を区別して選任することが求められます。「監査等委員である取締役」のうち最低でも2名は社外取締役を選任する義務があるのに対して、「それ以外の取締役」に社外取締役を選任する義務はありません。

そのため、ISSの監査役選任に対するポリシーの考え方を準用し、社外取締役の選任が義務付けられている「監査等委員である社外取締役」には独立性に懸念がある場合は反対を推奨することとしました。一方、社外取締役の選任が義務付けられていない「それ以外の社外取締役」に対して独立性の懸念を理由に反対を推奨することは、「それ以外の取締役」に社外取締役を選任するインセンティブを減じ、ガバナンスの向上には逆効果となりますので、反対推奨はしません。

（注1）監査役設置会社では、配当の取締役会授権を求める定款変更には一律に反対します。しかし、監査等委員会設置会社および委員会設置会社にて、また、それらの会社形態への移行に伴い提案される場合は、配当の株主提案権が排除されない限り、配当の取締役会授権を求める定款変更には賛成を推奨します。

（注2）監査等委員ではない「それ以外の社外取締役」については、ISSの独立性基準を満たさない場合でも、それを理由に反対を推奨することはありません。

提案する権限までも奪うのであれば、ＩＳＳはそのような定款変更には反対を推奨するつもりです。しかし、配当決定は取締役会の権限になるものの、依然として株主が株主提案によって、配当の議案を株主総会で提案できるなら、賛成を推奨するつもりです。念のためですが、このアプローチは監査等委員会設置会社への移行時の対応であり、監査役設置会社ではありません。監査役設置会社の場合、配当の授権を取締役会に与える定款変更には一律に反対を推奨します。

あとは、あまりないケースかも知れませんが、現在の委員会設置会社から監査等委員会設置会社へ移行する場合をどう考えるべきか。先ほど、この三つのガバナンスの形は等価であるという和田さんのお話があり、私も基本的にはそうだと思いますが、外国人がどう見るかについては、様子が変わってきます。

まず、外国人には監査役設置会社というものはない。外国人にわかりやすいのは日本の委員会設置会社です。そのわかりやすい三つの委員会がある形態から二つの委員会がなくなり、監査委員会だけがある形になる。これは形式面としては、マイナスの印象があると思います。ＩＳＳのポリシーでは、委員会設置会社から監査等委員会設置会社への移行は、ケースバイケースで判断するつもりです。

その際に何を考慮するかというと、実際の取締役候補者、出来上がりの取締役会の独立性、さらに、例えば、親会社が存在するかどうかなども含めて、ケースバイケースで判断します。

◆監査等委員会の「監査」の意義

太子堂　監査等委員会の「監査」の意義についてお伺いします。資料２－６をご覧ください。会社法の条文上、監査役、監査等委員会、監査委員会の職務の内容として、いずれも、「取締役等の職務の執行の監査」という同一の表現が用いられています。

このような条文の表現に照らし、監査に関する職務は基本的に同じという理解でよいかについて、田中先生のご意見を伺えますでしょうか。

田中　そのように理解してよいと思います。

資料2-6

各機関設計における「監査」の意義

■条文の比較

監査役会設置会社	（監査役の権限） 第381条　監査役は、取締役（会計参与設置会社にあっては、取締役及び会計参与）の職務の執行を監査する。この場合において、監査役は、法務省令で定めるところにより、監査報告を作成しなければならない。 ２～４　（略）
監査等委員会設置会社	（監査等委員会の権限等） 第399条の2　（略） 2　（略） 3　監査等委員会は、次に掲げる職務を行う。 一　取締役（会計参与設置会社にあっては、取締役及び会計参与）の職務の執行の監査及び監査報告の作成 二　株主総会に提出する会計監査人の選任及び解任並びに会計監査人を再任しないことに関する議案の内容の決定 三　第342条の2第4項及び第361条第6項に規定する監査等委員会の意見の決定 4　（略）
指名委員会等設置会社	（指名委員会等の権限等） 第404条　（略） 2　監査委員会は、次に掲げる職務を行う。 一　執行役等（執行役及び取締役をいい、会計参与設置会社にあっては、執行役、取締役及び会計参与をいう。以下この節において同じ。）の職務の執行の監査及び監査報告の作成 二　株主総会に提出する会計監査人の選任及び解任並びに会計監査人を再任しないことに関する議案の内容の決定 3・4　（略）

太子堂　和田様は、この各機関設計における「監査」の意義が同じであるかどうかについて、どのようにお考えでしょうか。

和田　各社において、実際に、監査委員あるいは監査役の方が行う監査業務については、事実上の対応として解釈の幅はあり得ると思います。ただ、基本的に法律上「監査」という言葉で表現されている内容は同じであるというふうに捉えています。

太子堂　内田弁護士は、法務省でこの制度の立案に携わっていますが、その際の監査の意義についての整理はいかがでしたか。

内田　法務省で立案を担当した際

にも「監査」という同じ文言ですので、その内容は同じという整理をしていたと考えています。

◆常勤の監査等委員の選定

太子堂　監査等委員会設置会社においては、常勤の監査等委員の選定は義務付けられません。常勤の監査等委員の選定が義務付けられない理由については資料2－7に記載していますが、「監査等委員会は内部統制システムを利用した組織的な監査を行うことを前提としているためである」という整理がされています。しかし、監査役設置会社においても、一定規模以上の会社には内部統制システムを利用した監査が行われており、この点では差異がないのではないかと思われます。この点についての田中先生のご意見はいかがでしょうか。

田中　裁判例により、一定規模以上の会社の取締役は内部統制システムの整備が義務付けられており、会社法の下でも大会社については内部統制システムの整備の決定をすることになっています。大会社である監査役設置会社は、内部統制システムを利用した監査をしている点で監査等委員会設置会社とあまり差違がないともいえるように思います。

実際、会社法制部会においては、監査等委員会設置会社についても常勤の監査委員の設置を義務付けるべきだという意見もありました。それが最終的に義務付けないこととなったのは、米国その他の国では監査委員会の経営陣からの独立性を重視し、構成員の全員を独立社外取締役とする例もあることを踏まえ、常勤を置くかどうかは、各社の選択に任せるべきものとされたからと

資料2−7

常勤の監査等委員の要否

監査等委員会設置会社において、常勤の監査等委員の選定は強制されない。
（注）ただし、常勤者の選定の有無及びその理由を事業報告に記載する。

監査役会設置会社	常勤監査役の選定が必要（390条3項）
監査等委員会設置会社	常勤の監査等委員の選定は強制されない
指名委員会等設置会社	常勤の監査委員の選定は強制されない

▶**常勤者の選定が強制されない理由**
監査等委員会は、監査委員会と同様に、いわゆる内部統制システムを利用した組織的な監査を行うことを前提としており、常勤の監査等委員を義務付けなくても、情報収集等の点で問題ないと考えられるため
（坂本三郎ほか「平成26年改正会社法の解説〔Ⅱ〕」旬刊商事法務2042号22頁〈2014〉）

▶**指名委員会等設置会社において、常勤の監査委員がいる会社の割合は73.3%**
（日本監査役協会：2014年1月10日「役員等の構成の変化などに関する第14回インターネット・アンケート集計結果（委員会設置会社版）」より）

理解しています。したがって、監査等委員会設置会社においても、各社の判断により常勤の監査等委員を置くことは、もとより差し支えありません。また、特に大規模な上場会社において、仮に常勤の監査等委員を置かないのであれば、監査等委員会の職務を補助する常勤の使用人を置くことが、監査の実効性を確保するうえでは、実際上、必要であるように思います。

太子堂　資料2−7にもありますが、指名委員会等設置会社においては、任意に常勤の監査委員を設置している会社が約七割という調査結果もあります。

和田様にお伺いしますが、企業としては、常勤を置くか否かについて、どのようなメリット・デメリットを考慮して判断することになるとお考えでしょうか。

和田　法律上、常勤の監査等委員は置くことを義務付けられていないというのは今のご説明のとおりです。ただ、監査等委員会設置会社の多くが、常勤の監査役が必置である

監査役会設置会社からの移行であろうという実態を踏まえると、任意で常勤の委員を選定するというのは、すでにある社内の体制とも繋がりやすくて自然な流れではないかと思います。また、すでに公表されてパブリックコメントに付されているコーポレートガバナンス・コードの基本的な考え方の案の中でも、取締役と監査役の連携、あるいは常勤者の情報収集力と独立性の高い社外者との連携といった考え方が端々で示されており、常勤の監査等委員というものは、まさにそのような連携の役割を担うのにふさわしい立ち位置になり得ると思います。

具体的にコードの中でどのように書かれているかを紹介しますと、コードの補充原則の4－4－①というのがあります。こちらで「監査役又は監査役会は、社外取締役がその独立性に影響を受けることなく情報収集力の強化をはかることができるよう社外取締役との連携を確保するべきである」と書かれています。ここでいう監査役とは、適宜、監査等委員、あるいは監査等委員と読み換えることになっていますので、そのようにご理解いただければと思います。

◆監査等委員以外の取締役の選任等・報酬等についての意見陳述権

太子堂　監査等委員会設置会社における、監査等委員会の選定する監査等委員の特有の権限として、監査等委員以外の取締役の選任・解任・辞任または報酬等についての株主総会における意見陳述権というものがあります。

この権限が付与された背景ですが、監査等委員会設置会社において、取締役会から業務執行者に重要な業務執行の決定権限を委譲することについて、一部に、委員会設置会社と比べ、取締役会の独立性が低いことについて懸念する声があります。そのような懸念に応えるために、このような権限が付加されたということになるのでしょうか。この点について、田中先生のご意見はいかがでしょうか。

田中　決定権限の委譲との関係が、どこまで重要であったかはわかりません。ただ、やはり根本的には委員会設置会社と比べた場合、指名・報酬に関するモニタリング機能が欠けているのではないかという懸念があり、これに応えるべく導入された制度であると思います。

太子堂　資料2－8に記載した改正会社法399条の2第3項では、監査等委員以外の取締役の指名・報酬についての意見の決定が、監査等委員会の職務の一つとされています。これについては、職務であることからすれば、重要な権限と考えざるを得ないとの理解もあり得ますが、この点についてはいかがですか。

田中　職務である以上、善管注意義務を尽くして、意見を述べるかどうか、及び、どういう意見を述べるかの判断を行わなければならないことは間違いありません。ただ、このことは、監査等委員会自身が取締役の選任議案や報酬等について実質的に決定するということは、必ずしも意味しないと思います。例えば、報酬等についていえば、明確な報酬体系に則り決定しているとか、諮問委員会に諮問したうえで決定しているといった手続面を重視し、公正な手続を経て報酬等を決めているのであるから賛同できるといった形で、意見を形成することもあり得ます。逆にいえ

資料2-8

監査等委員会の権限

監査等委員以外の取締役の選任等・報酬等についての意見陳述権
（監査等委員会の権限等） 第399条の2（略） 2（略） 3　監査等委員会は、次に掲げる職務を行う。 一　取締役（会計参与設置会社にあっては、取締役及び会計参与）の職務の執行の監査及び監査報告の作成 二　株主総会に提出する会計監査人の選任及び解任並びに会計監査人を再任しないことに関する議案の内容の決定 三　**第342条の2第4項及び第361条第6項に規定する監査等委員会の意見の決定**
（監査等委員である取締役等の選任等についての意見の陳述） 第342条の2（略） 2・3（略） 4　**監査等委員会が選定する監査等委員は、株主総会において、監査等委員である取締役以外の取締役の選任若しくは解任又は辞任について監査等委員会の意見を述べることができる。**
（取締役の報酬等） 第361条第6項（略） 2～5（略） 6　**監査等委員会が選定する監査等委員は、株主総会において、監査等委員である取締役以外の取締役の報酬等について監査等委員会の意見を述べることができる。**

ば、監査等委員会が安心して賛同の意見を形成できるように、指名・報酬等の決定が適切に行われるような手続を各社が整備することも本制度が期待していることではないかと思います。

太子堂　和田様に伺います。企業の立場からは、この権限を重視すると、権限行使の対応のための準備が大変なのではないか、あるいは、監査等委員会の職務の負担が重すぎるのではないか、といったところが気になるかと思いますが、いかがでしょうか。

和田　指名・報酬について、もともと、指名委員会、報酬委員会が担うことを期待されていた業務のすべてを、事実上、この監査等委員会が担うということになってしまうのであれば、三つ分の委員会の業務を一つの委員会でやることになり、バランスを欠きますし、それは今回の改正の趣旨ではないと理解しています。ただ、この関連で申し上げますと、コーポレートガバナンス・コードの中で「独立社外取締役が取締役会の過半数に達していない会社においては、指名・報酬の検討にあたり、独立社外取締役の適切な関与・助言を得るべきである」と書かれており、その背景説明の中で「監査等委員会が意見陳述権を付与されていることを前提に、監査等委員会の活用というのも想定されている」という記述があります。

したがって、これらを踏まえて、各社がそれぞれの実情に応じ、どのような対応が可能であるのかを検討していただけたらと思います。

念のため、このコードの読み方について誤解がないように付言させていただきます。コード案では、独立社外取締役が指名・報酬について適切に関与・助言すべきであるということが、メインの規律として書かれています。したがって、監査等委員会を設置しなければいけないとか、あるいは、任意で独立社外取締役によって構成されるような諮問委員会を置かなければいけないということではありませんので、その点を十分に理解していただけたらと思います。

◆監査等委員としての適任者

太子堂　監査等委員としてどのような方が適任であるかについて、お話をさせていただきたいと思います。

監査等委員としてどのような方を選ぶべきかについては、取締役としての職務と、監査等委員としての職務の両面から適性を考えるべきと思われます。この点、田中先生のご意見はいかがでしょうか。

田中　その通りだと思います。

太子堂　和田様にもお伺いします。取締役としての職務と、監査等委員としての職務の両面から適性がある方がベストであるとして、現在の監査役は適任者の有力候補ではないかと考えますが、いかがでしょうか。

和田　それまで監査役を務めてきた方であれば、監査という業務についての経験、知識もさることながら、監査役として取締役会に出席し、すでに必要に応じて意見を述べるなど、実質的に議論に参加していますし、かつ、当該企業の事業内容については非常によくご存じです。そういったことを踏まえると、取締役として経営に参画するための準備が実質的に整っているといいますか、トレーニングが済んでいる方であり得る可能性が高いのではないかと思います。

太子堂　石田様にお伺いします。監査役から監査等委員へのいわゆる横滑りについて、どのように評価されますか。

石田　感覚としては、横滑りは数合わせのような感じがして、多少違和感があります。そもそもの話として、「自分は監査役だ」とのメンタリティを持っていた人が、「今日からあなたは取締役です」とされたときに、果たして、その人がマインドセットを変えて職務にあたることができるか、ということです。急に立ち位置が変わるわけですので、それは簡単ではないという感じはします。取締役と監査役の法律的な違いは理屈では整理できても、どのように気持ちを持ち直すか、さらに、それを受け入れる側の社内の取締役がどのように対応するつもりなのか、ということです。

ただし、数合わせのような感じはあるとしても、外国人投資家にはわかりやすさが増す、といえると思います。日本のガバナンスに対して、海外の投資家から指摘が多いのは、監査役制度がわかりにくいということです。ですので、監査役会設置会社から監査等委員会設置会社への移行は、わかりにくさをもたらす監査役制度がなくなる、よって、外国人にとっては、わかりやすさのメリットはあるかと思います。

◆重要な業務執行の決定権限の取締役への委譲

太子堂　引き続き、石田様にお伺いします。資料2－9をご覧ください。監査等委員会設置会社では、取締役の過半数が社外取締役である場合、または、定款の定めがある場合に、取締役会から業務執行者に業務執行の決定権限を委譲することが可能です。このような権限委譲がなされることについて、投資家は何か不安に思われますか。

石田　株主総会議案か、あるいは取締役会への権限委譲かの違いであれば、原則的には、株主は総会で投票したいと考えると思います。しかし、取締役会から業務執行者への業務執行の決定権

資料2-9

業務執行の決定権限の委譲

■監査等委員会設置会社の取締役会の権限（399条の13）

- 原則：399条の13第4項
  重要な業務執行の決定は、取締役会が行い、これを取締役に委任することはできない

- 取締役の過半数が社外取締役である場合（399条の13第5項）
  取締役会の決議によって、重要な業務執行（所定の重要事項を除く）の決定を取締役に委任することができる

- 委任を認める定款の定めを置く場合（399条の13第6項）
  取締役会の決議によって重要な業務執行（所定の重要事項を除く）の決定の全部又は一部を取締役に委任することができる旨を定款で定めることができる

■指名委員会等設置会社では執行役への権限の完全な委譲には慎重

▶「重要な財産の処分・譲受け」を執行役に委任している会社の割合は48.3%
（「会社法下における取締役会の運営実態」別冊商事法務334号115頁(2009)より）

限の委譲は、総会議案かどうかよりもさらに一歩先の話ですので、それが株主にどのような意味を持つのか想像しにくいです。ただ、一ついえるのは、日本のガバナンスの問題が何かというと、それは取締役会が監督機関として機能していないというのが海外の見方です。そういう意味で、取締役会が監督機関に相応しい仕事に集中できるように、それ以外の権限を執行部に委譲するのは、海外の投資家が考えるガバナンスの理想像と整合的であるといえます。

太子堂　和田様にお伺いします。企業または経営者にとっては、ある程度、重要な業務執行については、取締役会で審議したいというニーズもあるともいわれますが、この点のご認識はいかがでしょうか。

和田　監査役会設置会社から移行される会社が大半だと思いますので、その経験を踏まえますと、重要な業務執行については取締役会できちんと審議をして決定したい、それが当然であるとお考えの経営者が多いのではないかと思います。た

だ、あくまでも委譲できるというだけですので、実際にどの程度まで権限委譲することになるのかについては、各社それぞれの経営戦略とか、いま石田様は「風土」という言葉を使われましたが、企業文化や企業風土等も踏まえて検討されていくことになるのではないかと思っています。

ただ、今後、会社法改正やコーポレートガバナンス・コードを踏まえて、独立社外取締役を選任する上場会社が増えていくということになれば、そういった独立社外取締役が取締役会での審議にどのように関わっていくのか、どういった形が適切なのか、ということも踏まえて検討されることになるのではないかと思います。

◆監査等委員会設置会社とモニタリング・モデル

太子堂　資料2－10をご覧ください。

取締役会の機能については、大きく分けて経営の「決定機能」と「監督機能」がありますが、「決定機能」を重視する取締役会をマネジメント・ボード、「監督機能」を重視する取締役会をモニタリング・モデルと呼ぶことがあります。

監査等委員会設置会社は、モニタリング・モデルへの移行のステップであるというような評価がありますが、立法経緯から見て、このような理解でよいか。田中先生いかがでしょうか。

田中　会社法の制度上は、監査役会設置会社・監査等委員会設置会社・指名委員会等設置会社は、いずれも公開大会社に適した組織形態であり、各形態の間に優劣はないという位置付けにな

資料2-10

モニタリング・モデルの取締役会

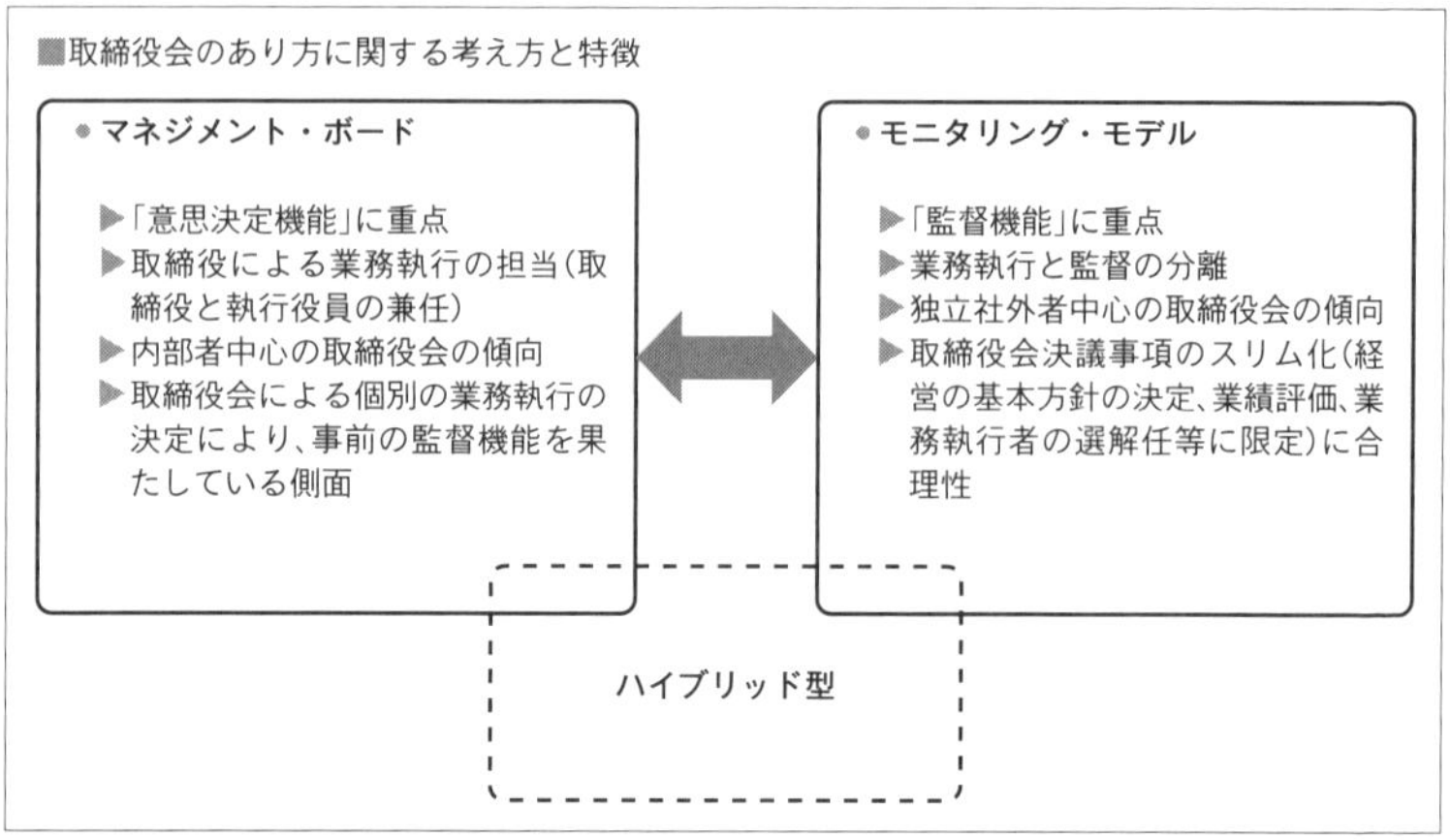
■取締役会のあり方に関する考え方と特徴
●マネジメント・ボード
▶「意思決定機能」に重点
▶取締役による業務執行の担当(取締役と執行役員の兼任)
▶内部者中心の取締役会の傾向
▶取締役会による個別の業務執行の決定により、事前の監督機能を果たしている側面
●モニタリング・モデル
▶「監督機能」に重点
▶業務執行と監督の分離
▶独立社外者中心の取締役会の傾向
▶取締役会決議事項のスリム化(経営の基本方針の決定、業績評価、業務執行者の選解任等に限定)に合理性
ハイブリッド型

っていると思います。その点からは、監査等委員会設置会社が過渡期の形態で、将来、より「完全」なモニタリング・モデルへの移行が求められているということは、少なくとも制度上はないと思います。ただ、取締役会の機能として、マネージング機能よりもモニタリング機能をより重視するガバナンス・モデルに移行しようとする場合、監査等委員会設置会社は、監査役会設置会社と比べて、そのような移行がより容易であるということはいえると思います。

社外監査役との重複負担を取り除いて、社外取締役を増員しやすくしていること、社外取締役が監査等委員会の委員となることにより、監査・監督に必要な情報が得やすくなることはその現れといえると思います。

太子堂　石田様にお伺いします。そもそも、いわゆるモニタリング・モデル、あるいは、これと対比されるマネジメント・ボードという考え方について、どのように評価しておられますか。

石田　この問題については、私の考えというよりも海外の投資家の考えを申し上げたいと思います。ＩＳＳは、ポリシーを改定する際に投資家の意見を聞きます。

最近のガバナンスの話題には資本生産性、わかりやすい指標で表現すればＲＯＥの議論がありました。二〇一四年の夏の話ですが、ＩＳＳは二〇一五年の議決権行使の助言基準として、ＲＯＥを取締役の選任議案に使うべきかについて、国内外の投資家からいろいろと意見を聞きました。海外の投資家の議決権行使担当者に「ＲＯＥを基準にして、経営トップの取締役選任議案に賛否を決定することは適切でしょうか？」と聞くと、彼らからは「どうしてＲＯＥを使うのかよくわからない」との意見が返ってきました。

一方で、国内の投資家からは「詳細や実務上の課題には議論の余地があるが、ＲＯＥを利用して経営トップの取締役選任議案に投票するアプローチ、それ自体は賛同できる」との反応がありました。ＲＯＥだけを利用するのか、他の指標も使うべきではないか、との指摘はありましたが、それは業績を測定する方法の違い、いわば枝葉であり、根本的な考え方としては、業績を基準に株主が経営トップに反対することに、国内の投資家には違和感はありませんでした。

ところが、海外の投資家は、違和感を示すのです。彼らは、業績が悪いときに経営トップを更迭するのは、株主の仕事ではなくて取締役会の仕事である、いわば、その究極の目的のためにわざわざ株主は株主総会で取締役を選任しているはずだと考えるのです。ＲＯＥが悪いからといって、それだけを理由に即反対はおかしい。内情は、経営トップは将来の成長を見据えたよい投資をしており、それが理由で目先の利益が減少したのかもしれない。しかし、外部からはそのような事情は見えず、会計指標として計算されるＲＯＥは悪化し、経営トップは批判される。そのようなときこそ、取締役はその事情をわかっているはずだから、むしろ経営トップを守らなければならない。外部者が知らない事情を総合的に勘案して判断するのが、取締役会の役目である、というわけです。

それを、ＲＯＥの数字だけを見て、株主が取締役会を飛び越えて、いきなり経営トップに反対するのは、株主の越権行為ではないか、というのが海外の見方です。どうしてこのような理屈が成立するかというと、それは、海外の投資家は取締役会を監督機関と考えるからです。経営陣を監督する監督機関の最も重要な役目の一つは、経営トップの更迭です。日本の取締役会の実情は内部者による経営会議です。国内の投資家は、そのような内部者主体の取締役会を持つ日本の企業を長年調査してきた経験があります。よって、国内の投資家も理屈のうえでは、本来、取締役会の機能は監督であるべきと認識していると思いますが、肌感覚では、取締役会は執行機関であると感じている。そもそも執行機関のメンバーである取締役が、自分のボスである社長を更迭できるわけがない。ですので、日本の投資家に対して、「ＲＯＥが悪ければ社長に反対」というと違和感なく受け入れられるのですが、海外ではそのような考え方はないので、違和感があるのです。

さて、ＩＳＳにとっては、二〇一五年はＲＯＥのポリシーが一番大きな変更点ですが、二〇一六年からは、別のポリシーとして、社外取締役が複数名いなければ経営トップに反対するポリシーを打ち出しました。こちらに関しては、海外の投資家には受けがよく、「それはいいポリシーだ」との反応が返ってきます。一方で、国内の投資家は、海外の投資家ほどには、それを歓迎する感じがしません。温度差が大きい、というのが印象です。

ＲＯＥのポリシーは業績を見るわけですから、企業の実態を測定します。一方、複数の社外取締役を求めるポリシーは形式を求めるものです。国内の投資家は実態を反映するＲＯＥポリシーを好み、海外の投資家は形式を重視するポリシーを好む、というわけです。この違いの根本は取締役会の機能に対する考え方の違いです。取締役会を監督機関と見るか、執行機関と見るかによって、議決権行使のロジックは一八〇度異なるのです。

もう一点、「外国人投資家」という言葉はミスリーディングではないかと思います。それよりも議決権行使判断を東京で行うかどうかが重要です。例えば、外資系の運用機関でも、東京に拠点を置いて日本企業を調査している投資家なら、日本企業の実情をよく理解しています。世の中の動きも読んでいる。日本のガバナンス議論もフォローしています。つまり、東京の空気を読んでいる投資家か、そうではないかということです。例えば、ロンドンから日本企業に対する議決権行使を決定する投資家は、どうしても英国のガバナンス議論の視点から日本企業を見てしまいます。

さて、もともとの質問に戻ってくると、モニタリング・モデルとマネジメント・ボードについては、どちらがよいかよりも、取締役会の機能を考える際に、海外の投資家が日本企業に問うのは、内部者だけの取締役会で誰が監督するのか、という素朴な疑問である、と申し上げたいと思います。

太子堂　和田様にお伺いします。経団連としては、モニタリング・モデルについてはどのようにお考えですか。

和田　これは大変ありがたい質問だと思います。実は、経団連があたかも、モニタリング・モデルに反対しているかのように誤解されていると思っていましたので、この場で説明させていただけるのは、大変ありがたいです。

まず、モニタリング・モデルを採用するのか、マネジメント中心のボードにするのかというのは、各社の経営戦略のコア中のコアともいうべき部分ですので、どちらを選ぶかは、各社の自由であるべきだというのが経団連としての考え方です。

したがって、法律にせよコードにせよ、どちらか一方に偏った選択を押し付けたり、誘導したりするようなことは、相応しくないと考えて発信してまいりました。昨今、あたかもモニタリング・モデルにすべきというような議論が非常に多かったものですから、経団連としては、モニタリング・モデルを押し付けるのはよくないということを主張としていわざるを得なかったのです。

そのため、もしかしたら、モニタリング・モデルについてネガティブであるかのように誤解されてきたかもしれませんが、経団連の会員の中にはモニタリング型の会社もあればマネジメント型の会社もありますので、どちらがより優れているということではなく、基本的に企業の方がそれそれどちらのモデルが自社に相応しいか選ぶべきであると考えています。

太子堂　指名委員会等設置会社は、モニタリング・モデルの機関設計であるというふうに考えられていますが、我が国の指名委員会等設置会社の実態としては、完全なモニタリング・モデルではなく、重要な業務執行の決定の一部は取締役会に留保するハイブリッド型のモデルが多いといわれます。この点の実態を踏まえて、監査等委員会設置会社の今後の展望について、澤口弁護士のご意見はいかがでしょう。

澤口　事実として申し上げるならば、太子堂弁護士から説明があったように、日本で指名委員会等設置会社に移行している会社において、いわゆる重要な業務執行をすべて執行役に委譲している会社が多数かというと必ずしもそうではありません。重要な業務執行のうち、特に重要なものについては、やはり取締役会で審議するという会社が半数以上ではないかと思っています。

先ほど、石田さんの発言を興味深く拝聴しました。確かに、今後どうなっていくのかはわかりませんが、取締役会で決めたいという日本企業のメンタリティは非常に強いところがあり、監査役等委員会設置会社に移行する会社も、その意味でのピュアなモニタリング・モデルではなくて、ハイブリッド型に移行する会社が多数を占めるのではないかと、今のところは見ています。

◆監査等委員会設置会社への海外投資家の評価

太子堂　石田様にお伺いします。先ほど、各三つの機関設計についてニュートラルであるといったご発言がありましたが、改めて、監査役会設置会社、監査等委員会設置会社、指名委員会等設置会社という三つの機関設計を比較して、その優劣についてのお考えを教えていただけますでしょうか。

石田　私個人の印象では、三つの機関設計の優劣はよくわかりません。そこで、この質問については、海外とのコミュニケーションにおけるわかりやすさの重要性という点から答えたいと思います。

文化人類学の概念に、ハイコンテクスト文化、ローコンテクスト文化というものがあります。これは米国の文化人類学者であるエドワード・ホールという人が唱えたものです。

ハイコンテクスト文化は、文化の構成員の間で価値観の共有度合いが高い文化、日本のような文化です。一方で、ローコンテクスト文化は、価値観の共有度が低いもの、例えば米国の文化で、そのような文化におけるコミュニケーションでは、ハリウッド映画のように単純でわかりやすいストーリー展開が必要です。映画館に入る前は、事前の知識は不要。取り敢えず二時間映画館の椅子に座ってスクリーンを眺めていれば、映画館を出てくる頃にはストーリーが頭に入っている。

事前の知識は不要、というのがポイントです。別の言い方をすれば、相手が事前に知識や価値観を共有してくれているはず、という前提が成り立たない文化でのコミュニケーションです。よって、コミュニケーションの瞬間が勝負です。

一方、日本はハイコンテクスト文化なので、事前に知識や価値観が共有されていなければスムーズなコミュニケーションがとれません。つまり、コミュニケーションの前の段階が大切ということです。しかし、海外とのコミュニケーションでは、そこには知識も価値観も共有されていないわけですから、ローコンテクスト文化におけるコミュニケーションを心掛けなければなりません。

さて、この事前の知識の共有という点で、日本のガバナンス議論において、海外の人が共有していない最たるものが、監査役制度に関する知識だと思います。そもそも監査役という言葉を英訳することができない。それは、海外には日本のような監査役は存在しないからです。しかし、当たり前ですが、この会場で私が「監査役」といえば、ここにいる皆様の脳裏には自らの経験に裏打ちされた様々な解釈を伴った監査役像、監査役制度のイメージがありありと浮かんでくるはずです。つまり、監査役について日本の企業社会に身を置く私たちは、深く共有するものがある。しかし、それは外国人にはない。その点を忘れて翻訳だけで伝わると思うと、全く伝わらないのです。

監査役は一例であり、この種の問題はいろいろな局面に現れます。監査役の例のように、言葉の翻訳の問題から、先ほどお伝えしたように、取締役会を監督機関と考えるのか、執行機関と考えるのか、のような思想レベルの問題まで、いろいろと認識の違いがあり、外国人はその違いを日本人と共有していないのです。私の仕事は広い意味では、株主総会議案の分析を通じて日本の企業を海外の投資家に紹介することですが、考え方の違いや価値観の違いによって、双方のコミュニケーションが成り立たないことをよく実感します。

つまり申し上げたいのは、日本の企業が海外の投資家に発信するときには、ローコンテクスト文化のコミュニケーションを想定しないといけない、ということです。「わかってくれているはず」が通用しない。「みなまでいうな」は美徳ではないのです。

さて、今回の質問に戻ると、この三つの制度のどれが一番、ローコンテクスト文化におけるコミュニケーションで有利か、といえば、指名委員会等設置会社です。それは海外の投資家に馴染みの深い制度だからです。社外取締役が一人もいない監査役設置会社が、その理由を外国人に説明する場面を想定します。海外の投資家と一時間ミーティングを持ったとすると、そのミーティングの中で多くの時間を監査役制度の説明に使わなければならないかもしれない。本来であれば、戦略とか、会社のビジョンを話したいのに、監査役制度の説明に手間どるかもしれない。やはり、わかりやすさは重要でして、その意味において、三つの委員会がある会社が一番よいと思います。わかりやすいですから。次に監査委員会がある会社、そして一番よくないのが監査役設置会社、これは制度そのものの良し悪しというよりも、海外から見たわかりやすさ、という視点からのコ

資料2－11

ISSの2015年版の議決権行使助言方針（ポリシー）

■監査等委員会設置会社への対応に関するポリシー改定の背景

会社法改正に伴い、従来の監査役設置会社、委員会設置会社に加えて、監査等委員会設置会社が導入されます。この新制度は従来の監査役を取締役に置き換え、取締役会での議決権を付与することで、監督機能を充実させることを目的とした制度と解釈できます。
監査委員会のみを設置し、指名委員会や報酬委員会を設置しない委員会型の企業統治機構は新興国を中心に普及しています。監査役設置会社と異なり、監査委員会のみを設置するスタイルは、日本特有の制度ではありません。よって、監査等委員会設置会社の取締役会を、例えば“board with an audit committee”のように実態面に着目して翻訳し、説明すれば、海外で普及した制度と類似の制度であることが明確となり、海外の投資家の混乱を避けることが期待できます。

メントです。

太子堂　引き続き、石田様に伺います。資料2－11にありますが、ISSの新しいポリシーでは、監査委員会のみを設置するスタイルは日本特有の制度ではないという指摘があります。監査等委員会設置会社に、指名委員会・報酬委員会がないことについての投資家の評価については、どのようにお考えでしょうか。

石田　海外の投資家に、「指名委員会や報酬委員会があるのがいいですか。ないのがいいですか」と質問すれば、普通に考えれば、あるのがいいというと思います。それは当然の反応でしょう。ただし、ガバナンスは自然科学ではなく、生身の人間を相手にするわけですから、理論だけではダメです。理想が高すぎて実現不可能であれば意味がない。

ここで想定しているのは、日本の九八％を占める監査役設置会社から監査等委員会設置会社への移行です。監査役設置会社から監査等委員会設置会社に移ること、それは外国人にわかりやすさが増す、という意味でポジティブだと思います。つまり、わかりにくさの源である監査役制度がなくなるわけですから。三つの委員会を持つガバナンス形態が理想としても、無理にストレッチするよりも、できるところから実を取るほうがよいと思います。

それから、私達がポリシーの中で書いている「監査委員会のみを設置するスタイルは、日本特有の制度ではない」という点についてですが、アジアでは監査委員会だけを持っている取締役会が結構存在します。その意味では、日本の監査等委員会設置会社のようなガバナンスの形は、海外ではすでに普及しているのです。よって、この制度を海外に発信する際に、日本特有のものと構える必要はないのではないか、という理由から書きました。

太子堂　現在、コーポレートガバナンス・コードの原案がパブリックコメントに付されていますが、任意の仕組みの活用として、指名や報酬に関して任意の諮問委員会の設置というものが補充原則において例示されております。監査等委員会設置会社においても、任意の委員会の設置は可能ですので、そのような仕組みを取り入れるということも、今後の検討課題の一つになる可能性があるように思っています。

◆配当の取締役会授権を求める定款変更についてのISSのポリシー

太子堂　先ほど石田様に少し触れていただきましたが、資料2－5（一二五ページ）の注1にあるとおり、ISSの新ポリシーでは、「監査役設置会社では、配当の取締役会授権を求める定款変更には一律に反対」とされている一方、監査等委員会設置会社及び委員会設置会社では、配当の株主提案権が排除されない限り、賛成を推奨するとされています。このような取り扱いの違いの趣旨について教えていただけますでしょうか。

石田　まず第一点は、監査役設置会社から監査等委員会設置会社へ移行することは、ポジティブとの見方があります。先ほどはそれをわかりやすさの点から申し上げたのですが、別のポジティブな見方として、監査等委員会設置会社では、最低二名の社外取締役の選任が義務化される点があります。先ほど、社外監査役から社外取締役への横滑りの話がでました。確かに、それ自体はちょっとした違和感はありますが、任期は二年ですから、いずれはその「元社外監査役」は退任するでしょう。そうなれば、最初から社外取締役が選任されることになり、横滑りの問題は消滅します。つまり、移行するかどうかを悩むときに、横滑りの問題が指摘されることを気にしすぎると先に進めません。

さて、監査等委員会設置会社に移行することは、会社がそれだけの規律、つまり社外取締役の選任を義務付ける方向に自らが判断して向かうわけですから、それはポジティブと考えることができます。ですから、監査役設置会社であれば、配当の取締役会への授権は一律に否定的に考えていますが、監査等委員会設置会社に移行するのであれば、責任と権限のバランスがとれるのではないか、という考え方です。

ちょっとくだけた話題ですが、スパイダーマンという映画があります。その第一作で、スパイダーマンになる主人公が自分の力を自覚し葛藤を感じているとき、叔父が「With great power, comes great responsibility.」という言葉を主人公にいいます。つまり、力（パワー）が高まれば、それに伴う責任やアカウンタビリティは高まる、というニュアンスです。従前の日本のビジネスコミュニティにおいては、取締役会はサラリーマン出世のゴールとの意識が一般的であったと思います。それは内部者だけで完結できる心地よい世界です。その世界を捨てて、法律が最低社外取締役二名の選任を義務化するシステムに移行するわけです。そこでＩＳＳは、企業が自らを律する方向に果敢に踏み出すことをポジティブに捉えるのです。アカウンタビリティが上がるならパワーを認めてもよいのではないか、とのロジックです。パワーというのは、今の文脈でいえば、配当の権限を認めることです。

一方で、その権限をどこまで認めるか、という議論はあります。投資家と話をすると、日本企業の配当議案は重要との意見を聞きます。配当は広い意味で株主還元をどう考えるか、という問題ですから、自社株買い等の事柄とも関連してくる。海外の投資家の日本企業に対する根強い不満には、不要な現金を多く持っているとの指摘があります。その点では、たとえ委員会設置会社であろうと、監査等委員会設置会社であろうと、株主が株主総会で配当を提案する権限だけは残しておくべきだとの考えがあります。ですので、株主が配当を提案する権限を奪うのであれば、ＩＳＳは一律に反対を助言します。

◆監査等委員会設置会社の英文表記

太子堂　引き続き、石田様にお伺いします。先ほど、監査役という制度は、海外の投資家から見てわかりにくいといわれましたが、海外の投資家から見たわかりやすさの観点で、監査等委員会設置会社制度の英文表記をどのようにするかについて、お考えがありますか。

石田　今回のセミナーの参加者は企業法務の実務に携わる方が対象でしょうから、文学の翻訳ではなく、法務の視点から見た招集通知の翻訳の問題かと思います。法務担当にとっては正確性が一番の課題だと思います。よって、正確な翻訳を求めて当然です。が、矛盾に聞こえるかもしれませんが、翻訳の世界では、正確性を追求すればするほど、原文の意図からかけ離れていき、結果として正確性どころか、ミスリーディングな英文になることがある。読者をミスリードすることがわかっているなら、翻訳する意味はないのです。通じる翻訳を目指すことは、どれだけ意訳を許容するかという問題でもあります。

そこで、ご質問に戻ると、英訳を考える際に、例えば「等」という表現があります。監査等の「等」を真面目に英訳してしまうのか。指名委員会等設置会社の「等」もあります。さらに、指名委員会等設置会社と監査等委員会設置会社では「等」の場所が違います。その違いまでも含めて正確に翻訳すべきなのか。本当に真面目に直訳してしまうと、混乱は間違いありません。

委員会設置会社が、改正会社法によって、名称が指名委員会等設置会社に変わった時に、そのガバナンスの形態を英語で直訳してしまうと、同じ会社で何も変わっていないのに、外国人は「ガバナンスの形態が変わったのか」と混乱すると思います。混乱を避けるには、法律的に厳格な翻訳ではなく、実態としてどのような委員会があるかという点に立ち返り、わかりやすい言葉に英訳するのがよいのではないかと思います。

ですから、三つの委員会があるなら、例えば、ＩＳＳは「Board with three committees」と表現しています。同じように考えるなら、監査等委員会設置会社であれば、「Board with an audit committee」などがわかりやすいと思います。

太子堂　今の英文表記の点について、内田弁護士は何かご意見はありますか。

内田　まさに石田様が指摘されたとおり、海外への発信という観点からは、「等」を含めてそのまま直訳するのではなく、誤解を招かないために適切な意訳をするべきだと思います。私が法務省で立案を担当している時にも、どのように意訳するのが適切かについて、いろいろと検討していたところでした。その際に考えていた案としては、石田様のいわれた「Board with an audit committee」のほか、「Board with an audit and supervisory committee」というものもありました。改正の要綱段階では、この監査等委員会設置会社には、「監査・監督委員会設置会社」という仮称が付けられていましたが、改正法では、監査等委員会設置会社という名称に変更されました。法制的な整理の過程でそうなってしまったわけですが、実質としては、「監査・監督」と仮称していた制度からコンセプトは変わっていませんので、意訳に際しても、「and supervisory」

という言葉を足してはどうか、という考えが出てくるわけです。いずれにしても、「等」というのを「etc.」といった形で愚直に直訳するということではなく、「Board with an audit committee」や、「Board with an audit and supervisory committee」といった形で意訳するのが適切ではないかと考えます。

◆取締役会構成基準の厳格化に関するISSのポリシー

太子堂　資料2－12をご覧ください。ISSでは、二〇一六年二月より、取締役会に複数名の社外取締役がいない企業の経営トップに反対を推奨するという新ポリシーを採用しておられます。このポリシーの導入の背景について、教えていただけますでしょうか。

石田　議決権行使では、日本ではROEが注目されますが、海外ではそうではないと先ほど申し上げました。ただし、それは「海外の投資家はROEを重視しない」という意味ではありません。投資家としてROEは重要です。ただ、ROEは大切だが、その他にもいろいろと重要な経営指標はあるので、海外の投資家にとってはROEだけをとりわけ強調するのは違和感がある、というニュアンスです。

日本ではROEは「伊藤レポート」で言及されたり、JPX日経400で採用されているので、人々が受け入れるようになっている。メディアでもROEに関する話題は取り上げられるので、先ほどのハイコンテクスト文化、ローコンテクスト文化の違いで説明すると、ハイコンテクスト

資料2-12

（参考）ISSの2015年版の議決権行使助言方針（ポリシー）

■取締役会構成基準の厳格化

ポリシーの概要

2016年2月より、取締役会に複数名の社外取締役（注1）がいない企業（注2）の経営トップ（注3）に反対を推奨します。

ポリシー改定の意図と影響

日本の大企業の過半数が、複数の社外取締役をすでに選任しています。2014年9月時点で日経225構成銘柄のうち72％の企業が複数の社外取締役を選任しており、ＪPX日経400構成銘柄でも55％の企業で複数の社外取締役が選任されています。また金融庁と東京証券取引所を中心に議論が進行中のコーポレートガバナンス・コードでは、複数の独立した社外取締役を求めることが検討されています。取締役会構成基準を厳格化し、大企業に複数の社外取締役を求めることは、日本の規制当局、発行体や機関投資家によるコーポレートガバナンス改善に向けた取り組みにも合致します。

この取締役会構成基準の厳格化のポリシー改定案は他の改定と異なり、1年後の2016年2月まで施行されません。1年間の猶予期間は、企業が適任の社外取締役を選任するために、十分な時間を確保することを目的としています。よって、2016年1月までは従来どおり、社外取締役が1人いれば経営トップへの反対は推奨しません。

今回の改定案を実行すれば、数多くの経営トップに反対を推奨する可能性があります。そこで、適用対象企業を日経225構成銘柄やＪPX日経400構成銘柄など、機関投資家が幅広く保有し監督機能の強化がより求められる大企業、もしくはコーポレートガバナンス・コードが例外なく適用される予定の東証1部・2部構成銘柄に限定することも考えられます。なお、現時点で複数の社外取締役を選任していない大企業は日経225構成銘柄で28％、ＪPX日経400構成銘柄で45％です。

（注1）独立性は問わず社外取締役を2名を求める、社外取締役2名のうち最低1名は独立社外取締役であることを求める、などの基準が考えられます。具体的な基準は、現在検討されているコーポレートガバナンス・コードの内容なども踏まえた上で決定する予定です。
（注2）ポリシー導入当初は、適用を一部の大企業に限定することも考えられます。
（注3）経営トップは社長を指しますが、会長や他の代表取締役が対象となることもあります。

文化である日本の企業社会で、ＲＯＥは共有度合の高い事柄なのです。しかし、外国人はそれを共有していない。よって、ＲＯＥに対する認識は違うのです。つまり、外国人は日本人が持つような温度感でＲＯＥに注目するわけではありません。

一方で、ガバナンスの議論において、海外の投資家が日本企業の取締役会の問題としてまず挙げるのが、内部者だけで構成されている、という点です。海外の目から見た日本の取締役会は経営幹部です。くだけた表現を使えば、サラリーマン出世競争の勝ち組であり、株主の代理には見えない。株式会社制度本来の意味に立ち返るなら、まずは外部の取締役を増やすことが先決と考えるのです。そのため、海外の投資家は、日本企業は社外取締役を増やすべき、との要請をずっと以前から行っているのです。

確かに、日本の取締役会は外国の取締役会と比較すると、その構成は異様で、主に内部者で構成されています。社外取締役が一人もいない会社の数は減ってきましたが、まだまだ存在します。ROEに対する考え方とは大きく異なり、取締役会に外部の取締役を増やすことについては、海外の投資家は積極的です。ISSの複数名の社外取締役を求めるポリシーですが、ここには国際的に見た日本の取締役会の社外取締役の少なさ、海外の投資家からの要請、そのような背景があります。しかし、海外の投資家から要請があったからといって、そのままそれをポリシーにすることはありません。そこには摺合せが必要です。つまり、理想と現実のどこに線を引くか、ということです。よって、今回のポリシー、運用は二〇一六年からですが、そこで要求されるのは二名の社外取締役です。

ポリシーを策定する際に、ISSが重視するのは、実情と理想のバランスです。企業の方が「ちょっと痛いところを突かれたけれども、それはしょうがないなぁ」と感じると思われるところを探します。別の言い方をすれば、納得感を探るのです。原則的には過半数が独立取締役であるべき、というのが米国のコーポレートガバナンスの教科書的な答えかもしれませんが、そのようなものを突然求めても日本の企業の人の心には響かないでしょう。米国であれば意味のある考え方でも、日本では違う。よって、大切なのはガバナンスの普遍的な概念を、ローカルの市場の実情を勘案して、どのように調整するかです。日本の企業の方がどう感じるかということが重要なのです。

ですから、日本企業の実情は大切なポイントです。現在、ISSは、社外取締役が一人もいなければ、社長や会長などのトップに反対を推奨しています。このポリシーを導入したのは数年前なのですが、そのきっかけは、過半数の日本の企業が、すでにその時点で社外取締役を持つようになっていたことです。つまり、実情の変化がポリシーに納得感を与えると判断できる状況だった。ISSは決して無理難題をいっているわけではないと考えます。

さて、二〇一六年からの複数名を求めるポリシーですが、それを運用するにあたり実情はどうか。JPX日経インデックス400とか日経225のような株価指数に含まれる大企業であれば、現時点で、その過半数で最低二名の社外取締役がいます。ですので、そのような大企業を対象にするのであれば、その複数名を求めるポリシーは無理難題ではない、と考えております。外国の投資家からは、例えば、三分の一独立とか過半数独立とか、日本企業にとって非現実的な要請がなされることがありますが、その通りにISSがポリシーを変更してしまうと、ISSが東京に調査拠点を置いて、ローカルの空気を読む意味がなくなってしまうのです。また、一人の社外取締役だと孤立してしまいますが、最低二名いれば、相談できます。これは大きなメリットだと思います。あとは、コーポレートガバナンス・コードで二名の独立社外取締役が求められる様子にあることも、背景にあります。

太子堂　今まさにお話に出たところですが、ＩＳＳは、社外取締役の増員や、その独立性については、段階的にポリシーを変更されているように思われます。将来的に、さらに社外取締役の増員や独立性の強化を求めていく可能性もあるのでしょうか。例えば、米国の上場企業向けのＩＳＳのポリシーでは、独立取締役は過半数を占めるといったことを求めておられますが、同様のポリシーが、将来、日本企業に適用されるということは考えられるのでしょうか。

石田　大きな方向性としてはそうだと思います。ただ、それは当たり前なのです。というのは、日本の取締役会のあり方が世界から遅れていることは明らかですから、大きな方向性として緩和するというのは理屈が成り立たないからです。ですので、方向性だけを述べるなら厳格化が自然です。ただ、それがいつか、ということは想像できません。それは、先ほど申し上げたように、世の中の流れを見てからということになります。日本企業の過半数が、独立取締役が過半数を占める取締役会を持つようになれば、そのようなポリシーは現実味を持つのではないでしょうか。

一つポイントとして、米国や英語圏の市場では、マジョリティーインディペンデント、つまり過半数独立がスタンダードです。その他では三分の一がよく出てくる数値です。ですので、日本企業の方向性を考える際に、まずあり得るのは三分の一が目安かとは思いますが、そこに至る過程や時間を想像するのはなかなか困難です。

資料2−13

監査等委員会設置会社への移行のメリット・デメリット

制度導入のデメリットとして指摘された事項
●制度がいたずらに複雑になり「わかりにくい」。投資家の混乱を招く懸念
●監査役会設置会社と委員会設置会社との折衷的な制度であり、他の機関設計との関係で「中途半端」
●「自己監査」への懸念

◆監査等委員会設置会社への移行のメリット・デメリット

太子堂　資料2−13をご覧ください。監査等委員会設置会社制度については、要綱における制度決定の段階において、制度が複雑になりわかりにくい、監査役設置会社と委員会設置会社の双方との比較でも中途半端である、あるいは、自己監査の懸念があるといった疑問が示されたところです。このような指摘について、田中先生のお考えはいかがでしょうか。

田中　制度が複雑になりわかりにくいという点に対しては、国際的に見れば、特殊性の強い監査役（会）設置会社に比べ、監査等委員会設置会社のほうが理解がしやすい面があると思います。したがって、この制度を導入したからといって、特に制度が複雑でわかりにくくなるということはないのではないでしょうか。

二番目の中途半端という批判は、確かにあり得ると思います。しかし、制度導入に際しては、委員会設置会社の導入社数が必ずしも増えていないという現実を踏まえ、モニタリング・モデルを徹底するよりは企業にとって導入しやすいものとする点に重きが置かれていたと思います。

取締役会の機能として何を重視するかによるというのが、三つ目の点に対する回答です。マネージング機能を重視する場合、取締役として自ら経営判断をした監査等委員がその監査をすることになり、自己監査という批判が当てはまりやすいです。他方、経営上の決定の相当部分を業務執行者に委譲し、取締役会は、特に重要な意思決定をするほかは、主として業務執行者の評価・監督、つまりモニタリング機能を担うということであれば、自己監査という批判は必ずしも当たらないでしょう。

太子堂　続いて、企業にとっての監査等委員会設置会社への移行のメリットについてのご意見を伺えますか。

田中　大きな視点で見れば、日本の上場会社、特に、大規模な上場会社の株式保有構造が、銀行や保険会社、事業法人といった「インサイダー」が株式の過半を保有するシステムから、国内外の機関投資家を中心とする「アウトサイダー」が株式の過半を保有する構造に転換してきたということがあります。

アウトサイダー株主は、自ら経営をモニタリングするということに根本的な限界があるので、いわば自分達の「代理人」として、経営陣をモニタリングしてくれる存在を求めます。それが独立性の高い社外取締役の選任を求める主張につながっています。この方向性がガバナンスの改善、ひいては企業の生産性、収益性の向上に本当に結び付くのかは、現段階で確固たる予測はできないように思いますが、現在のところ、この方向性に変わるものが見出されていないというのが実態かと思います。したがって、少なくともアウトサイダー優位の株式保有構造を持つ上場会社にあっては、社外取締役の選任、増員を求める声は、今後も増えこそすれ減ることはないと思います。監査等委員会設置会社は、企業がこうした声に応えることを比較的容易にするシステムであることは確かだと思います。

太子堂　石田様にお伺いします。監査等委員会設置会社への移行のメリット・デメリットについてどのようにお考えですか。

石田　特に明確なメリットもデメリットもないと思っております。この点は、先ほどいろいろと説明したつもりです。ただし、それは現時点での評価に過ぎず、大切なのは制度の運用です。その意味では、最初に監査等委員会設置会社に移行する会社はよい事例になってもらいたいと思います。

太子堂　和田様はいかがでしょうか。

和田　私もメリット・デメリットについては、特にないのですが、コーポレートガバナンス・コードでも、複数の独立社外取締役の選任についてコンプライ・オア・エクスプレインということで規定される方向が出ているということ等を踏まえれば、現時点で独立社外取締役の人数が少ない企業が有力な選択肢の一つとして考えるということが十分にあるのではないかと思っております。

また、これから各社が検討されて、モニタリング・モデル型へ移行していくべきじゃないかというふうに考える企業がある場合は、やはりそういう意味でも移行のハードルが比較的低いのではないかと思っています。

ただ、移行時について、定款変更や、その移行の趣旨について株主や投資家の方に十分に説明して理解をしてもらうという手続面のコストがあるのかもしれませんが、これがデメリットということでもないような気がしますので、特段デメリットというものも思いつきません。

◆ROE基準の導入に関するISSのポリシー

太子堂　今回のテーマとは少し離れますが、資料2－14にあるとおり、ISSの新しいポリシーにおいて、過去五期の平均のROEが五%を下回る企業の経営トップの取締役選任議案に反対を推奨するとされています。この点は、企業の関心の高いところかと思いますが、海外の投資家からは違和感があるといったお話を先ほどされました。改めて、このROE基準の導入について、石田様にその背景をお伺いしたいと思います。

石田　エンゲージメントという言葉をお聞きになったことはありますでしょうか。投資家と企業との関わり合いが議論される際に、最近よく聞く言葉です。スチュワードシップ・コードの中でもエンゲージメントという言葉が出てきます。エンゲージメントとは「対話」であると説明されることがあります。それはそれで間違っていませんが、物理的な対話だけがエンゲージメントではありません。米国のエンゲージメントの実情を見れば、エンゲージメントには様々な形態があ

資料2-14

（参考）ISSの2015年版の議決権行使助言方針（ポリシー）

■ROE基準の導入

ポリシーの概要

資本生産性の低い企業、具体的には過去5期の平均の自己資本利益率（ROE）が5％を下回る企業（注1）、の経営トップ（注2）に反対を推奨します。（このROEレベルは最低水準であり、日本企業が目指すゴールとの位置づけではありません。）

なお、この基準に満たない場合でもROEが改善傾向にある場合（注3）は、反対を推奨しません。

ポリシー改定の意図と影響

ROEの基準を5％としたのは、日本企業に投資する機関投資家との議論に基づき、日本の株式市場のリスクプレミアム等を考慮し、投資家が許容できる最低限の資本生産性の水準と判断したからです。日本企業が目指すべきゴールという位置づけではありません。また測定期間の5期は、企業が短期的な業績にとらわれることなく、中長期的な成長に必要な投資を積極的に行えるように、との観点から選択されました。

2014年時点では、日本企業の約33％が前述の基準を満たしていません。しかし、日本企業の資本生産性は近年向上する傾向にあり、今後この基準を満たさない企業の割合は減少すると考えられます。

（注1）例外的なケースとして、企業再生のために新たに外部から招聘された経営トップなどは、ポリシーの適用を免除することも検討されます。また、このポリシーは上場後5年未満の企業には適用しません。
（注2）経営トップは社長を指しますが、会長や他の代表取締役が対象となることもあります。
（注3）過去5期の平均ROEが5％未満でも、直近の会計年度のROEが5％以上ある場合と定義します。

ることがわかります。議決権行使、手紙の送付、対話、株主提案、Vote Noキャンペーン、プロキシーファイト、のように様々な手段があるのです。

さて、エンゲージメントの形態は置くとして、重要なことはエンゲージメントのトピックです。それを考えるには、海外の事例が参考になります。米国であれば、それは報酬です。米国のCEOの報酬は非常に高い。高いだけならまだしも、株主利益とは逆方向に動くときすらある。例えば、会社が倒産しそうなのに非常に高いとする。これでは、コーポレートガバナンス云々よりも、ほとんど社会倫理的な問題の様相すら帯びるのです。ですから、米国の投資家にとって報酬は懸念であり、その懸念がエンゲージメントのトピックとなるのです。もちろん、個社の状況は千差万別ですから、トピックは会社によって様々です。しかし、最大公約数的には、米国において報酬がエンゲージメントのメイントピックであるといえます。つまり、個々のマーケットにとって一番重要なことが、その市場のエンゲージメントのトピックとなるべきなのです。

では、日本のトピックは何か。日本の一番重要な課題は何か。それは、ガバナンスであれば取締役会の構成、先ほど申し上げた取締役会が主として内部者で構成されている問題、報酬については絶対額は問題ではないものの、株主利益との連動性が低いこと、つまり業績連動報酬が少ない、という問題でしょう。それ以外では資本生産性の問題です。日本企業には資本生産性の問題があると認識しておりますので、ROEを取締役の選任に使うことにしました。

ただ、ROE基準について強調したいのは、あくまでも資本の生産性とか資本の効率性の概念です。かといって、資本の生産性が低ければ社長に反対を推奨するといっても、議決権行使の助言方針としては機能しません。具体的ではないからです。ですので、多くの人が共通言語として認識する言葉としてROEを選んだだけの話です。ROEであれば企業が開示する数値ですので、企業の人にとっても馴染みがあります。これはROEを利用する大きなメリットです。

ところが、これはある程度想像していたことですが、やはり数値を出すと、数値が一人歩きしてしまいます。ROEは割り算の結果ですから、ROEを高めるには分子を増やすか分母を減らすしかない。分子を大きくするのは短期的には困難なので、分母を小さくすべきとのメッセージとして捉えられてしまう。それがすべて問題だとは思いません。実際、日本企業のステレオタイプ的なイメージとしては、不要な現金を多く持っており、資本効率性の低さが問題視されます。状況によっては、不要な現金は自社株買いにより株主に還元すべき、との考えに繋がります。よって、それは正しい処方箋でしょう。

しかしそれは、いってみれば歪んだバランスシートをまともな状態に戻すだけであり、いったん余計な現金が株主還元されれば、それでおしまいです。その先の課題として、割り算としてのROEを高めることだけに執着すると、縮小のスパイラルに陥ります。つまり、目先の利益にならない投資をカットすれば短期的には利益は増えますが、将来の成長は期待できない、といったような話です。効率性は大切ですが、それだけを追求するのはナンセンスです。しかし一方で、効率的にビジネスを回さなければ、最後は立ち行かなくなってしまうのです。

効率性の高い会社は、お金に余裕が生まれるので、株主だけではなく他のステークホルダーも幸せになります。大規模な設備投資やM&Aが必要であれば、効率性のよい企業には投資家は投資したいと考えるでしょうから、有利な資金調達が可能になります。効率性が高ければ企業価値も上昇しますので、時価総額も増加します。それを可能にするのは、資本の生産性です。ただ、このような内容を一言で表現することはできないので、誰でも理解できるようにとROEを採用しました。資本生産性の概念の近似としてROEを選択したに過ぎません。繰り返しになりますが、会計指標としてのROEをどのように上げるか、という短期的発想ではなく、長期的な視野に立って資本の生産性を高めるべき、との考え方がROEポリシーのメッセージです。

太子堂　澤口弁護士に伺います。ＩＳＳのＲＯＥ基準の導入について、企業の対応はどのようになるとお考えでしょうか。

澤口　まさに、石田さんがいわれたように、今は一人歩きをしているような気がします。上場企業で目標とすべき経営指標にＲＯＥを掲げている会社はもちろん少なくありませんが、そうではない会社も多いですし、ＲＯＥ自体については、過小資本だとか、いろいろな問題点も抱えています。今のご説明ですと、資本生産性の観点のお考えだということで、発行会社としてはそのような趣旨に理解したいと思いますし、是非、他の機関投資家にもメッセージを伝えていただきたいと思っています。いずれにしても、ＩＳＳの基準は非常に影響力が大きいので、是非は別にして、皆さん対応を考えています。これは市場の投資家からの資本生産性、あるいは資本コストとの関係で経営の改善を求められている証左だというふうに考えて行動を起こされているというような状況だと理解しています。

◆監査等委員会設置会社の展望

太子堂　最後に、それぞれのパネリストの方に、監査等委員会設置会社に関する今後の展望について、例えば、移行がどの程度になるかの予測といった点も含めて、一言ずつお願いしたいと思います。

和田　初年度にどのくらいの企業が移行するのか私にはわかりませんが、先ほどからご指摘がありましたように、移行のハードルが指名委員会等設置会社に比べると非常に低いと思われますので、ある程度、移行するのではないかと思って、そのうち新聞報道に出てくるのを注意深く楽しみに待っているところです。今後、移行実績が積み上がっていき、監査等委員会設置会社の経営のあり方について、会社経営者サイド、それから株主投資家サイドの双方で具体的な理解が進んでいけば、現実的な選択肢として検討する企業がどんどん増えていくのではないかと考えています。

石田　最初に監査等委員会設置会社に移行するグループがよいスタートを切れるか、よい結果を出せるかが重要かと思います。先ほど述べましたが、監査等委員会設置会社への移行にネガティブな要素があり得るなら、社外監査役から社外取締役への横滑りです。積極的に監査等委員会設置会社を選択するのであればよいのですが、ガバナンス・コードなどへの対応として、社外監査役を横滑りさせて社外取締役とする場合は数合わせの感が否めません。そもそも監査役の職務にあたってきた人が、取締役の立場に変わってスムーズに職務ができるのか、また、会社や他の取締役にとってもその準備ができているのか、ということです。いかにマインドセットを変えて対応できるか、それが大切だと思います。

田中　関係者が知恵を出し合って作った制度ですので、開店休業ではなく、使われるようになってほしいという気持ちは率直にいってあります。利用の見込みを左右する要因は、やはり社外取締役の増員を求める声であり、ガバナンス・コードにより複数の社外取締役の選任が求められた場合、本制度のニーズはかなり高まるのではないかと思っています。

太子堂　今回は監査等委員会設置会社について数多くのご意見を頂戴しました。現在、上場会社は、コーポレートガバナンスのあり方を改めて見つめ直すことが求められる環境にあると思います。今回の議論を通じて、監査等委員会設置会社という新しい制度が、上場会社にとって、今後、一つの有効な選択肢となるのではないかという思いを、新たにしております。

3　監査等委員会設置会社に移行すべきか………澤口実（森・濱田松本法律事務所弁護士）

上場企業にとっては、①監査等委員会設置会社のメリット・デメリットは結局何か、②どれだけの会社が移行するのか、この二点が最も関心のある事項と思います。

◆移行にデメリットはあるか

まず、監査等委員会設置会社に移行するデメリットについて申し上げると、結論として「特筆すべきものはない」といえると思います。

当初はよくわからないという指摘もあり、また、新たな制度のため不安があったのは確かですが、俯瞰して見れば、監査等委員会設置会社は、指名委員会等設置会社と近似した制度設計であり、特に、監査等委員会は監査委員会と、取締役であるとともに監査を担当するといった点を含めて極めて近似しています。その指名委員会設置会社は既に一〇年以上の運営実績がありますが、監査委員会では監査役と異なり困るといった問題点は基本的に出ていません。また、他の機関設計と対比して「中途半端」という批判もありますが、監査等委員会設置会社の機関設計は柔軟性があるので、モニタリング・モデルでも、マネジメント・モデルでもない、ハイブリッドな取締役会を志向することも可能です。日本企業の多くは、明示的に意識しているかどうかは別として、このハイブリッドを志向する傾向があります。そもそも、監査役会設置会社との関係では、中途半端といった批判は本質的なものとはいえません。その他にも「自己監査」などといった法律家が好きな細かい議論はありますが、その真偽は別として、本質にかかわる問題ではありません。

以上のように、大局的に見て、監査等委員会設置会社への移行には特筆すべきデメリットはないというのが、適切な整理と思われます。

◆移行にメリットがあるか

しかし、いくらデメリットがなくても、メリットがなければ移行する意味はありません。

デメリットがなくても、移行のために必要な株主総会決議事項は相応にありますし、定款のみならず内規や運用の変更も必要ですので、移行には手間、つまりコストがかかるのは事実です。その観点で、移行するメリットの存在は重要です。あやしげなメリットを聞くことがありますが、コーポレートガバナンスは賭け事ではないので、確実なところで判断する必要があります。

以上の意味で、明確にいえるのは、現在、社外取締役を選任していないか、選任していたとしても少数に留まる企業には、監査等委員会設置会社への移行に明確なメリットがあるということです。

この点について余計な説明は不要と思いますが、中長期的に、社外取締役の増員圧力は続くと思われることにご留意下さい。今回のコードは独立社外取締役が二名以上となり、ＩＳＳも当面は二名ですが、これで終わりという保障はなく、今後も注視を続けなければなりません。

◆モニタリング・モデルを志向する企業にはメリットがある

では、既に社外取締役を二〜三名又は三分の一以上選任している企業はどうでしょうか。このような企業は、当面は社外取締役の増員圧力を直接は受けないので、この点において、監査等委員会設置会社への移行にメリットがあるわけではありません。しかし、既に監査等委員会設置会社への移行を予定している企業の中には、社外取締役を相当数選任している企業も含まれており、このような企業は別の点にメリットを見いだしています。そのような企業の多くには、モニタリング・モデル志向があるように思われます。

監査等委員会設置会社は、モニタリング・モデルへの移行へのステップ、あるいは、監査役会設置会社よりはモニタリング・モデルに近づけた制度設計との理解が一般化しています。そのモニタリング・モデルは、米国を中心に、先進国からさらには新興国へも拡大しつつある、グローバルスタンダードといってもよいでしょう。投資家もこれを求める傾向が顕著です。もちろん、是非や効果については多様の意見がありますが、証券市場の国際間競争もあるので、中長期的には、日本の上場企業の取締役会もモニタリング・モデルに収斂する可能性は否定できません。また、社外取締役の増員圧力が継続し得ることに留意が必要なことは、先ほど述べたとおりです。

なお、モニタリング・モデルというと、何か取締役会が社長を評価して解任するといったイメージがつきまといますが、経営者にとって敵対的な制度なのかは落ち着いて考える必要があろうかと思います。

結局のところ、モニタリング・モデル志向の有無が、監査等委員会設置会社への移行のもう一つのメリットの有無を決めるように思われます。

◆何社が移行するのか

では、いったいどれくらいの上場企業が移行するのでしょうか。この予想に際して注意が必要なのは、コーポレートガバナンスをめぐる環境と企業の反応の大きな変化です。

平成二六年改正会社法の要綱が決定し、監査等委員会設置会社の制度創設が決まった二年前

（平成二四年）は、監査等委員会設置会社への関心は極めて低いものがありました。それが、平成二五年の会社法改正法案の与党審査の過程で、社外取締役選任をより強力に促す方向での法案修正がなされたあたりから、潮目の変化が顕在化した感があります。その後、社外取締役選任・増員の傾向が各社で顕著となると、今まで社外取締役選任・増員に消極的な企業の温度感も次第に変わってきました。そして、平成二六年秋以降の、コーポレートガバナンス・コードの策定の動きや、ＩＳＳの新ポリシーが明らかになるに従って、監査等委員会設置会社の検討企業が加速度的に増加してきた印象です。

そして、平成二六年一二月に明らかにされたコーポレートガバナンス・コード原案では、二名以上の独立社外取締役の選任を原則に掲げており、上場企業のコーポレートガバナンスに激震を与えています。このインパクトがどこまで上場企業の背中を押すのかは正直、現時点では見通せません。三月総会の企業の移行状況がわかる平成二七年二月頃には、もう少し見えてくるのではないかと思われますが、法務省も三月総会での定款変更等による移行が可能である旨は明言しており、比較的大規模な企業も含め、移行する企業も複数存する状況となっています。

そのような中でも、あえて数字を語るとすれば、平成二七年六月総会終了時点までに、一〇〇社以上は確実に移行すると私は見ています。少なくとも、指名委員会等設置会社のときとは全く様相を異にしている状況です。

第3章 グループ内部統制

本章は、二〇一五年二月二四日に開催された、森・濱田松本法律事務所主催セミナー「グループ内部統制」のプレゼンテーション・パネルディスカッションに基づくものである。

1 グループ内部統制とは……………………石井裕介（森・濱田松本法律事務所弁護士）

はじめに、グループ内部統制について、親会社取締役の子会社管理責任という観点から、近時の制度改正等の状況をいくつかご説明します。

◆会社法本体の改正

二〇一五年五月一日より施行される改正会社法及び改正会社法施行規則においては、従来、法務省令においてのみ規定されていた「株式会社及びその子会社から成る企業集団の業務の適正を確保する体制」が会社法本体へ格上げされています（改正会社法362条4項6号等）。

具体的には、内部統制システムの内容としての「株式会社及びその子会社から成る企業集団の業務の適正を確保する体制」は、従来は、「当該株式会社並びにその親会社及び子会社から成る企業集団における業務の適正を確保するための体制」として、会社法施行規則（改正前会社法施行規則100条1項5号等）のみに規定されていました。

しかし、法制審議会会社法制部会において、最近は株式会社とその子会社から成る企業集団による経営、すなわちグループ経営が進展していることから、親会社及びその株主にとっては、その子会社の経営の効率性及び適法性が極めて重要となっているとの指摘がなされました。これを受けて、改正会社法では、「株式会社及びその子会社から成る企業集団の業務の適正を確保する体制の整備」については、法務省令ではなく会社法本体で規定するのが適切であると整理され、実際に会社法本体で規定されることとなったのです。

◆司法判断の再評価

また、会社法改正に際しては、従来の裁判例の評価も含め、親会社取締役の子会社管理責任に関する考え方が、法制審議会会社法制部会における議論の過程で一定程度明確化されました。

親会社取締役の子会社管理責任を論じるうえで、これまでもよく取り上げられてきたのが、平成一三年の東京地裁の裁判例（東京地判平成13年1月25日・判例時報1760号144頁）です。これは、米国孫会社で発生した法令違反行為に関する親会社役員の責任が問題とされた事案です。判決の中では、まず、「親会社と、孫会社を含めた子会社は別個独立の法人であって、親会社の取締役は、特段の事情のない限り、子会社の取締役の業務執行の結果、子会社に損害が生じ、さらに親会社に損害を与えた場合であっても、直ちに親会社に対し任務懈怠（業務を誠実に行わなかった）の責任を負うものではない」との原則論が示されています。

そのうえで、「親会社の取締役が子会社に指図するなど、実質的に子会社の意思決定を支配した、と評価しうる場合であって、かつ、親会社の取締役の指図が親会社に対する善管注意義務や法令に違反するような場合には、この『特段の事情』がある」と、親会社取締役の責任が認められる場合をきわめて限定しています。

しかし、この裁判例について、法制審議会会社法制部会における議論の中では、「持株会社化が進んだ今日の会社法の下では、平成一三年東京地裁判決のような解釈論は、もう生きてはいない、そのままは維持されていないということを確認するために明文の規定を設ける必要がある」(注1)といった意見が多数を占めました。

法制審議会会社法制部会では、むしろ、親会社の子会社管理責任について、「親会社取締役には、相当の範囲で子会社の業務を監督し、子会社の業務を通じて財産価値を維持・向上させる義務がある」との見解が支配的となりました。

このような議論と軌を一にするかのように、実際の裁判例でも、平成二四年の福岡高裁の裁判例（平成24年4月13日・金判1399号24頁）においては、子会社の非常勤取締役を兼任していた親会社取締役について、親会社取締役としての監視義務違反が認められ、この結論は最高裁でも維持されるに至っています。

◆取締役会決議事項の追加

改正会社法施行規則においては、会社法が求める内部統制システムに関する決議の内容に、子会社管理に関する決議の事項が具体化ないし追加されています。

具体的には、会社法本体で規定されるに至った「当該株式会社及びその子会社から成る企業集団の業務の適正を確保するために必要な体制」の例示として、資料3－1のとおり、グループ内部統制に関する事項が規定されています（改正会社法施行規則100条1項5号イ～ニ）。

これまでの会社法施行規則では、表の左側の、①自社の取締役の職務執行に関する情報の保存及び管理体制、②自社の損失の危険の管理に関する事項（リスク管理体制）、③自社の取締役の職務執行が効率的に行われることを確保するための体制、④自社の取締役・使用人の法令等遵守のための体制（コンプライアンス体制）について決議することが求められていました。

改正後の会社法施行規則では、表の右側のとおり、これらに相当する事項を、子会社との関係でも決議することが求められます。具体的には、①子会社の取締役等の職務の執行に係る事項の当該株式会社、すなわち、親会社への報告に関する体制、②子会社の損失の危険の管理に関する

資料3－1

企業集団の業務の適正を確保するための体制

■「当該株式会社並びにその親会社及び子会社から成る企業集団における業務の適正を確保するための体制」について、いくつかの例示規定を追加（施行規則98条１項5号、100条1項5号、110条の4第2項5号、112条2項5号）

自社についてのもの	子会社についてのもの
当該株式会社の取締役の職務の執行に係る情報の保存及び管理に関する体制（1項1号）	当該株式会社の子会社の取締役、執行役、業務を執行する社員、法第598条第1項の職務を行うべき者その他これらの者に相当する者の職務の執行に係る事項の当該株式会社への報告に関する体制（1項5号イ）
当該株式会社の損失の危険の管理に関する規程その他の体制（1項2号）	当該株式会社の子会社の損失の危険の管理に関する規程その他の体制（1項5号ロ）
当該株式会社の取締役の職務の執行が効率的に行われることを確保するための体制（1項3号）	当該株式会社の子会社の取締役、執行役、業務を執行する社員、法第598条第1項の職務を行うべき者その他これらの者に相当する者の職務の執行が効率的に行われることを確保するための体制（1項5号ハ）
当該株式会社の使用人の職務の執行が法令及び定款に適合することを確保するための体制（1項4号）（注：取締役については、法律に規定）	当該株式会社の子会社の取締役、執行役、業務を執行する社員、法第598条第1項の職務を行うべき者その他これらの者に相当する者及び使用人の職務の執行が法令及び定款に適合することを確保するための体制（１項5号ニ）

事項（グループでのリスク管理体制）、③グループ全体での取締役等の職務執行が効率的に行われることを確保するための体制、④子会社の取締役等・使用人の法令等遵守のための体制（グループコンプライアンス体制）についても決議することが、明示的に求められることになりました。

◆求められている決議の意味

改正会社法施行規則において求められているグループ内部統制に関する決議とは、親会社において、企業集団であるグループ全体の内部統制についての方針を定めることにとどまるのであり、親会社が、グループを構成する子会社における個別の体制について決議すること、さらには、子会社において体制の整備をすることまでを義務付けるものではないと解されています。

また、今回の会社法施行規則の改正に際して行われた、パブリックコメントにおいて寄せられた意見に対する法務省の回答によれば、決定すべきグループ内部統制の内容について、「企業集団全体の内部統制についての方針は、企業集団を構成する子会社の業種、規模、重要性等を踏まえたものであることが想定される。」との考えも示されています。

この考え方によれば、各企業においてグループを構成する子会社の態様（事業内容、規模、組織体制、親会社の議決権比率その他の株主構成、国内子会社か海外子会社か、上場会社か否か等）は様々ですので、グループ内部統制の内容も当然に異なり得る、すなわち、他社グループと同じというわけにはいかないということになります。

ただし、決議の方法としては、子会社が多数にわたるなど、一律の形での決議が困難である場合には、ある程度概括的な形で決議を行う（「主要な子会社について」「規模や業態等に応じて」「原則として」などの形で決議する）対応も考えられるところです。

さらに、取締役会決議や事業報告への記載に際しての項目の立て方としても、会社法施行規則の条文の項目そのままである必要はなく、各項目に対応する内容が不足なく盛り込まれていれば、適宜項目をまとめて記載することや、条文の項目とは異なる整理により記載することが可能である旨も示されています。(注2) したがって、たとえば、親会社単体の体制と子会社に関する体制とを別項目とすることも、一つの項目としてまとめることも可能と解されますし、一つの項目としてまとめる場合に、「当社及び当社子会社の……」といった見出しを立てることも考えられます。

◆監査体制の実効性強化について

また、今回の内部統制システムに関する会社法施行規則の改正事項には、グループ内部統制とは別に、資料3－2（次ページ）のとおり、監査体制の実効性強化に関する事項も含まれています（改正会社法施行規則100条3項3号～6号）。この監査体制に関する事項の中でも、特に、子会社情報の親会社監査役への報告体制（改正会社法施行規則100条3項4号ロ）が項目として追加された点が重要です。

これは、「当該監査役設置会社の子会社の取締役や監査役、使用人等が親会社監査役に報告（例えば内部通報なども含まれる）をするための体制となっており、グループ内部統制の一つと位置づけることもできると思われます。なお、この親会社監査役への報告は、子会社の取締役や使用人等が直接報告をする形に限らず、「これらの者から報告を受けた者」による報告、すなわち、間接的な報告体制も想定されています。

◆新たに求められる内部統制システムの運用状況の開示

今回の会社法施行規則の改正に際しては、内部統制システムの構築をより実効的にする必要があるとの指摘から、事業報告の記載事項に「基本方針の決定内容の概要」に加え、「当該体制（内

資料3－2

監査体制に関する事項

■監査役設置会社、指名委員会等設置会社、監査等委員会設置会社における内部統制システムとして、以下の規定を追加（施行規則98条4項3号～6号、100条3項3号～6号、110条の4第１項3号～6号、112条１項3号～6号）

①監査役（監査委員会、監査等委員会）の職務を補助すべき使用人に対する監査役（監査委員会、監査等委員会）の指示の実効性の確保に関する事項（3号）
②親会社の業務執行者並びに子会社の業務執行者及び監査役等が親会社の監査役（監査委員会、監査等委員会）に報告をするための体制その他の監査役への報告に関する体制（4号）
　イ　当該監査役設置会社の取締役及び会計参与並びに使用人が当該監査役設置会社の監査役に報告をするための体制
　ロ　当該監査役設置会社の子会社の取締役、会計参与、監査役、執行役、業務を執行する社員、法598条1項の職務を行うべき者その他これらの者に相当する者及び使用人又はこれらの者から報告を受けた者が当該監査役設置会社の監査役に報告をするための体制
③報告をした者が当該報告をしたことを理由として不利な取扱いを受けないことを確保するための体制（5号）
④監査役（監査委員、監査等委員）の職務の執行について生ずる費用の前払又は償還の手続その他の当該職務の執行について生ずる費用又は債務の処理に係る方針に関する事項（6号）

部統制システム）の運用状況の概要」を追加することとされています（改正会社法施行規則118条2号）。

この「運用状況の概要」として、どのような記載が想定されるのでしょうか。パブリックコメントにおいて寄せられた意見に対する法務省の回答として示された見解をご紹介します。

まず、運用状況としては、ある程度具体的な記載が想定されており、内部統制に係る委員会の開催状況については、その一内容となり得るものといえる場合が多いと考えられる一方で、単に、「当該『業務の適正を確保するための体制』に則った運用を実施している。」というだけの記載は、通常は、「運用状況の概要」の記載とは言い難いとされています。（注3）

また、運用状況の概要とは、客観的な運用状況を意味するものであり、運用状況の評価の記

資料3-3

経過措置

■内部統制システムの内容（企業集団の業務の適正を確保するための体制、監査を支える体制）に関する規定の改正については、経過措置なし

■運用状況の概要の事業報告での開示については、経過措置あり

> 施行日前にその末日が到来した事業年度のうち最終のものに係る株式会社の事業報告及びその附属明細書の記載又は記録については、なお従前の例による

⇒　平成27年3月期に係る事業報告には、記載不要

> 施行日以後にその末日が到来する事業年度のうち最初のものに係る株式会社の事業報告に係る改正後の会社法施行規則第118条第2号の規定の適用については、同号中「運用状況」とあるのは、「運用状況（会社法の一部を改正する法律（平成26年法律第90号）の施行の日以後のものに限る。）」とする

⇒　平成28年3月期に係る事業報告には、平成27年5月1日以後の運用状況のみ開示対象

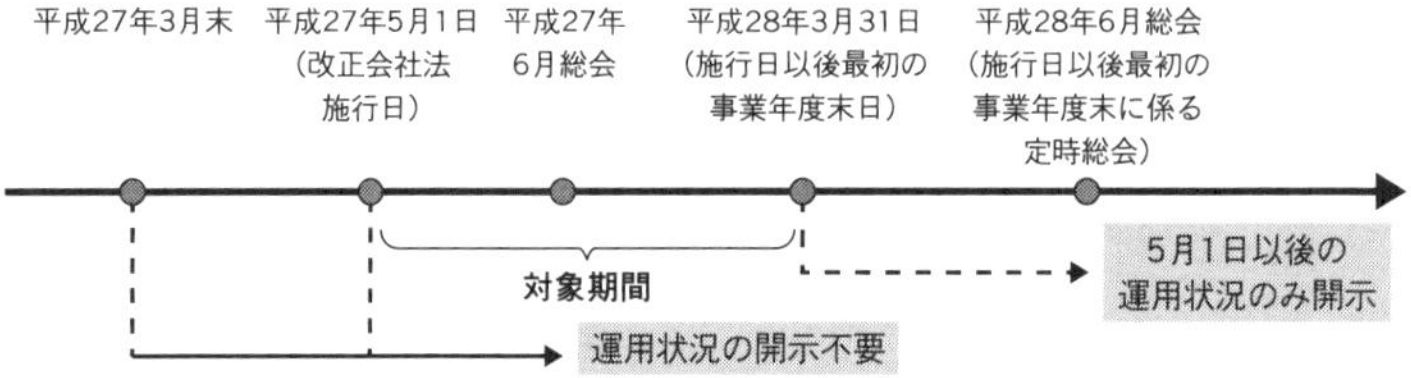

載を求めるものではないともされています。（注4）

◆決議及び開示のタイミング

最後に、グループ管理体制を含めた内部統制システムの見直し及び、事業報告への記載のタイミングに関連して、経過措置の内容についてご説明します。

資料3－3のとおり、まず、内部統制システムに関する決議事項を具体化ないし追加する旨の会社法及び会社法施行規則の改正規定については、いずれも経過措置は設けられていません。したがって、これらの規律は改正法の施行日である五月一日から直ちに適用されることになります。

これに対して、事業報告への運用状況の概要の記載には、経過措置が設けられています。

まず、施行日前に末日が到来した事業年度に

関する記載については、なお従前の例によるとされています。この場合、事業報告に運用状況の概要を記載する必要はありません。

次に、施行日以後にその末日が到来する事業年度のうち最初の事業年度に係る事業報告については、運用状況の概要の記載が必要となるものの、改正会社法の施行日以後の状況を記載すれば足りるとされています。

その結果、具体的には、三月決算会社においては、平成二七年三月期に係る事業報告において、内部統制システムの運用状況の概要の記載を行う必要はなく、平成二八年三月期に係る事業報告において、施行日以後、すなわち、平成二七年五月一日以後の内部統制システムの運用状況の概要を記載することになります。

2 パネルディスカッション

司会：

奥山健志（弁護士、森・濱田松本法律事務所）。

パネリスト：

佐々木貴司（あらた監査法人　パートナー公認会計士）・……長年にわたる金融機関監査の経

験を有し、金融機関における財務報告内部統制の実務指針の策定等にも関与。

島岡聖也（株式会社東芝　取締役監査委員）……企業法務の観点で多数の法制あるいは法科大学院教育に関する委員を務め、現在は経済産業省コーポレート・ガバナンス・システムの在り方に関する研究会のメンバーでもある。

藤田友敬（東京大学大学院法学政治学研究科教授）……今回の会社法改正に関する法制審議会会社法制部会の幹事を務め、グループ内部統制に関する議論に関与。

奥山　今回のパネルディスカッションの司会を務めます奥山です。パネリストとして三名の方をお招きしておりますが、佐々木先生には、金融商品取引法に基づく財務報告内部統制、いわゆるJ－SOXの監査実務について、ご経験の視点に基づくご意見をお伺いしたいと考えております。島岡様からは、上場企業等の立場からご意見をお伺いしたいと考えております。また、藤田先生には、グループ内部統制に関する議論などもご紹介いただきながら、ポイントを伺ってまいりたいと考えます。このほか、森・濱田松本法律事務所の石井裕介弁護士及び菊地伸弁護士も登壇させていただいております。

◆グループ内部統制に関する会社法改正の経緯

奥山　それでは、まず藤田先生にお伺いしたいと思います。

今回の会社法の改正では、親会社株主の保護と関連して、親会社取締役による子会社の監督責任について議論がなされました。その中でも中間試案の段階で示された多重代表訴訟を導入しなかった場合の代替案、いわゆるB案の中で、親会社の取締役会に子会社の取締役の職務執行の監督を行う明文の規定を設けるという提案を中心に様々な議論がなされたと理解しております。そこで、このB案やさらにその代替案を巡る議論を含めて、会社法制部会での議論をご紹介いただけますでしょうか。

藤田　子会社取締役の業務執行に関する監督をめぐる議論がなされた経緯と議論の様子について簡単にご紹介したいと思います。

当初は、このような論点は会社法制の見直しのアジェンダには入っていませんでした。これが検討されるようになったのは、会社法制部会のちょうど真ん中を少し過ぎたあたり、正確には平成二三年一〇月開催の第一四回会議においてなされた議論が発端です。当時、会社法制の見直しに関する中間試案の内容がいよいよ詰められて最終段階にさしかかっていたわけですが、多重代表訴訟を認めるというA案と認めないというB案の二つが二択の形で提示されていました。

ところがこのような二者択一の聞き方をして、仮に多重代表訴訟をなんらかの理由で導入しないB案が採択されますと、子会社の業務執行の適切さを確保するための制度が何も設けられないことになります。そうなりますと、会社法制部会に対してなされた諮問、親会社の株主保護の観点から結合企業会社のガバナンス体制について、何か改善すべき点はないかという諮問に対して、会社法制部会として「何もありません」と答えたことになってしまうのではないかという疑問が出されました（法制審議会会社法制部会第一四回会議〈平成二三年一〇月二六日開催〉議事録4頁以下）。そして多重代表訴訟を入れるか入れないかという二者択一の聞き方は適切ではないのではないかということになり、その結果、中間試案では、多重代表訴訟を導入しない場合は、親会社株主の保護という観点から親子会社に関する規律を見直すことについてなお検討する旨が付記されました（「会社法制の見直しに関する中間試案」〈平成二三年一二月、法務省民事局参事官室〉第2部・第1・1・【B案】〈注〉）。代替的な規律としてはいろいろな案が載っていたのですが、その中で有力な候補として、取締役会はその職務として株式会社の子会社の職務の執行の監督を行うものとするといったものがございました。

中間試案が公表され、パブリックコメントを経た後は、多重代表訴訟の是非と別に、この案の是非について議論がなされたのですが、議論が進んでいくにつれて、子会社における職務執行について親会社取締役会が監督するという条文を置くのは、少しまずいのではないかという抵抗が示されました（法制審議会会社法制部会第二〇回会議〈平成二四年五月一六日開催〉議事録19頁以下、第二二回会議〈平成二四年七月四日開催〉議事録1頁以下参照）。最終的には、すでにある会社法施行規則100条5号の一部を法律本体に格上げをして、実質的な変更はしないということで落ち着いたわけです（「会社法制の見直しに関する要綱」〈法制審議会、平成二四年九月七日〉第2部・第1・1〈1の後注〉）。他方、その代わり、多重代表訴訟の方はかなり適用範囲を限定した形で導入するということで、会社法制部会の議論が決着したわけであります。

ただ注意していただきたいのは、会社法制部会において、子会社における職務執行について親会社取締役会が監督するという条文の導入に反対の立場の人も、子会社は別会社である以上は、子会社における職務執行について親会社取締役に一切監視監督する義務はないのだということをいわれたのではないということです。そうではなくて、反対の理由は、このような規定を置いた場合の義務の外縁がはっきりしないことが不安であるということにありました。もしかすると親会社本体における業務執行と同じレベルで監視義務を負わされることになりはしないだろうか、万一そのようなことになってはたまらないといった懸念から反対されたのではないかという印象を受けております。

そのような意味では、子会社に対する業務執行上の問題については、原則として親会社取締役の責任が生じる余地はないかのように説く、東京地判平成13年1月25日・判例時報1760号144頁のような考え方は現在ではとることはできないということについて、会社法制部会における議論ではほぼ共通の認識があったといってよいかと思います。そして、こういったことが今後の裁判所の判断にどのような影響を与えるかということが問われているのだと思います。

◆Ｊ－ＳＯＸとグループ内部統制

奥山　佐々木先生にお伺いしたいと思います。金融商品取引法に基づく財務報告に係る内部統制の報告制度では、当該会社の属する企業集団及び当該会社に係る財務計算に関する書類その他の情報の適正性を確保するために必要な体制というものを対象としております。Ｊ－ＳＯＸの実務では、「企業集団の内部統制」について、具体的にはどのように位置づけられているのか、ご紹介いただけますでしょうか。

佐々木　Ｊ－ＳＯＸが導入されて、もうだいぶ実務にも定着してきたのではないかと思っております。Ｊ－ＳＯＸは上場会社が対象になっていますが、明確に、内部統制の基準においても連結ベースを対象にするという規定になっています。おそらく、グループとしての内部統制の考え方は、Ｊ－ＳＯＸのアプローチにも関係しているのではないかと思います。Ｊ－ＳＯＸの中ではトップダウン型のアプローチが適用されており、基本的には連結ベースで親会社あるいは全体の全社的な内部統制の評価を行います。その結果を踏まえて、事業拠点ごとにその業務プロセスの内部統制を評価するという仕組みになっています。

「事業拠点ごとの業務プロセス」という言い方をしていますので、個々の会社それぞれではなくて、ある場合には同じような事業を行っている子会社を一つの事業として見ながら、業務プロセスを切り分けて内部統制を評価するという仕組みになっています。このあたりがＪ－ＳＯＸの特徴的な点ではないかと思っております。Ｊ－ＳＯＸの実務では、そのようなところにもグループ内部統制という考え方が当初から組み込まれていると考えてよろしいかと思います。

◆東芝におけるグループ内部統制

奥山　島岡様に、東芝グループのグループ内部統制あるいはグループ会社管理の実務についてお伺いしたいと思います。

島岡　東芝グループで現在グループ経営の考え方というものを支えます内部統制あるいは監査体制というものがどのようなものかということを、簡単にご紹介します。

私は現在、監査委員として監査サイドにおります。今日の時点では、執行サイドで新しいグループ内部統制体制については検討中ですので、あくまでも現状について、この辺りまできていますというご紹介と、しかもコメントは私個人の立場でさせていただくということで、お許しをいただきたいと思います。

❶東芝におけるグループガバナンス・内部統制とは

最初に、資料3－4で全体像をご説明します。

実は当社は二〇〇〇年前後に現在の委員会設置会社に移行する準備を始めた際に、グループ経営というものをどうすべきかという議論をしまして、一番上にあるような定義、すなわち内部統制システムを構築し、キーワードは経営の効率性、あるいはリスク管理、コンプライアンス、こ

資料3-4

東芝におけるグループ・ガバナンス・内部統制とは

■**内部統制システムを構築し、経営の効率性を高めるとともに、リスク管理、法令の遵守を徹底することによりグループの企業価値の最大化を図るシステムをいう：**

- 東芝グループの経営理念、経営ビジョン、行動基準、各種プログラム、教育・監査／PDCAの仕組みを共有
- 東芝の「コーポレート」を軸に、カンパニー、関係会社、海外現地法人を体系づけ、連携
- グループの内部統制・監査システムを構築し、事業経営効率性／リスク管理、コンプライアンスを徹底（上場会社には独立性に配慮）

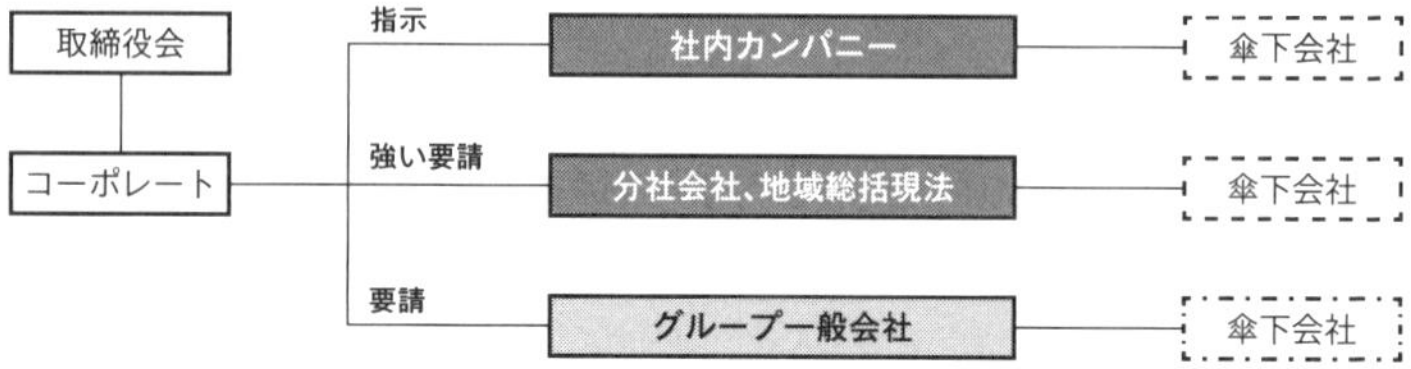

強いガバナンス 子会社、冠称会社等

弱いガバナンス 出資比率1/3超

東芝は、国内外すべての子会社等に内部統制システム構築を求める。

- 東芝グループ行動基準の採択
- 業務連絡要綱に基づく重要事項の報告
- 内部統制項目に関する施策立案・推進
- 東芝による経営監査の実施/監査委員会主導の監査のガバナンス確立

のようなものを徹底することによってグループの企業価値の最大化を図ろう、そのための仕組みをきちんとグループ全体に入れようということを取締役会で決議し、今までこれを基本にやってきたわけです。

その主要な特徴は、三つあります。

第一に、経営理念やビジョンなどというかなり高位のものから行動基準や様々なプログラムまで、グループ全体で守るべきルールを定めたことです。そして、これらがグループ全体で実際に遵守できているかどうかを検証するための仕組みとして、教育や監査をする。それから、当初から最も頭を悩めたのは、いわゆるPDCA（PLAN－DO－CHECK－ACTION）というサイクルをどう回すか、一回で終わらないようなサイクルの仕組みの共有をどうすればできるかという点を

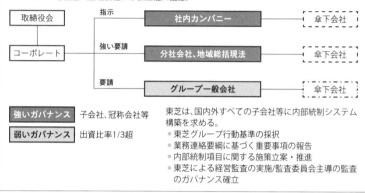

重視しました。

第二に、実施主体は東芝のコーポレート――取締役会の下にコーポレートというボックスがありますが――これは関係スタッフと役員を総称してコーポレートと称しており、取締役会から負託を受けた者が主体となるということです。実際のＰＤＣＡサイクルの担い手ですが、当社グループでは、カンパニーが自立して事業主体となるカンパニー制度を採っていますので、内部統制においてもカンパニーを主体に、関係会社、海外の現地法人などを含めた管理体系を作り、相互に関連させて連携をさせる仕組みを導入しました。

第三に、グループ全体でこの内部統制・監査システムを構築するため、それぞれの会社で事業効率性の向上、リスク管理、コンプライアンスができるような仕組みを、子会社、関係会社の義務として定めてもらうということです。どのように義務化するかということは後ほど議論があるかもしれませんので、あとで説明させていただきたいと思います。ただ、上場会社については、いずれにしても独立性の観点で配慮をしています。

次に、親会社から見た管理のあり方ですが、「強いガバナンス」と「弱いガバナンス」というものの考え方について説明します。

社内カンパニーというのは社内の事業単位ですので、これには当然、指示ができるとしております。それから分社会社（事業ドメインや歴史的な関係で関係の強い会社）や地域総括現法（海外主要地域に設置される地域総括会社）など多くの子会社は法人格は別ですが、支配権を有する子会社ですので、指示とはいいませんが「強い要請」をする。この社内と子会社群に対するあり方を「強いガバナンス」と称しています。それならば出資比率での下限はどこかということなのですが、出資比率でいうと三分の一超、「一般会社」と称していますが、そのような会社まで含めます。ただ、支配権が基本的にありませんから、「弱いガバナンス」と称して、これはあくまで「要請」にとどめるということにしています。ただ、コンプライアンスについては、客観性や必要性も大きいので、かなり一所懸命しつこく一緒にやりませんかと「要請」をするということになります。

もう一つ重要なことは、東芝という冠のついた会社名をつけたり、あるいはブランドを許諾している場合には、その許諾契約の裏側にしっかりとこのようなグループ内部統制体制を採択するという約束をしてもらいます。そして、内部統制の体制の状況確認のため、東芝の経営監査を必ず受け入れてください、これらに違反すれば許諾契約を解除します、というようなことを許諾契約とセットにして、必ず守ってもらうというやり方を取っています。

最後に、グループ会社がそれぞれ何をやるべきかという観点で、子会社に構築を求めている内容を一番下に書いております。まず、グループの行動基準を採択、実施し、業務連絡要綱といっておりますが、重要事項を事前・事後に連絡してくれということです。それから様々な内部統制項目について方針や施策を示して、それを具体的に立案し、実行してもらうということを行います。さらに、東芝の経営監査システムを活用し、さらに、各社には監査役がいるわけですから、私ども監査委員会としてはそれぞれの会社の監査役と「監査のグループガバナンス」と称して連携をするということも含んでおります。

❷ グループ全体でのリスク管理に関する主要な内部統制事項の整備

次に、グループ全体でのリスク管理に関する主要な内部統制事項の整備についてお話しします。主に四つの点があります。

一番目に、リスク・コンプライアンス・マネジメント体制を定着させるための基本要素を確立したことです。まず、リスク・コンプライアンス重視の組織風土を作るということが当面の目標でしたので、それぞれの社内組織のどのレベルでも、そのトップが必ず関与をして内部統制に関するメッセージを出す。それから各レベルに内部統制事項のＰＤＣＡサイクルをビルトインする。それからコンプライアンス・プログラムを始めとして様々なプログラムがありますが、これらは、グローバルな動向を含めて常にリニューアルをして、コーポレートの仕事として一定の方向性を示すということをしております。

二番目が意思決定の手続の問題です。これはいうまでもなく、ビジネス・ジャッジメント・ルールに従った判断をさせるために必要なスクリーニングをやる。情報を集めて、分析をして、リスクの態様に応じ回避策が適切かという点を含めて、経営者に判断をさせるという仕組みを、各社に入れてもらうということをしております。

三番目に監査の仕組みですが、各内部統制部門が指示する自主監査に加え、経営監査部等の内部監査部門の監査、それから私どもが行う法定の監査では、各社の監査役と東芝の監査委員会が連携をするということをしています。これを称して東芝では三層監査、三つの層という意味ですが、これが経営の推進力として活用されているかどうかということを見ております。

四番目はリスク相談ホットラインです。これはいわゆる内部通報制度の活用を奨励し、各社内だけでなく、グループとして重要なものが東芝まで上がってくるか、少なくともタイムリーに把握できるようにするということです。それから、社内に加えて取引先、特に下請取引先ですが、様々な問題が起きた場合には、忌憚なくスピークアップしていただくという仕組みも入れております。

❸ リスク・コンプライアンス・マネジメント体制の内容

次に、グループ全体のリスク・コンプライアンス・マネジメント体制の内容についてご説明します。

東芝では、過去の経験や反省を生かし、またグローバルな動向という視点にも配慮して、主要なリスク・コンプライアンス・マネジメント事項について、副社長が自ら委員長となるコーポレートレベルの委員会を設置し、グループでの全体重点方針の策定、各構成会社での実施、そのレビューと評価、改善施策の策定・指示というＰＤＣＡサイクルをドライブする仕組みを置いています。その主体は、リスク・コンプライアンス委員会というものですが、様々なリスクを収集して、スクリーニングして重みづけをする（リスクマップを作成したうえで、リスクテーブルにより重点化する）、いわゆるリスクアプローチと称しているものですが、それをベースに、年度計画としてその傘下の会社に具体的な施策を示します。それを各社で実施してもらったうえで、またその結果を報告してもらって次年度の改善につなげる。このようなサイクルのドライバーとして、ＣＲＯ（チーフ・リスク・コンプライアンス・マネジメント・オフィサー）の副社長が指揮しております。

❹ 子会社等に整備を求めている事項

それでは、具体的に子会社等に整備を求めている事項は何かということです。

子会社等に整備を求めている事項は、具体的に基本的な規程の形で示して、統一して実施してもらうことを原則として、自社の体制に合うよう修正しているケースもありますが、いずれにしても自主的に採択・実施してもらっています。

その内容は、グループ行動基準から始まり、規則１００条の業務の適正を確保するための体制、重要な事項について連絡をもらうための業務連絡要綱、グループ監査連携体制への組み入れ、リスク・コンプライアンス・マネジメントの全体体制、ビジネスリスク・マネジメント体制、その他、リスク・コンプライアンス・マネジメントにかかる様々なプログラム、体制の採択など多様なものがあります。

ここで私どもがもっとも悩んだ点は、国内は実情がある程度わかるわけですが、海外は法制も違い、実情も違いますので、どこまで内容を共通化して、どういう会社に採択を求めるべきかということです。いろいろ悩んだうえでの話ですが、やはり出資比率、あるいは現地の法制などを勘案して、現地弁護士と相談をして採択してもらう対象会社と内容を決めております。

❺ 平時のPDCAと緊急時の連絡体制

次に、平時のＰＤＣＡと、緊急時の連絡体制という問題がございます。平時のＰＤＣＡは、先ほど少しいいかけましたが、リスク・コンプライアンス委員会でリスクマップを作成し重点化するリスクをスクリーニング、評価し、リスクテーブルの形で具体的に示して、どのリスクに対する対策を優先し、重点化すべきかというリスクアプローチをとっています。すなわち、年度の当初に重点テーマをカンパニー社長（カンパニーＣＲＯ）に伝達し、施策の具体化と推進を指示し、傘下の関係会社にも落としてもらうわけです。それを各社できちんと咀嚼してもらい、優先順位を付けて自分たちの独自のリスクも含めて対策を実行してもらい、その内容を報告してもらって、次の年度のサイクルに回すということをしています。

ここで、クライシスリスクが起きた時の緊急時の連絡体制、有事の場合どうするかということですが、グループ全体で採択してもらっている規程があり、重大なクライシスリスクについては、コーポレートまでできるだけ早く報告を上げる、あるいはダブルレポートと称して、監査委員会、私どもも同時に報告を受けるということになっております。報告すべき重大クライシスリスクとは、要するに社会的関心が高い、あるいは法的問題に触れる可能性があるようなものは、必ず、速やかに報告しなさいということになります。特に大きなリスクアイテムとしては、生命／安全、法令違反、品質／PL（製造物責任）、人権、環境問題、それから最近ではやはり情報関連での虚偽報告・隠ぺい、情報漏えいというものも重要だと思っております。

奥山　強いガバナンスと弱いガバナンスに分けるという考え方、あるいは子会社に対して整備を求める規程について体系的なものを作っておられるというのは、大変参考になります。

◆新しい法務省令をどう理解すればいいのか

奥山　続きまして、内部統制システムに関する法務省令の決議事項のテーマにいきたいと思います。藤田先生にお伺いしますが、企業集団の業務の適正を確保するための体制として定められた改正会社法施行規則の100条1項5号の規定ぶりについて、全体としてどのようなご感想をお持ちでしょうか。特に、子会社における内部統制システムに関して、親会社が決めるべき事項はなんと読めるのかというあたりをお伺いしたいと思います。

藤田　あくまで感想のような発言になりますが、大きく分けて二つの方向で申し上げたいと思います。第一は、規定ぶりが変わったことについて、あまり神経質になり過ぎないほうがいいのではないかということ。第二は、それでも多少は意識してほしいこともあるということです。このように少し相反する面のある感想を持っています。

まず、改正会社法施行規則100条1項5号は、従来の規定と比べて、一見体裁が非常に変わったようには見えるのですが、もともと「企業集団における業務の適正を確保するための体制」とあったところ、「業務の適正を確保するための体制」の部分を、親会社本体については1号から4号までにきちんと分けて書いてあるところに合わせて、子会社についても同じように規定し直したという、どちらかというと形式的な表現の変更です。いうまでもありませんが、この条文は子会社自身の体制について親会社で決議することを求めているものではありません。決議対象はあくまで親会社自身の体制についてです。この点は、今回の条文では、従来の規定の仕方よりも明確に表現されるようになったといえると思います。また、おそらく、必ずしも1号から4号に挙がっているものについて、異なる形で事項別に四つの決議が必要だということでもないのだと思います。

他方、注意していただきたいのは、100条1項5号柱書を見ますと、「自社を含む親子会社からなる企業集団全体」という書き方はしてあるのですが、イからロまでの個別の規定を見ていただきますと、「当該株式会社の子会社の」という書き方をしています。さらにいいますと、法律本体の362条4項6号のほうも、「当該株式会社及びその子会社」とあります。このように、新しい法務省令さらには法律本体において、親会社が子会社を管理するための体制というニュアンスがこれまでより強く出ているということです。これは先ほど説明した会社法制部会での議論の内容も踏まえて、そのような方向で規定したからだと思われますが、今回この法務省令に従って決議する場合も、そのような流れは踏まえた形で決議することが望ましいということになるのだと思います。

100条1項5号については、平成一七年改正の時にも、立案担当者の解説では子会社における業務適正確保のための議決権の行使方針や、親子会社間の監査役の連絡に関する事項などが例に挙がっていました（相澤哲＝石井裕介「新会社法関係法務省令の解説（3）株主総会以外の機関」商事法務1761号〔2006年〕15頁）。今回の改正を踏まえると、今となっては、平成一七年改正の当時に挙げられていたようなことが、今なお決議されるべき事項の典型であるといった理解はあまり適切ではないと思います。

そのような意味で、条文文言の変化についてあまり神経質になる必要もないかもしれませんが、そうはいっても平成一七年改正以後の問題意識の移り変わりということには気を付けていただく必要はあると感じています。

奥山　島岡様にお伺いします。ただいま、藤田先生からコメントをいただいた改正会社法施行規則に基づく内部統制決議の見直しについて、上場企業の立場からすると、どのようなことを考える必要があると感じておられますか？

島岡　今回の省令改正で新たに親会社に義務を課すものではない、今まで十分やっていると思うのなら変える必要はない、といわれてしまっているわけですが、実務をやっている方々にとっては、やはり三つぐらいの点を考えるべきではないかと思っています。

一つは、今のご説明にもありましたように、子会社の義務を定めるわけではないけれども、親会社が自社の問題として子会社に何を求めるかを決めるべきだという言い方になっている以上、現在の体制が十分かどうかを検証すべきで、現状を見直すチャンスではあるということです。

二番目は、このようなものは昔決議をして、そのままずっと時間がたってしまっている。これは現実の問題ですが、毎年なかなか見直せないという問題があると思います。社内外の環境、特にグローバルへの対応、関係会社、子会社の状況など、様々なことが動いているはずで、そういう目で積極的に見直すチャンスかなと思います。

三点目は、たいへん格好のいい言い方でお叱りを受けるかもしれませんが、最近の法改正、あるいは特にコーポレートガバナンス・コードでいわれていることは、結局、日本の会社が元気を取り戻してリスクをとれる判断をするために、その反面、リスクマネジメント、コンプライアンスについては、さらにしっかり体制を整えなさいというメッセージが非常に強くなってきていると見えるわけです。やはりここは経営陣とよく議論をして、自社はいったいどのような体制で経営陣がグループ全体でのリスクについてスクリーニングしたうえで、自由に大胆に経営判断をするのか、どのような姿を求めているかということを、一度議論してみるチャンスではないかと思うのです。

ですから、法対応だと、ただ、ぎりぎり何をやるべきかをいたずらに防衛的に捉えるのではなく、むしろ前向きに捉えて経営陣としっかり話をすべきではないかと思います。

◆運用状況の開示とは何をすればいいのか

奥山　内部統制システムの運用状況の開示について、藤田先生にお伺いします。今回の会社法施行規則の改正では、内部統制システムの運用状況の概要について、事業報告で開示することが求められていますが、ここでいう運用状況とは具体的にはどのような内容を指すとお考えでしょうか。

藤田　118条2号の規定の求めるところなのですが、従来は「体制の整備についての決定または決議の内容の概要」といっていたところを、「運用状況の概要」が付加されているという違いがあります。体制の整備の内容は会社によって違うので、こう書けばいいということはあまり具体的にお話しできませんが、それでも何点か注意していただきたい点があります。

第一に、運用状況と書いている以上は、「××のような体制を構築しました」と書くだけでは足りないことは明らかです。ただし、運用状況といっても運用の側面だけを書けということでもなくて、おそらく「××という体制を構築し、それを○○という形で運用しております」というような書き方でも構わないでしょう。むしろそのほうが、運用状況だけを書くよりも、かえって書きやすいとは思います。例えば「リスク管理委員会を設置し、それはどういう構成で、どのぐらいの頻度で会合を開き、どういうことを審査したか」ということを書くのだと思います。最後の「どういう審査をした」ということは、個別案件に立ち入りすぎることもできないでしょうし、なかなか書き方が難しいかもしれませんが、そのようなところが工夫のしどころだということになります。

第二に、あまり抽象的な記載ではおそらく不十分で、例えば「内部統制委員会を設置し、業務の適正を確保するためにその趣旨に沿った運用を実施してございます」といったことを書いただけでは足りないことになります。

第三に、今の点とも関連するのですが、記載すべき内容は、あくまで運用状況についての事実の報告であって、内部統制システムの有効性の評価は必要ありませんし、また「問題ありません」というような評価だけを書いても不十分だということになります。金商法上の内部統制報告書は評価を書かせるのですが（24条の4の4参照）、会社法施行規則が要求している事業報告の記載は性格が違うものであって、内部統制システムの有効性に関する評価は要らない代わりに、何をしたかがわかるように、ある程度具体的な記載が要求されているということになります。そういうことから、「評価目的に沿って適切に運用を実施している」といった記載は、その趣旨には沿わないということになるのだと思います。

奥山　島岡様にお伺いします。先ほどのお話は、東芝グループでは内部統制システムの運用状況を内部で評価されているということだと思うのですが、どのような形で確認・評価・報告を行い、見直しを行っておられるのか、改めてご紹介いただけますでしょうか。また、島岡様は現在、内部統制システムの運用状況の相当性について監査を行う監査委員の立場も有しておられますので、その立場からお感じの課題等があれば、併せて教えていただけますでしょうか。

島岡　内部統制システムの運用状況をどう記載すべきかについては、会社としてはまだこれから検討するということでございます。ですから、私が申し上げることが当たっているかどうかはわかりませんが、おそらく先生の今のご指摘も含めて考えますと、先ほどご説明した「平時のPDCAサイクル」を中心に具体的に説明していくことになるのではないでしょうか。つまりリスクテーブル、マップで重点項目を決める、それを各部門に下ろして実際に何をやるかということを決めてもらい、実際にやった中身を報告してもらう。そこで問題点が出てくれば、またリスク・コンプライアンス委員会のほうで改善につなげて、来年度はそれならどうしようかということを繰り返すという考え方や実際の内容の概要を淡々と書くことになるのかなと思います。実は考えがまとまっておりませんので、当社の場合にはこのようなことが可能かなと、考えているところです。

内部統制システムに関する監査についてですが、これは、資料3－5でご説明します。

今、申し上げたようなことについて、最終的に監査委員会としては、グループで行っているこ

資料3-5

東芝グループ監査体制

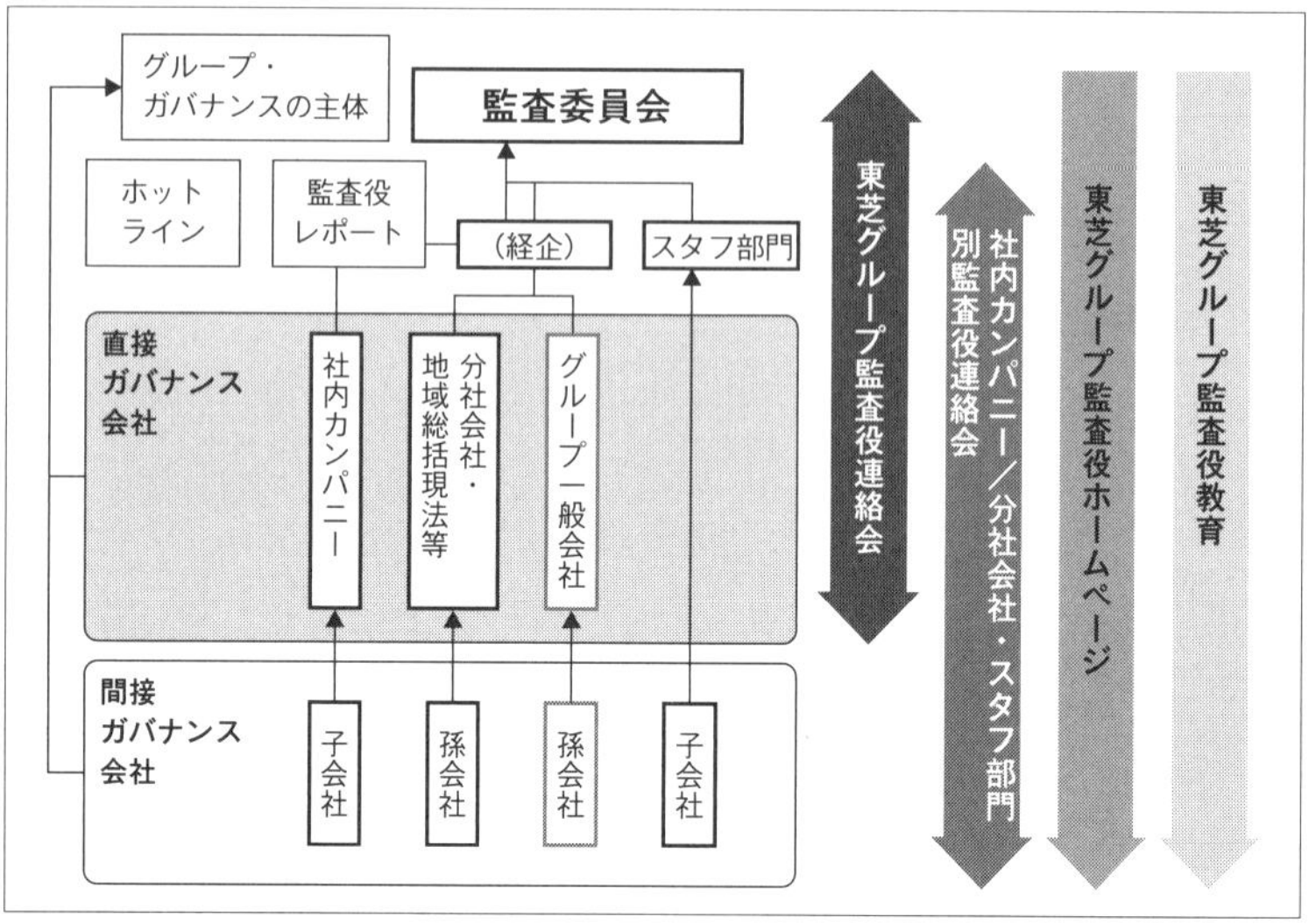

とを報告してもらい、いずれにしても監査報告を書かないといけないということになるわけです。資料3－5は、左側が執行サイドの体制を示しています。右側に示すように、東芝グループの監査役の連絡会、あるいはグループの監査役のホームページ、監査役教育という形で普段から連携をとっていますので、執行サイドのサイクルがどのように現実に回っているかは、監査サイドからも情報をとって確認するということです。施策を紙に書いて出すのは簡単なのですが、これを徹底し、実際に適切に動いていることを確認するということは、なかなか困難ですが、一番重要ではないかと思っています。やはりここは、執行だけの問題ではなく、グループの監査役との連携を通じて、単なるアリバイ作りに終わっていないかどうかを確認することが必要ではないか、と思っております。

奥山　佐々木先生にお伺いします。財務報告に係る内部統制制度の場合も、体制の運用状況について評価をし、体制の見直しを行うことが想定されているものと思いますが、J－SOXの制度の下では具体的にどのような形で評価がなされ、体制の見直しが行われているのでしょうか。

佐々木　J－SOXは、会社が構築している内部統制について経営者がまず評価を行い、それを監査人が検証するという流れになっています。年間を通じてこの作業が行われており、サイクルそのものは会社によって違うものの、最終的には期末の時点で経営者による内部統制報告書が作成され、通常は内部統制は有効に機能しているという報告書が出されます。さらに監査人がこれを検証して、内部統制の監査報告書が発行されるという流れになっているかと思います。

しかし、この流れの中で運用状況についてまったくの問題がなかった、具体的には内部統制の不備がまったくなかったということはまずないのではないかと思われます。多かれ少なかれ、あるいは大きいものから小さいものまでいろいろありますが、期中の段階ではなんらかの不備が発見されてそれを是正するというプロセスで回っているものと思っております。

ただし、これは期末までに是正をして最終的には内部統制が有効に機能しているという形に持っていくというところが重要になっており、逆に考えますと、最終的には内部統制が有効に機能していることを確認できるようなスケジュールに間に合うような形で、その是正作業が年間の中で行われているのではないかと思います。

J－SOXは、このように、是正をして内部統制が有効に機能しているという評価を行うまでのプロセスが年間の中で回っているということが大きな特徴ではないかと考えています。

奥山　これまでの議論を踏まえ、内部統制システムの運用状況の開示について、上場企業としては具体的にどのような準備をすべきかについて、石井弁護士、コメントをお願いできますでしょうか。

石井　運用状況とは、評価結果ではなく具体的な事実であるとのことですから、各社において内部統制システムに基づき、この一年間の中で具体的に実施したことを開示することになります。この場合、事業報告にどこまで細かく記載するかはさておき、準備としてはこの一年間に実施したことを、かなり細かい部分も含めて、まずは記録化していくことになるのだと思います。

記録化をする際に、どのような項目に着目するかですが、具体的に内部統制システムとして決議したそれぞれの項目に沿って「この決議項目に対応するものとしては、具体的にこのようなことを実施しました」という形で記録化していくことになるかと思います。

記録化していく中では、決議したにもかかわらず実態が伴っていない、具体的に何もやっていないという項目がないかということについても、期中で確認していくことになると思われます。こうした作業を一年間続けていただいた後、最終的に事業報告においてどのように開示していくのかを検討することになると思います。

◆法令の改正により何が変わり、何が変わらなかったのか

奥山　次のテーマとして、子会社管理やグループの内部統制システムの構築に関する取締役の義務について議論を進めていきたいと思います。

まず藤田先生に改めて確認させていただきますが、今回の会社法改正において、子会社の管理あるいは企業集団の内部統制システムの構築について、取締役の法令上の義務については変更がなされたわけではないと理解してよろしいのでしょうか。

藤田　そのとおりです。正確にいいますと、改正それ自体が取締役の法令上の義務について直接変更を加えたということはないということです。そもそも362条4項6号や5項は、内部統制システム構築義務を定めたものではありませんし、またここから取締役の監視義務が導かれる根拠条文でもないのです。したがって、これらの条文に何らかの変更が加えられたからといって、内部統制システム構築義務が新たに課せられたり、監視義務の範囲が直ちに変わったりするはずがありません。取締役の善管注意義務の一般的な解釈問題であるということは、改正の前後で変わらないところです。

奥山　続けてお伺いしますが、会社法改正とは関係なく、親会社取締役の企業集団における内部統制システムの構築に関する義務について、これまでどのような議論がなされてきたのでしょうか。

藤田　これまでの議論をまとめるのは非常に難しく、まだ学界でも完全にコンセンサスがあるとも言い難いところがあるので、現段階においておそらく一番無難だと私が考えている考え方を紹介しましょう。

会社法制部会での議論をも参照しますと、おそらく次のように考えることになるのだと思います。すなわち、会社の有する株式会社の財産を適切に管理することは会社の業務執行者の義務であり、それは親会社の有する子会社株式にも当てはまります。したがって、親会社の業務執行者は、子会社株式の価値を維持するように、善管注意義務を尽くす必要があります。その中には、そのようなことを実効的に行うために必要な子会社の業務執行に係る内部統制システムを作り、適切に子会社を管理することも含まれ得るということになります。「含まれ得る」という微妙な言い方をするのは、後で述べるように、対象子会社の重要性等を勘案すると、すべての子会社の業務執行に係る内部統制システムを常に設けるべきであるとは限らないからです。そして、取締役会構成員である他の取締役は、業務執行者がそのようなことをきちんとやっているかどうかについて、監視する義務を負うということになります。

したがって、まず親会社の業務執行者が子会社の株式の価値を維持する義務があって、その一環として業務執行者は子会社株式の価値を維持するための適切な措置がとれるような体制を構築する義務が導かれる。業務執行者以外の親会社取締役会構成員は、親会社の業務執行者がそのようなことを適切に行っているかどうかを監視する義務がある。また、リスク管理体制について取締役会で決める際には、その決議に参加した取締役は、その決定内容について責任を負うことになる。このように、親会社の業務執行者の子会社の株式の価値を維持する義務を中心として、若干複雑な多層的構造をとることになるわけです。決して、取締役会の監督の範囲がいきなり子会社取締役の職務執行にまで拡張されるといったことではありません。

これは、会社法制部会の議論で俎上に上がったような提案が受け入れられた場合との大きな違いということになります。このあたりは、これまで学説もあまりきちんと整理されてきておらず、子会社の業務執行に関して親会社役員の監視義務違反を認めた近時の下級審裁判例である福岡魚市場事件（福岡地判平成23年1月26日金判1367号41頁、福岡高判平成24年4月13日金判1399号24頁）でも、法律構成がきちんと詰められていないきらいがあるのですが、分析的に考えるなら、今申し上げたようなことになると思います。

なお、念のため、誤解のないように付け加えておきますと、業務執行者の目標は他の会社の株式や実物資産を含む親会社財産の全体の価値最大化なので、常にすべての子会社株式の価値を最大化するように何かしなくてはならないということにはなりません。親会社としては、全体として財産の価値が最大になるように、適切な形でリソースを分配すればいいわけで、したがって、子会社の種類や規模、あるいは性格によっては、その業務執行に対してあまり積極的に介入しないほうがいいこともあるかもしれませんし、逆に、例えば持株会社として支配している最大の事業だとすれば、それはそれなりの関与が要求されることになるでしょう。そのあたりはいろいろ温度差がありますし、どのような管理の仕方、あるいは管理の仕方の組み合わせがいいのかということについては、幅広い裁量が認められるということになると思います。

◆内部統制はこの十年でどう変わったのか

奥山　企業集団における内部統制システムの構築の必要性について、この十年ほどでだいぶ状況が変わっているのではないかと思います。島岡様は取締役になられる前は法務部長としてこのあたりを見ていらっしゃいますが、そのあたりはいかがお考えでしょうか。

島岡　これは会社の規模や業種など様々な状況が違うと、かなり違うのだろうと思いますが、私の印象では二〇〇六年にこの規制が導入されたときに、なんとなく形をまず整えようというところで、中身をどこまでやったらいいかということが、かなりぼんやりしていた記憶があります。それが、その後の様々な事例、裁判例、それからガバナンスに関する議論を通じて、かなり具体性をもってそれぞれの会社で認識されるようになったのではないかというのが一番大きなところで、その意味では、それができている会社については、それ以上新たな問題は生じないのだろうという説明になるのだろうと思います。

ただ、この十年で非常に変わったのは、やはりグローバルのコンプライアンス問題が、経営に大きなインパクトを与えるようになったな、と思うところです。その意味では、独禁法や贈収賄、人権、知財、それから企業秘密の保護、ＩＴのセキュリティやプライバシーの保護や品質、ＰＬ

（製造物責任）など、企業防衛上、何を考えるべきかというと必ず出てくるこれらの問題に対する目配りをグローバルにすべきであるということについては、今後とも重要性が増していくのではないかと思います。

今、マイナス面の防止のことばかりを申し上げましたが、一方で、あまり目立ちませんが、逆に効率やスピードという点でプラス面を強化することも重要です。例えば、グループの内部統制として、経営情報を共有する、IT化する、あるいは先ほど少しご説明したビジネスリスクスクリーニングですね。そのようなものの導入、定着を通じて、迅速で果断な決断ができる仕組みを入れようと、そのような会社が増えているのではないかという印象は持っております。

奥山　やはり、客観的状況や各社の具体的な取り組みの状況が進展することによって、十年前とはだいぶ状況が変わってきているようですね。

◆J-SOX対応でグループ内部統制は足りるのか

奥山　佐々木先生にお伺いします。先ほどお話しいただきましたように、J-SOXでは重要な不備のない内部統制の構築ということに向けて、体制の整備を行っていくことになろうかと思います。これにより、一部は会社法の観点から求められる内部統制システムの構築をカバーできることになると思われますが、そこで全部カバーできるのか、あるいは、仮にカバーしきれていないとすれば、具体的にどのあたりがJ-SOXではカバーしきれていない分野になるのでしょうか。

佐々木　Ｊ－ＳＯＸは、もともと財務報告を目的とした内部統制として導入されましたので、会社法で想定されている内部統制と範囲が異なるのは当然かと思います。具体的には二つあります。

一つ目の相違点は、例えば、コンプライアンスや、あるいは財務報告以外の報告などの分野の内部統制はカバーされていないという点です。昨今の流れでは、財務報告以外の報告の重要性も増しており、内部統制のフレームワークとしてよく利用されているＣＯＳＯ（米国のトレッドウェイ委員会組織委員会が公表した内部統制のフレームワーク）が二〇一三年に改訂されました。従来は「財務報告」が目的の一つとなっていましたが、「財務」がとれて「報告」と変更され、非財務情報の報告も包含するようになったということも、そのような流れを指しているのではないかと思っています。例えば最近ですと、ＣＳＲ報告書や統合報告書などを作成する企業がだいぶ増えてきていますが、そのような報告の重要性がより高まってきたのではないかと考えています。ただし、Ｊ－ＳＯＸではそこまではカバーしておりませんので、あくまでも財務報告に限定されるということになっています。

また、コンプライアンスについても最近、非常に重要性が増しているとは思いますが、これも直接的には対象にしていないと考えています。ただし、財務報告には関係しないからＪ－ＳＯＸ上まったく関係ないかというと、そのようなことではありません。先ほども全社的な統制という話をしましたが、最初に全社的な統制を評価する中では、例えば経営者の誠実性や会社の社風、倫理の遵守体制、組織体制などについても評価を行ったうえで、全社的な統制の評価をしています。したがって、例えばコンプライアンス上で重要な問題があったにもかかわらず、まったく是正されないで放置されているような会社である場合や、あるいは何か重要な問題があったものについて、社長としてはあまりそこについて意識を払っていないなどの状況があった場合には、全社的な内部統制の評価が有効ではないという評価をベースに業務プロセスの内部統制をどう評価しようかということになる場合があります。具体的には評価範囲を拡大したり、より強い評価の入手が必要になってくるケースが生じてくるのではないかと思いますので、まったくJ－SOXに関係はないというわけではないと思います。

二つ目の相違点は、J－SOXの場合には、導入の経緯等もあり、重要性の考え方が導入されているという点です。例えば、規模が小さいことから対象とされない会社があったり、あるいは業務の規模が小さいためにプロセスとしてJ－SOXの対象にならないような業務プロセスがあるかと思います。ただし、当然ながら会社法では、そのような会社や業務でも、対象になります。

大きく見ると、この二つの点がJ－SOXではカバーされていない分野ではないかと思っています。

◆子会社の管理にあたり、法人格の差異はどこまで考慮するのか

奥山　グループ会社の管理体制に議論のテーマを進めていきたいと思います。

島岡様にお伺いします。冒頭でもお話しいただきましたが、東芝グループでは多数のグループ会社を傘下に抱えていますが、これらの会社をどのような考え方で区分されているのか、改めてご紹介いただけますでしょうか。また、その中でも完全子会社については、法人格が別であるということをどの程度意識されているのかということも教えていただけますでしょうか。

島岡　冒頭の、資料3－4（一八八ページ）に示したとおりです。「強いガバナンス」のうちの一〇〇%出資をはじめとする子会社ですが、事実上利害対立がない、社内と一緒だといっても、やはり法人格の違いというものを一応認めたうえで、まず、やはりその子会社の役員の義務と責任ということを考えるべきだと思います。

どのようなやり方かということですが、「強いガバナンス」と称して、指示に近いかなり強い要請をするというやり方を背景に、あるルールや体制などをセットで、子会社のほうの取締役会で採択をしてもらい、実行してもらうということです。それから、グループ一般会社というところは出資率も低いということで、これはもう要請するということになりますが、コンプライアンス等の当然会社として守らなければならないベースになる事項については、ぜひ同じ土俵で守ってくださいというメリハリをつけて、セットで採択をしてもらうということになります。ただ、東芝の冠の名称のついた会社、あるいはブランド許諾している会社については、その裏側に契約があって、そこは契約の効力として東芝の定める内部統制システムの構築義務をきちんと守ってもらうということです。いわば子会社による自主的な採択という手法と、それから「東芝」の名称や商標を使う場合には契約によるコントロールという手法を重ねて、管理をしているということになります。

一〇〇％子会社については、正直なところ、事実上ほとんど利害対立がないというのは他の会社でも同じだと思います。ただ、それこそ「通例でない取引」のように、子会社の法人格を利用したような疑義を生じさせる取引が起きないように、例えばアームズ・レングスを意識した取引をしてもらうということは、一〇〇％子会社でも必要な場合が当然あるとは考えます。

奥山　佐々木先生にお伺いします。冒頭ご紹介いただきましたように、J－SOXでは連結ベースの企業集団全体が基本とされ、法人格の差異にはあまり着目せず、本社の部門と同様の手法での構築を求める傾向にあるかと思いますが、このあたりはいかがでしょうか。

佐々木　基本的にはそのとおりで、親会社や子会社など、その法人格の差異にかかわらず、連結ベースで重要な事業拠点や業務プロセスを切り分けて選定をしていくということになっているかと思います。この点について、J－SOX導入後は、以前に比較して、そのような親会社によるガバナンス、子会社に対する管理というものがより強化されてきているのではないかという実感があります。

ただし現実的には、会社が異なると、経営者の考え方や組織の作り方が違っているケースもありますから、必ずしも完全に一致しているわけではありませんし、同じグループ会社としてそのような管理ができているかというと、実務的にはかなり苦労されているところも多いのではないでしょうか。特に、親会社が設立した一〇〇%子会社であれば、比較的コントロールしたり、最初の段階からこのような仕組みを組み込んだりすることも容易なのでしょうが、例えば買収した会社や、あるいは合弁で作った会社になると、少数株主がいたり、これまでの考え方ややり方が残っていたりということで、なかなかコントロールが難しいケースもあるのではないかと思います。そのあたりは、実務的な観点から悩む方も多いのではないかと思っています。

◈リスクの種類によるグループ内部統制の差異

奥山　島岡様にお伺いします。内部統制システムについて、リスクの管理体制という観点で俯瞰した場合、リスクの種類によっても管理体制の構築に差が出ることがあろうかと思います。先ほどコンプライアンスのリスクについての管理という話もありましたが、リスクの種類の違いによって何か管理の仕方に違いがあるのでしょうか。

島岡　特にグローバルなコンプライアンスの問題では、国境、法人格の違いというものを超えて、親会社が少なくとも内部統制システムをグループ全体で構築しないといけないものがあります。例えば、贈収賄の防止では、海外のグループ会社が様々な取引をする際に、いわゆるデューデリジェンスという手続を行い、リスクを把握して、それに対応するような適正な手続——特にご存じの英国の贈収賄法（BRIBERY ACT）ではAdequate Procedureといっている手続ですが――このようなものをグループ全体で進める体制整備をしていなければ、親会社も一緒に処罰をされ、直接の企業価値の毀損が起きる可能性があります。それに対する抗弁というのは唯一、内部統制システム構築義務を果たした場合だけといわれています。このような規制のあり方は、特に英国、米国に関係する企業は気を付ける必要がありますが、従来のジュリスディクション（司法権の管轄地域。裁判管轄。管轄権）の考え方を大きく超えるような立法になっており、実際に違反事例で摘発されるケースが出ています。

国際的にビジネスを拡大する場合に、特にグローバル・コンプライアンスの問題が起きた場合のインパクトは非常に大きく、また徹底する作業も非常に難しいということがあります。多くの会社の悩みとして、ＰＤＣＡサイクルを回す時に、カンパニー制あるいは事業本部制をとっている場合には、本社から見るとその先の先の遠いかなたに海外現法があって、どうしてもロジスティクスや情報の往き来が疎遠になってしまうことをどう解決するかという問題があります。拠点ごとに法務スタッフを置く、あるいは事柄ごとに独禁法なら独禁法で横串管理をするなど、様々な工夫を加えるべきではないか、と個人的には思っていますし、グローバル化を内部統制の視点から本当に真剣に考えるべき時期に来ているのではないかという印象を持っています。

奥山　佐々木先生にお伺いします。島岡様からもお話があったように、グローバルに展開する企業では、贈収賄や競争法違反などの影響というものが非常にリスクとして大きいように思います。

先ほどの話とも若干関連しますが、J－SOXでは、このような特定のリスクについて、どのような体制の構築あるいは監査が想定され、実際に行われているのでしょうか。

佐々木　J－SOXのうえでは、やはり最終的には、それが財務報告にどのような影響を与えるかという点からの評価になるかと思います。特に、いわゆるグローバル・コンプライアンス・リスクは、以前は直接的に財務にインパクトを与えるケースがそれほどなかったのかもしれませんが、最近は、例えば課徴金や制裁金が非常に多額になるなど、財務的に大きなインパクトを与えるケースも出てきています。したがって、財務報告という観点からも、決して無視できない状況になってきているのではないかと思います。

具体的にJ－SOXの業務プロセスとしてグローバル・コンプライアンス体制を直接的に評価するというように、最初からスコープに入れるということは通常はありませんが、何か問題が起きた、または問題が起きる可能性がある、あるいはそのようなリスクの高い業務がスタートするといった場合には、国によってかなり法制度等も違いますので、会社側も監査人側も、例えばそれぞれの国の専門家や海外の現地のレギュレーションの専門家などといろいろコミュニケーションをとりながら、実際のリスクがどのくらいあるかなどを評価をすることがあり得ます。特に、訴訟や課徴金の支払いの可能性があるということになれば、財務報告上もそれをどう評価するかが問題になります。例えば引当や注記をどうするかといったところに影響してきますので、そのインパクトを見積もる中でも評価の対象に入ってくると考えています。

◆上場子会社はどこまで管理すべきか、管理してはいけなのか

奥山　子会社の中でも特に上場子会社の管理というテーマに移りたいと思います。島岡様にお伺いしますが、東芝グループでは複数の上場子会社、上場関連会社を有していますが、これらの上場子会社等について、どのような考え方で管理をされているのでしょうか。

島岡　確かに上場子会社、関係会社がありますが、原則は、やはりまず子会社として支配比率を持っているか、いないかということを考えたうえで、先ほど申し上げたようなセットでの採用を子会社として自主的に採択してもらうことができるかということを中心に考えています。

上場会社としての独立性の議論になったときによく出る話として、親会社が主導して、グループ間で事業調整をする、取引の機会を奪ってしまう、あるいは取引の内容が歪んでしまうというような問題については、独立性に強く配慮して考えるべきで、そのような介入はしないよう配慮する必要があるかと思います。ただ、これはまったくの個人的な意見ですが、このような内部統制、コンプライアンスについて、同じグループにいて、企業価値の向上のためにある役割を果たすということであれば、その点についてはむしろ同調してもらうことが相互の利益になるので、できる限り説得をし、採択してもらうに当たっては、自主的に判断してもらうというプロセスを持てば、独立性という観点はそれほど強くいう必要はないのではないかとも思っているのですが、いかがでしょうか。

奥山　藤田先生に、今の島岡様からのご質問も含めてお伺いします。

上場子会社に関しては一定の独立性への配慮というものが求められる一方で、上場子会社で発生した不祥事による企業グループへの影響ということが出る可能性もあります。その上場子会社の管理あるいは内部統制について、親会社取締役が負う善管注意義務について、学会における議論の状況や先生のお考えをお教えいただけますでしょうか。

他方で、子会社の取締役として、特に少数株主がいる場合の親子間取引などにおいては、単に親会社側の指導に従えばよいわけではないという場合も出てくると思います。親会社側が作成したグループ管理規程に従う、あるいはグループ管理契約に従うといった形で親会社側の指導に従うということもあろうかと思いますが、そのようなときに、子会社取締役の善管注意義務の視点からは、どのような考慮が必要になるのでしょうか。

藤田　親会社の取締役の善管注意義務と子会社の取締役の善管注意義務について、一般的なお話しをさせていただきます。

まず親会社の取締役の義務の内容については、当然子会社の性格によって様々です。その際の考慮要素の変数として、当該子会社の重要性があるわけですが、それは子会社の規模のみならず、その子会社の知名度、不祥事がグループに与える影響といったことも考慮して考えなければいけません。また、独立性をどのくらい尊重すべき会社なのかという観点からは、上場子会社などであれば当然ながら尊重すべきだという考慮が働くでしょう。少数株主がいるのであれば、その少数株主を不当に害しないように、親会社のできることについても一定の制約がかかります。これらの要素を総合考慮して、どこまでの管理をすべきかを決めることになります。上場子会社である場合には、今の三つの要素——重要性、独立性の尊重、子会社少数株主の利益——のすべてが同時に影響してきますから、なかなか難しいことになります。そしてこのような多様な要素の総合考慮であることから、どこまで管理すべきかについては幅広い裁量があり、それは当然、経営判断として尊重されることになると思います。

次に、子会社に少数株主がいる場合は、それが親会社の介入に対する制約となるのと同時に、子会社の取締役としては不当な介入に抵抗すべき義務もあるということにもつながっていきます。子会社を搾取するような露骨なケースは論外ですが、もう少し微妙なケース、例えば、グループの企業の一つが危機状態にある、これを支援するという場合に、頂点に立つ親会社としては、当然それをすることでグループ全体のパフォーマンスが回復するのであれば、それが自分の利益にもなります。その結果、傘下の子会社に「おまえも手伝え」と要求することになるかもしれませんが、傘下の子会社からするとそのような協力をしたことで自社に見返りがくるかどうかは不明です。グループ全体はいいのかもしれませんが、自分に直接リターンがあるというわけではない。そうすると、うっかり応じて、後に再建が失敗した時に、責任問題が出てきかねないということになります。

とりわけ親子会社間で兼任している役員がいる場合には、このような利害対立構造は、その人にとっては非常に酷な側面があるのは疑いのないところです。その場合に判断の中立性・独立性を確保できるような決定メカニズム、独立的な判断を確保するための判断過程を用意するかが重要になってくると思います。

◆グループ管理規程・経営管理契約は作成するべきか

奥山　具体的なテーマとしては最後になりますが、グループ管理規程等について議論を進めたいと思います。グループ会社に指示をしたり、あるいはグループ会社から報告を求める根拠として、グループ管理規程を設けたり、あるいは、経営管理契約を締結することが多いかと思います。そこで、佐々木先生にお伺いいたします。特に金融機関では、経営管理契約を締結する例も多いように思いますが、その理由等について、どのように考えておられますか。

佐々木　最近、大手金融機関の多くは金融持株会社の形態を選択しているわけですが、金融機関はグループとしての財務の健全性が経営に重要な影響を及ぼすということから、金融庁の監督の視点としても、そのグループ経営管理体制は非常に重視されていると思います。

特に持株会社形態を採用しているところについては、グループ経営管理は持株会社の重要な業務の一つということになりますので、責任を明確にし、主要な業務を適切に遂行していくためにも、親会社と子会社との間で経営管理契約が締結されることになります。また一方で、それが持株会社の収益の根拠にもなっているのではないかと思います。

また、経営管理だけではなく、先ほど島岡さんのお話にありました、例えばブランドの管理や、グループとして経営戦略を共有して一貫した経営戦略の下で経営を行っていくなど、そのような観点から経営管理契約以外にもブランド使用契約など、親会社と子会社との間できちんといろいろな契約を結んで、グループとして会社の成長を遂げることを目指していくケースが多くなっているのではないかと思っています。

奥山　島岡様にお伺いします。東芝グループあるいは一般の事業会社では、グループ管理規程による場合と契約による場合と、具体的にどのような使い分けをされているのでしょうか。

島岡　先ほど申し上げた通りで、子会社等についてはセットでの内部統制の仕組みを子会社に自主的に採択してもらうことに加えて、東芝の名称、商標を使う場合にはその許諾契約の裏側に内部統制システム構築義務というものが入っています。グループ一般規程を作りこれを遵守してもらうというやり方もあることを、今回教わったわけですが、私どもがあえてそのやり方をとっていない理由がはっきりしているかというと、それほどはっきりしているわけではありません。たまたま様々な会社の種類がある中で、それをどう採択してもらうかというときに、自主採択がある意味では一番簡単だという程度の判断です。

奥山　グループ会社に指示をしたり、あるいは、グループ会社から報告を求める根拠としてのグループ管理規程、あるいは経営管理契約について、実務上は、どのような基準で使い分けをするのがいいのか、菊地弁護士からコメントをお願いできますでしょうか。

菊地　実務上の使い分けの基準というのは、なかなか一概にはいえないところですが、まず、親会社が子会社から経営管理料を徴収している場合、きっちりと管理契約を締結しています。

次に、グループ管理規程ですが、子会社はこれをどのような形で受容するのかという観点で受諾の決議をしてもらうことが最低限、必要だろうと思います。受諾の決議を超えてさらに管理契約まで結ぶのかについては、そこに基準はないと思います。今回の改正を受けて、いくつかのクライアントが早くからグループ管理規程の見直しをされたのですが、その中には、「考えてみれば受諾の決議もしていなかった」というところもありました。そこでどうするかを考え、管理契約を結ぶこととされました。管理契約の締結となると、国内子会社などはひな形通りで締結するわけですが、海外の子会社や持株比率が一〇〇％ではない会社、合弁の会社などでは、そうもいきません。いろいろな事情があり、いざ管理契約を結ぶという段階になって、「これはちょっと難しい」「これはこのような運用にしてくれ」などという意見が出てきたわけです。管理契約を結ぶという形になって初めて、このグループ管理内部統制を受け入れるということは今後の業務プロセスにおいてどういう意味があるのかについて自覚するようになるということを実感しました。

東芝のように大きなグループでは、海外でも自律的に機能する子会社がたくさんあるわけですが、最近は、従来、工場子会社だけが海外にあったという会社でも、営業・販売機能も持つ子会社や地産地消的な子会社を設立しています。管理契約を締結するということが、現地法というものを考えながら、どのような形で受け入れていくのがいいのかということを自らのこととして考えるきっかけにもなりますし、契約を結ぶ、そしてそれに向かって協議するということが、いってみればＣＯＳＯのグループ企業の内部管理の統制環境の整備というものにもつながっていくと思いまして、先ほどの「使い分けの基準は」との質問への答えではないのですが、契約という形でやることをおすすめするのがいいと思っています。

◆これからのグループ内部統制

奥山　最後に、パネリストの三名の方から、グループ内部統制に関する今後の展望について一言ずつお願いいします。

佐々木　今日はＪ－ＳＯＸの立場からいろいろお話しさせていただきました。そのＪ－ＳＯＸが導入されて実務に定着してきた中で、先ほども申しましたように、財務報告以外の活動を目的としたグループ内部統制を評価するためにも、やはり今までＪ－ＳＯＸで経験してきたようなＣＯＳＯなどの枠組みやプロセスというものは、非常に役に立つのではないかと考えています。特に、全体的にモニタリングの仕組みをもう少し強化していくことが必要なのではないかと思っており、そのためにも、問題点を発見して是正していくプロセスを、Ｊ－ＳＯＸ以外の分野でも広げていくことが望ましいのではないかと思います。

島岡　今回の一連の改正が、企業価値の向上を目指すものであろうことはいうまでもないのですが、私どもが実務的に考えますに、結局、親会社が自分の問題として子会社をどうコントロールするのがよいかということを決める、あるいはそのようなものを示す際に、非常に多くの子会社あるいは孫会社があるわけで、同じ価値を共有してもらい同じリスク管理をしてもらえるかということが、つまるところやはり企業価値の向上あるいは毀損の防止のために非常に重要だということはいうまでもないわけです。そのあたりには非常に手間と時間がかかりますが、これを一所懸命やる、そのために経営陣にしっかり議論してもらい、経営陣からのサポートを求めるということも必要になるのではないかと考えます。

藤田　今回の会社法の改正には、新しいルールの創設という側面もあるのですが、上場会社におけるコーポレートガバナンスの考え方が大きく変わってきたということを確認する啓蒙的な側面があるように思います。例えば、今も島岡さんのお話にありましたが、コーポレートガバナンスというものは、従来わが国では、法令遵守や健全性確保のための仕組みと考えられてきたように思われます。しかし、それだけではなくて、コーポレートガバナンスの目的の一つは、企業の効率性改善にもあるのだということが、今回の改正の中では、はっきり言語化されて論じられるようになった。これは啓蒙的な側面の典型例です。

グループ内部統制も、実はそのような性格が強い話です。平成九年の独禁法改正による純粋持株会社の解禁を機に、親会社取締役の義務について学説の説く内容はだんだん変わってきて、今はかつてのそれとはずいぶん違ったものとなってきています。ところが下級審裁判例や実務ではなかなかそのことが認識されず、東京地判平成13年1月25日・判例時報1760号144頁のような判決が出されていた。平成一七年の会社法制定の時にも、企業集団におけるガバナンスという点は、多少は意識されたものの、あまりはっきりした形はとることはなかった。今回の改正では、これまで立法や判例ではなかなかはっきり示されることになかった点について、正面から議論されることとなった。何か新しい条文が作られることでルールが変わったというよりは、時間をかけ考え方が変わってきているという事実が改正の議論の中で確認され、それ自体として明確に新しいルールが作られたわけではないとしても、議論の跡を示唆するような細かな文言の修正がいろいろなところに置かれているという話なのだと思います。

ですから、改正された会社法施行規則の下で事業報告に何を書けばいいかとか、内部統制についてどういう決議の仕方をすればよいかといった、改正法対処技術のようなこともさることながら、一〇年、一五年のスパンを経て、企業集団における内部統制について、どのような発想の転換が起きてきたのかということを一度しっかり考える契機になればいいと思います。

奥山　ありがとうございました。

本日はグループ内部統制について数多くの意見を頂戴しました。グループ内部統制の問題は、各社の状況に応じて何が適切かが変わってくるという、一様ではないところが特徴だと考えております。他方で、どのような切り口、観点で考えていけばいいのかということについては、共通して考えられる部分もあると思います。私も今後の実務において、参考にさせていただきたいと考えております。

3 グループ内部統制に関する三つの誤解……菊地伸（森・濱田松本法律事務所弁護士）

最後に、今回のセミナーの内容を、「三つの誤解と留意点」という切り口で簡単にまとめさせていただきますが、その前に、少し条文の構造についてお話しします。

法律レベルで、大会社では取締役が決定することが必要な事項として、新たに「当該株式会社及びその子会社から成る企業集団の業務の適正を確保するために必要なものとして法務省令で定める体制の整備」が加わりました。この条項の特徴は、「とにかく内容は法務省令で定める！」としていることです。そこで、法務省令において、「次に掲げる体制その他の当該株式会社並びにその親会社及び子会社から成る企業集団における業務の適正を確保するための体制」と定め、「当該株式会社並びにその親会社及び子会社から成る企業集団における業務の適正を確保するための体制」を決定すべきことを明らかにします。これは改正前と全く同じ内容です。違いは、具体的な例を掲げている点です。「当該株式会社の子会社の損失の危険の管理に関する規程その他の体制」など四項目ですが、これらはあくまで例示です。

◆法令改正によりグループ内部統制が変わったという誤解

誤解のその一です。「会社法改正で取締役の子会社管理に関する法的義務が変わった」というものですが、いかがでしょうか。藤田先生から明確に説明いただいたように、今回の会社法及び会社法施行規則の改正によって法的義務に変化が生じたわけではありません。

平成一三年の野村證券株主代表訴訟事件判決は、法人格が別だからという理由で、親会社の管理責任を明確に否定しました。確かに、この判決を出発点に考えると、法律で子会社管理についての決定を求めることが何かイレギュラーなことのような感じがします。だからこそ、こうした意見も出るのですが、第一に、地裁の判決の考え方はすでに現行法の解釈として受け入れがたいものであるとの考えを出発点にすると、イレギュラーでも何でもないこと、第二に、もともと、法律の委任を受けた規則で子会社管理についての決定を求めていたことを考えれば、今回の改正によって取締役の義務が変わったとはいえないということになります。

◆法令改正によりグループ内部統制が変わらないという誤解

誤解その二です。「当該株式会社並びにその親会社及び子会社から成る企業集団における業務の適正を確保するための体制を決定しろというのは改正前と同じだ。しかも新たに示された四項目は例示に過ぎない。そうであれば、今回、特に見直す必要はない！」というものです。これは一理あります。従来からグループ内部統制については決定すべき項目としては規定され、様々な内部統制を構築されていたと思います。しっかりそこで構築されていれば、今回、新たに何かを決議する必要もないということは間違いありません。

しかし、安心しないで下さい。会社の実態をよく考えて下さい。平成一八年から内部統制についてまったく改正していないという会社もあります。改正してもわずかだという会社もあります。しかし、子会社を巡るリスクは格段と大きくなっています。これは島岡さんからお話があったとおりです。この一年間でも、子会社の行為によって親会社やグループのレピュテーションが大きく傷ついた事例、競争法違反やＦＣＰＡ（米国の海外腐敗行為防止法）違反などで摘発され、巨額の訴訟費用がかかり、巨額の課徴金や罰金を支払ったという事例を嫌というほどご覧になっていると思います。ＦＣＰＡのように、子会社の違反行為でも一定の要件の下で親会社に対する刑罰を科すことを可能とする法制度もあります。海外の金融機関ですが、免許取り上げを突きつけられて一兆円近くを支払ったところもあります。子会社の管理体制を取り巻く状況は、平成二〇年とは大きく変わっています。

子会社の役割も大きく変わっています。単なる生産拠点からアジア地区の販売・営業の拠点となるなど、大きな変化が見られます。当然、統制の仕方も大きく変わることになります。

そもそも子会社管理体制の構築ですが、経営者の方は何よりも子会社で大きな不祥事があれば非常に問題視してきっちり管理しなければという強い意識を持ちます。経営者にとっては法的責任以前の経営責任の問題です。法的責任が変わらない、例示に過ぎないから変えないでよいといった消極的なものではないはずです。制度改正は見直しをする絶好の機会なのです。そのように考えている会社も多いということを認識下さい。

一所懸命やる会社が増えれば増えるほど、法的な意味での注意義務の水準も徐々に上がってくるということになりますので、そうのんびりした話ではないということです。訴訟現場を視野に入れると、最近は内部統制システム構築義務をきちんとやっていないということで訴えられるケースが増えています。その場合でも、内部統制システム構築義務違反で負けることはほとんどないわけですが、D&O保険（会社役員賠償責任保険）でカバーされる金額の損害賠償金を払って和解で終えるというケースもあるわけです。また、裁判を起こされた場合に、「うちはこれもやっています、うちはこれもやっています、これもやっています」と主張立証することによって、裁判をあっさり片づけるということも考える必要があります。「これもやっていないのか、あれもやっていないのか」と責められると、裁判も長引いて、役員のほうもフラストレーションがたまることになります。

こうしたことも視野に入れて、内部統制システムを作っておく必要があると思います。

バリエーションとして、「うちはJ－SOX対応にお金をかけたから十分だ」といった誤解をされる方もいます。先ほど佐々木さんにお話しいただいたように、J－SOXはあくまでも財務報告に関わる部分が中心です。COSOのキューブを思い出していただけば、財務報告に関する部分は正方形の立体のキューブの真ん中あたりに一本帯をかけたところでして、それ以外の部分が大きいということを思い起こされると思います。

◆法令と実務のギャップに係る誤解

最後に、誤解その三です。厳密には二つに分かれます。

一つ目は、「子会社の内部統制システムも親会社が決めなければならない」という誤解です。会社法施行規則は、「当該株式会社の子会社の取締役等の職務の執行が効率的に行われることを確保するための体制」といった規定の仕方をしていますが、この規定の一番の幹の部分が「当該株式会社の体制」ということ。要するに、「子会社の取締役の取締役等の職務の執行の効率性を確保するための」当該株式会社の体制を決めましょうということですから、各子会社の内部統制システムを親会社が決めろとはいっていないわけです。したがって、決めるのは子会社それぞれの内部統制システムというわけではないのです。

二つ目は、これとは逆です。「親会社は各子会社の内部統制システムを決めてはいけないのでは！」という誤解です。不思議な自由放任主義と言いますか、平成一四年の商法改正のときの解説の影響でしょうか、あるいは別個の法人であることを意識しすぎる結果でしょうか、議決権の行使を通じて子会社を管理することをグループ管理規定の骨格とする会社が多く見られます。しかし、先ほど申し上げた、事業展開がグローバル化する中で、リスク管理をきっちり行っていくということを考えると、子会社自体の内部統制システムに踏み込んでいくことが適切な場合も少なくありません。

島岡さんのお話に関連しますが、企業グループの中には、一〇〇％子会社には親会社が策定した内部統制システムをそのまま採用させる、海外子会社についても原則としてそのようにするが協議して現地の事情を加味することを認める、少数株主のいる子会社には強制はしないが強く要請する、といったグループもあります。親会社は子会社の内部統制システムを決める法的義務はないが、決めるのが適切な場合もあるということです。

ここまで話しますと、上場子会社をどうするかと思われるかもしれません。よく質問を受けるところです。この点、先ほど島岡さんから有益なご指摘をいただきました。「親会社が上場子会社の内部統制システムの決定に関わるというと、すぐに少数株主との利益相反を問題視する人もいるが、そうであろうか。内部統制は共通の目標である、したがって、親会社が上場子会社とその内部統制システムのあり方について協議することはおかしなことではない」というご指摘です。大変参考になるお話で、上場子会社であっても共通の目標に向けて堂々と協議してよいシステムを構築することが、双方の株主にとって重要なことと思います。

内部統制システムの運用状況も、事業報告に記載することが求められるようになります。運用状況を検証するということは、毎年システムを見直していくということです。これまでシステムのあり方を見直してこなかった会社には、見直しのよい機会です。ぜひ真剣に子会社管理システムを検証いただき、見直していただければと思います。

【3章注】

1　法制審議会会社法制部会第20回会議（平成24年5月16日開催）議事録（藤田友敬幹事発言）

2　「会社法の改正に伴う会社更生法施行令及び会社法施行規則等の改正に関する意見募集の結果について」回答第3の2（9）②（23頁）

3　前掲注2回答第3の2（11）①（36頁）

4　前掲注2回答第3の2（11）③（36頁）

第4章 コーポレートガバナンス・コードへの対応

本章は、二〇一五年三月二四日に開催された、森・濱田松本法律事務所主催セミナー「コーポレートガバナンス・コードへの対応」のプレゼンテーション・パネルディスカッションに基づくものである。

1 制度概要と動向……石井裕介（森・濱田松本法律事務所）

◆コーポレートガバナンス・コードの概要

コーポレートガバナンス・コードについて、その概要からご説明します。

二〇一五年三月五日に公表された、コーポレートガバナンス・コード原案によれば、コーポレートガバナンス・コードとは、一言でいえば、「我が国の上場会社における実効的なコーポレートガバナンスの実現に資する主要な原則をとりまとめたもの」と説明されています。

このコーポレートガバナンス・コードは、二〇一四年六月に閣議決定された「『日本再興戦略』改訂2014」において策定が決定され、我が国の成長戦略の一環として、各企業のコーポレートガバナンスの向上を通じて会社、投資家、ひいては経済全体の発展に寄与することを企図したものとされています。

コードは、五つの基本原則＋三〇の原則＋三八の補充原則で構成されており、コードの適用対象となる上場会社には、原則として、これら計七三項目のすべてについて、何らかの対応が求められることになります。

◆コーポレートガバナンス・コードの適用対象と適用時期

次に、コーポレートガバナンス・コードの適用対象と適用時期について説明します。なお、ここからの説明は、東京証券取引所「コーポレートガバナンス・コードの策定に伴う上場制度の整備について」（二〇一五年二月二四日）及び、「『コーポレート・ガバナンスに関する報告書』の様式及び記載要領並びに『独立役員の確保に関する実務上の留意事項』の改訂（案）について」（二〇一五年三月一一日）に基づくものです。

コーポレートガバナンス・コードの適用対象となる上場会社とは、東京証券取引所の上場会社すべてです。よって、本則市場（市場第一部・第二部）、マザーズ市場及びJASDAQ市場へ上場する会社に適用されます。

この「適用」の具体的な意味ですが、コードの適用対象となる会社には、コードの諸原則（基本原則、原則、補充原則）の趣旨・精神を尊重する努力義務が課され、かつ、諸原則の一部を実施しない場合には、コーポレートガバナンス報告書においてその理由を説明する義務が課されます。いわゆる、Comply or Explain（コンプライ・オア・エクスプレイン）という仕組みです。

ただし、マザーズ市場及びＪＡＳＤＡＱ市場への上場会社については、コードのすべての原則の趣旨・精神を尊重する努力義務が課されるものの、原則を実施しない場合にエクスプレインの義務が課される対象は、五つの「基本原則」のみに限定されています。

コードの適用時期ですが、コードそのもの及びコードに基づく取引所規則は、二〇一五年六月一日から適用されます。

なお、コード及び取引所規則が適用される結果、各社においてコーポレートガバナンス・コードに対応したコーポレートガバナンス報告書の作成及び提出が必要となりますので、この報告書の提出時期についても説明します。

通常、コーポレートガバナンス報告書は、定時株主総会後、遅滞なく提出することが求められますが、コーポレートガバナンス・コードに関連する部分については、特別な取り扱いが認められています。

まず、適用開始初年度である二〇一五年については、二〇一五年六月一日以後最初に開催される定時株主総会の日後、準備ができ次第速やかに提出することとし、遅くとも、二〇一五年六月一日以後最初に開催される定時株主総会の日の六カ月後までに提出すれば足りることとされています。

また、その後に提出するコーポレートガバナンス報告書についても、コーポレートガバナンス・コードに関連する部分の記載内容に変更が生じた場合、変更が生じた後最初に到来する定時株主総会の日以後に遅滞なく一括して記載内容を更新することが可能です。

◆コーポレートガバナンス・コードの基本概念

次に、コーポレートガバナンス・コードの基本概念である、プリンシプルベース・アプローチとコンプライ・オア・エクスプレインについて説明します。

まず、プリンシプルベース・アプローチです。コーポレートガバナンス・コードは、各用語の定義等が明確に規定されている法律と異なり、コードの諸原則において用いられる種々の文言・用語について明確な定義は存在せず、プリンシプルの趣旨・精神に照らした適切な判断が各社に求められます。

例えば、コードの諸原則の中には、「株主総会において可決には至ったものの相当数の反対票が投じられた会社提案議案」があったと認める場合に、その原因分析や対応の要否の検討を行うことを求めるもの（補充原則1－1①）や、少なくとも二名以上の「独立社外取締役」の選任を求めるもの（原則4－8）が含まれていますが、この「相当数」とは具体的に何パーセントなの

資料4-1

コーポレートガバナンス・コードへの対応

■特定の事項の開示が求められる事項

- ▶政策保有株式として保有する上場株式の政策保有に関する方針・政策保有株式に係る議決権の行使について適切な対応を確保するための基準（原則1-4）
- ▶役員や主要株主等との取引（関連当事者間の取引）に係る、適切な手続の枠組み（原則1-7）
- ▶会社の目指すところ（経営理念等）や経営戦略、経営計画（原則3-1（i））
- ▶コード（原案のそれぞれの原則を踏まえた、コーポレートガバナンスに関する基本的な考え方と基本方針（原則3-1（ii））
- ▶経営陣幹部・取締役の報酬決定方針と手続（原則3-1（iii））
- ▶経営陣幹部の選任と取締役・監査役候補の指名に係る方針と手続（原則3-1（iv））
- ▶経営陣幹部と取締役・監査役候補の個々の選任・指名についての説明（原則3-1（v））

かや、「独立社外取締役」の要件としてどこまでの独立性が求められるのかについては、コードの中には規定されておらず、各社が自主的に判断しなければなりません。

次に、コンプライ・オア・エクスプレインです。コーポレートガバナンス・コードの諸原則については、全体として、その趣旨・精神を尊重する努力義務が課されますが、諸原則の内容を実施することまでは義務づけられておらず、実施しない場合には、その理由を説明、すなわちエクスプレインすることで足りるとされています。

この結果、コードの諸原則にコンプライする場合、コンプライするために特定の事項の開示が求められる一部の項目を除き、それ以上の特段の対応（コンプライの状況の開示）は必須ではありませんが、コンプライしない場合、コーポレートガバナンス報告書における理由の説明（エクスプレイン）が求められます。

この、「コンプライするために特定の事項の開示が求められる項目」は、資料4－1及び資料4－2のとおりです。コーポレートガバナンス・コードへの対応を検討する際には、まず、これら

資料4-2

コーポレートガバナンス・コードへの対応

■特定の事項の開示が求められる事項

- ▶取締役会から経営陣に対する委任の範囲の概要（補充原則4-1①）
- ▶独立社外取締役を3分の1以上とする自主的取組みの方針（原則4-8）
- ▶独立社外取締役の独立性判断基準（原則4-9）
- ▶取締役会の全体としての知識・経験・能力のバランス、多様性及び規模に関する考え方（補充原則4-11①）
- ▶取締役・監査役の他の上場会社の役員との兼任状況（補充原則4-11②）
- ▶取締役会全体の実効性についての分析・評価結果の概要（補充原則4-11③）
- ▶取締役・監査役に対するトレーニングの方針（補充原則4-14②）
- ▶株主との建設的な対話を促進するための体制整備・取組みに関する方針（原則5-1）

開示が求められる項目について、どのような方針を策定し、開示していくかを検討することが重要になります。

◆コンプライまたはエクスプレインの具体的な方法

次に、コードの諸原則にコンプライする場合に求められる具体的対応について説明します。

コードの諸原則のうち、コンプライするために特定の事項の開示が求められる項目については、コーポレートガバナンス報告書において、開示を行う原則を項番等により具体的に特定したうえで、項目ごとに具体的内容を開示することになります。

この「開示すべき」とされる事項の内容は、コーポレートガバナンス報告書に直接記載する方法のほか、有価証券報告書、アニュアルレポート又は自社のウェブサイト等の広く一般に公開される手段により該当する内容を開示している場合に、その内容を参照すべき旨と閲覧方法（ウェブサイトのURLなど）を記載する方法でも差し支えありません。

なお、特定の事項を開示すべきとする原則以外の原則の実施状況

（「説明を行うべき」とされている原則の実施状況など）をコーポレートガバナンス報告書に記載することも可能です。

次に、コードの諸原則にコンプライせずに、エクスプレインをする場合に求められる具体的対応についてご説明します。

エクスプレイン、すなわち、実施しない理由の説明は、コードの諸原則のうち、実施しない原則を、項番等により具体的に特定したうえで、どの原則に関する説明であるかを明示してコーポレートガバナンス報告書に記載する必要があります。なお、コンプライの場合と異なり、他の開示書類等において、コードの各原則を実施しない理由を記載している場合であっても、実施しない理由を必ずコーポレートガバナンス報告書にも記載しなければなりません。

実施しない理由としては、自社の個別事情としての実施しない理由に限定されず、今後の取り組み予定・実施時期の目途がある場合はそれらを記載することなどが考えられると説明されています。また、実施しない理由の説明が必要となる各原則について、すべてを実施している場合には、その旨を記載することになります。

◆コードの諸原則のうち、特に重要なもの

ここからは、コードの諸原則のうち、この後のパネルディスカッションにおいて議論するもののいくつかについて、その概要を説明します。まずは、政策保有株式に関する事項（原則1－

4）です。

政策保有株式については、現在の有価証券報告書においても、①保有区分（特定投資株式及びみなし保有株式）、②銘柄、③株式数、④貸借対照表計上額、⑤保有目的が開示されています。

これに対し、コードでは、政策保有株式について以下のことが求められています。

①　政策保有に関する方針及び政策保有株式に係る議決権の行使について、適切な対応を確保するための基準を策定・開示すること

②　毎年、取締役会で主要な政策保有についてそのリターンとリスクなどを踏まえた中長期的な経済合理性や将来の見通しを検証し、これを反映した保有のねらい・合理性について具体的な説明を行うこと

次に、関連当事者間の取引に係る適切な手続の枠組み（原則1－7）です。

コードでは、上場会社がその役員や主要株主等との取引（関連当事者間の取引）を行う場合には、そうした取引が会社や株主共同の利益を害する、または、その懸念を惹起することのないよう、あらかじめ、取引の重要性やその性質に応じた適切な手続を取締役会で定めてその枠組みを開示するとともに、その手続を踏まえた監視（取引の承認を含む）を行うことが求められています。

なお、二〇一五年五月一日より施行される改正会社法施行規則118条5号では、子会社の事業報告における記載事項として、親会社等との間の取引をするに当たり、「当該株式会社の利益

資料4-3

情報開示の充実

■コードの規定内容

【原則3-1】
上場会社は、法令に基づく開示を適切に行うことに加え、会社の意思決定の透明性・公正性を確保し、実効的なコーポレートガバナンスを実現するとの観点から、(本コード(原案)の各原則において開示を求めている事項のほか、)以下の事項について開示し、主体的な情報発信を行うべきである。
(ⅰ)会社の目指すところ(経営理念等)や経営戦略、経営計画
(ⅱ)本コード(原案)のそれぞれの原則を踏まえた、コーポレートガバナンスに関する基本的な考え方と基本方針
(ⅲ)取締役会が経営陣幹部・取締役の報酬を決定するに当たっての方針と手続
(ⅳ)取締役会が経営陣幹部の選任と取締役・監査役候補の指名を行うに当たっての方針と手続
(ⅴ)取締役会が上記(ⅳ)を踏まえて経営陣幹部の選任と取締役・監査役候補の指名を行う際の、個々の選任・指名についての説明

【補充原則4-11①】
取締役会は、取締役会の全体としての知識・経験・能力のバランス、多様性及び規模に対する考え方を定め、取締役の選任に関する方針・手続と併せて開示すべきである。

を害さないように留意した事項」等を開示することが求められています。

次に、情報開示の充実(原則3−1)です。資料4−3のとおり、ここでは、様々な内容の開示が求められていますが、特に、経営陣幹部・取締役の報酬を決定するに当たっての方針と手続、及び、経営陣幹部の選任と取締役・監査役候補の指名を行うに当たっての方針と手続に加えて、経営陣幹部の選任と取締役・監査役候補の指名を行う際の、個々の選任・指名についての説明が求められている点に留意が必要です。

現在の株主総会の招集通知では、特に社内の取締役・監査役について、個々の選任・指名についての説明は記載されていない例が多いと思われます。今回説明の記載が求められているのが招集通知ではなくコーポレートガバナンス報告書であるとはいえ、外部への開示資料に記載されることとなる以上、

個々の選任・指名についての説明を招集通知にも記載せよという株主からの要請が強まることも予想され、今後の株主総会実務にも影響を与えそうです。

次に、独立社外取締役の選任（原則4−8、原則4−9）です。コードでは、上場会社に対し、独立社外取締役を少なくとも二名以上選任することを求めるとともに、この「独立社外取締役」の要件について、各社において独立性判断基準を策定のうえ、開示することを求めています。

この独立性判断基準については、金融商品取引所が定める独立役員の独立性基準を踏まえて決定することが求められていますが、この基準を超えて、例えば、主要な取引先の基準としてどのような数値基準を設定するかなどが検討ポイントとなります。

各社において設定された基準は、当該会社における現在及び今後の独立社外取締役候補者が当然満たしているべき基準となりますので、将来の社外取締役候補者選びに与える影響も考慮のうえ、どこまでの基準を設定するかは各社の考え方次第と思われます。

次の項目は、株主との建設的な対話に関する方針（原則5−1）です。資料4−4のとおり、コードは、取締役会に、株主との建設的な対話を促進するための体制整備・取り組みに関する方針を検討・承認し、開示することを求めています。この方針には、株主との対話全般を統括する経営陣または取締役を指定することや、対話を補助する社内のIR担当、経営企画、総務、財務、経理、法務部門等の有機的な連携のための方策、対話において把握された株主の意見・懸念の経営陣幹部や取締役会に対する適切かつ効果的なフィードバックのための方策等が含まれてい

資料4-4

株主との建設的な対話に関する方針

【原則5-1】
上場会社は、株主からの対話（面談）の申込みに対しては、会社の持続的な成長と中長期的な企業価値の向上に資するよう、合理的な範囲で前向きに対応すべきである。取締役会は、株主との建設的な対話を促進するための体制整備・取組みに関する方針を検討・承認し、開示すべきである。

【補充原則】
5-1① 株主との実際の対話（面談）の対応者については、株主の希望と面談の主な関心事項も踏まえた上で、合理的な範囲で、経営陣幹部または取締役（社外取締役を含む）が面談に臨むことを基本とすべきである。
5-1② 株主との建設的な対話を促進するための方針には、少なくとも以下の点を記載すべきである。
（ｉ）株主との対話全般について、下記（ii）～（ｖ）に記載する事項を含めその統括を行い、建設的な対話が実現するように目配りを行う経営陣または取締役の指定
（ii）対話を補助する社内のIR担当、経営企画、総務、財務、経理、法務部門等の有機的な連携のための方策
（iii）個別面談以外の対話の手段（例えば、投資家説明会やIR活動）の充実に関する取組み
（iv）対話において把握された株主の意見・懸念の経営陣幹部や取締役会に対する適切かつ効果的なフィードバックのための方策
（ｖ）対話に際してのインサイダー情報の管理に関する方策
5-1③ 上場会社は、必要に応じ、自らの株主構造の把握に努めるべきであり、株主も、こうした把握作業にできる限り協力することが望ましい。

資料4-5

コーポレートガバナンス・コードへの対応

■その他対応を求められる主な事項

▶招集通知の早期発送、発送前の電子的公表（補充原則1-2②）
▶議決権の電子行使を可能とするための環境作りや招集通知の英訳（補充原則1-2④）
▶信託銀行等の名義で株式を保有する機関投資家等が株主総会における議決権行使を希望した場合に対応するための検討（補充原則1-2⑤）
▶資本政策の基本的な方針についての説明（原則1-3）
▶外部会計監査人の選定・評価基準の策定等（補充原則3-2①）
▶外部会計監査人監査の実効性確保のための取組み（補充原則3-2②）
▶最高経営責任者等の後継者の計画（プランニング）の適切な監督（補充原則4-1③）
▶業績連動型報酬、自社株報酬の割合を適切に設定（補充原則4-2①）
▶独立社外者のみを構成員とする会合の開催等（補充原則4-8①）
▶筆頭独立社外取締役の決定等（補充原則4-8②）

なければなりません。

また、上場会社は、必要に応じ、自らの株主構造の把握に努めるべきであり、株主も、こうした把握作業にできる限り協力することが望ましいとされています。

その他、詳細のご説明はできませんが、コードにおいて各社が対応を求められる主な事項を、資料4－5にまとめています。

特に、招集通知の早期発送や発送前の電子的公表（補充原則1－2②）、議決権の電子行使を可能とするための環境作りや招集通知の英訳（補充原則1－2④）、信託銀行等の名義で株式を保有する機関投資家等が株主総会における議決権行使を希望した場合に対応するための検討（補充原則1－2⑤）などは、コードが施行された後に開催される二〇一五年六月総会における株主総会実務にも影響し得るものであり、かつ、同総会後に提出することとなるコーポレートガバナンス報告書における対応方針、説明内容との平仄にも注意する必要がある項目になります。

2 パネルディスカッション

司会：

内田修平（森・濱田松本法律事務所弁護士）

パネリスト：

神作裕之（東京大学大学院法学政治学研究科教授）……法制審議会会社法制部会幹事。コーポレートガバナンス・コードに先立って平成二六年二月に公表された日本版スチュワードシップ・コードの策定に当たっては、有識者検討会の座長を務めた。

静正樹（東京証券取引所取締役常務執行役員）……法制審議会会社法制部会委員を務めるなど、コーポレートガバナンスに関する近時の制度改正の全般に関与。コーポレートガバナンス・コードの策定に関する有識者会議において共同事務局の立場で会議に臨席するなど、コード策定のプロセスに深く関与。

寺下史郎（アイ・アール ジャパン代表取締役社長・ＣＥＯ）……アイ・アール ジャパンは敵対的買収防衛に関する日本最大のコンサルティング会社。経済産業省の企業価値研究会やコーポレート・ガバナンスシステムの在り方に関する研究会委員。

◈コーポレートガバナンス・コード導入の背景・意義

内田　パネルディスカッションの司会を務めます、弁護士の内田修平です。今回はパネリストとして三名の方をお迎えしております。それぞれのお立場での豊富なご経験を踏まえたご意見を伺いたいと考えております。また、森・濱田松本法律事務所の石綿学弁護士と石井裕介弁護士も登壇させていただいております。

資料4-6

コーポレートガバナンス・コード導入の背景・意義

■成長戦略（第三の矢）とコーポレートガバナンス・コード

▶2014年5月　自由民主党「日本再生ビジョン」

▶2014年6月　「日本再興戦略」改訂2014

第一　総論

II．改訂戦略における鍵となる施策

1．日本の「稼ぐ力」を取り戻す

(1)「企業が変わる」

〈中略〉

（コーポレートガバナンスの強化）

日本企業の「稼ぐ力」、すなわち中長期的な収益性・生産性を高め、その果実を広く国民（家計）に均てんさせるには何が必要か。まずは、コーポレートガバナンスの強化により、経営者のマインドを変革し、グローバル水準のROEの達成等を一つの目安に、グローバル競争に打ち勝つ攻めの経営判断を後押しする仕組みを強化していくことが重要である。特に、数年ぶりの好決算を実現した企業については、内部留保を貯め込むのではなく、新規の設備投資や、大胆な事業再編、M&Aなどに積極的に活用していくことが期待される。

それでは、資料4－6「コーポレートガバナンス・コード導入の背景・意義」をご覧いただきたいと思います。最初の質問は、神作先生にお伺いします。

コーポレートガバナンス・コードは、成長戦略のいわゆる第三の矢という位置付けで策定されたものであり、コーポレートガバナンスの意義に関しても、ある意味で特徴的な定義がされています。

コーポレートガバナンス・コードにおけるコーポレートガバナンスの定義を資料4－7に記載していますが、こちらをご覧いただくと、会社が様々なステークホルダーの立場を踏まえたうえで、透明・公正・迅速・果断な意思決定を行うための仕組みという定義をしているわけです。

また、規範の性質としては、プリンシプルベース・アプローチやコンプライ・オア・エクスプレインといった新しい手法が採り入れられているという特徴があります。

これらの点を中心に、神作先生から、コードの意義に

資料4-7

コーポレートガバナンス・コード導入の背景・意義

■コーポレートガバナンス・コードの特徴
- ▶プリンシプルベース・アプローチ
- ▶コンプライ・オア・エクスプレイン

■コーポレートガバナンスの意義
- ▶コーポレートガバナンス・コードにおける定義

> **コーポレートガバナンスは、会社が、株主をはじめ顧客・従業員・地域社会等の立場を踏まえた上で、透明・公正かつ迅速・果断な意思決定を行うための仕組みである。コーポレートガバナンスに関する基本的な考え方を諸原則の形で取りまとめることは、持続的な企業価値向上のための自律的な対応を促すことを通じ、企業、投資家、ひいては経済全体にも寄与するものと考えられる。**

- ▶「日本再興戦略」改訂2014（第二一1.（3）「新たに講ずべき具体的施策」）とほぼ同様の定義（変更点は「企業」⇒「会社」のみ）

ついてご意見をいただければと存じます。

神作　二〇一五年三月五日に、コーポレートガバナンス・コードの原案が確定したところですが、本コードの目的は、内田先生から指摘がありましたように、成長戦略の一環として、「それぞれの会社において持続的な成長と中長期的な企業価値の向上のための自律的な対応が図られることを通じて、会社、投資家、ひいては経済全体の発展にも寄与すること」が目指されています。このように、ガバナンス・コードが、企業価値の向上および経済全体の発展、さらにはイノベーションの促進に結びつくという前提が置かれていると考えられます。しかし、そもそもよいコーポレートガバナンス・コードがイノベーションの革新や企業価値の向上、経済の成長などに結びつくことは、部分的には実証されているとしても、必ずしも一般的には証明されていないと考えられます。それにもかかわらず、現在、日本のみならず、一〇〇を超える国や地域でコーポレートガバナンス・コードやコーポレートガバナンス原則が策定されているのは、それらによって、よいコーポレートガバナンスをもたらすことが、その国の経済の発展やイノベーションの促進といったようなことに結びつくだろうと多くの人が信じているということだと思います。

また、コーポレートガバナンス・コードの特徴であるコンプライ・オア・エクスプレインやプリンシプル・ベースの考え方も、市場関係者がより適切なコミュニケーションを行うことによってよいコーポレートガバナンスが生み出されてくるという前提になっています。このこともまた必ずしも証明されているわけではないとは思いますが、多くの人がそのような信念をもっているということだと思います。

要するに、市場関係者がよいコミュニケーションを取れば、よいコーポレートガバナンスがもたらされるのではないか、そしてよいガバナンスが実現すれば、企業価値の向上や経済成長がもたらされるのではないか、という二つの信念に基づいて、コーポレートガバナンス・コードが世界の多くの国・地域で策定されているのだと思われます。その意味では、日本ではたまたま成長戦略と結びついており、その点が強調されていますが、グローバルな観点から見て、決して特殊な政策や考え方ではないと思います。

コーポレートガバナンス・コードの大きな特徴は、コンプライ・オア・エクスプレインとも密接に関わるのですが、コードに掲げられた規範がベストプラクティスを表すという想定の下で作られている点です。しかし、それは決して固定的なものではありません。したがって、それから逸脱することも可能であり、その場合には説明をすることによって市場関係者からの評価を受け、場合によってはコード自身が改訂されてさらなるベストプラクティスがもたらされることがあり得るということです。

つまり、コーポレートガバナンス・コードの特徴は、よりよい規範の形成に向けて、規範自体が成長していく可能性を内在している柔軟かつ発展的な規範であるという点にあります。しかし、それが本当に機能するかどうかは、実務に委ねられています。つまり、立法によるハードローのように、いったん作ってしまうと、少なくとも規範としては、閉じられたリジッドな規範が形成されるというわけではない点が、コーポレートガバナンス・コードが日本のみならずグローバルな観点からも多くの支持を集めている一つの大きな理由であると思われます。

もう一つ、市場関係者がよりよいコミュニケーションを取ればよいコーポレートガバナンスがもたらされ得るということも、一つの信念かもしれませんが、そのような考え方自体を否定する人はあまりいないのではないかと思います。やはり、多くの人が見て、発言をして、コミュニケーションをよりよく取っていけば、よりよいコーポレートガバナンスがもたらされ得るのではないかという考え方自体は、それが実現するかどうかは別として、否定することは容易ではないという側面をもっており、このことも、コーポレートガバナンス・コードの普及の大きな原因であると考えられます。

以上、コーポレートガバナンス・コードの基本的な考え方をまとめると、まずはプリンシプル・

ベースでベストプラクティスを想定し、それに向けて各社は努力するが、それから逸脱することも許容されており、そのような場合には説明することによりガバナンスについての透明性を高め、市場関係者等の評価やコミュニケーションを通じてガバナンスの質を高めるということであると思います。

コーポレートガバナンスというのは、会社ごとに相当に異なるようであり、その実態が必ずしもよくわからない世界なので、まずはそれを「見える化」し透明化していく点にコーポレートガバナンス・コード、特にコンプライ・オア・エクスプレインの大きな意義があると考えられます。

よいコーポレートガバナンスがもたらされれば企業価値が向上し、イノベーションが促進され国全体の経済に資するということは、国あるいは規制当局にとっても望ましい政策的な目的です。また、取引所の観点からも、よいガバナンスが定着しその国の企業が発展していけば、資本市場として世界の中でプレゼンスを高めることができ、機関投資家をはじめ投資家の立場からも望ましいことです。このように、非常に多くのプレーヤー自身が、コーポレートガバナンス・コードの究極的な目的自体には反対するものではなく、前述したようにそれを実現しようとする基本的な手法および考え方自体にも首肯できる部分が多いと思います。おそらく、このような理由からコーポレートガバナンス・コードは、世界各国で急速な勢いで広がっているといえるのではないかと思われます。

もっとも、繰り返しになりますが、本当に想定どおりにワークするかどうかは、実践に委ねられることになり、コーポレートガバナンス・コードが策定されて形式的な運用がなされたから、当然に成果が生じるというわけではないことは、申すまでもありません。

◆東証の基本スタンス

内田　静様にお伺いします。コードの策定に当たり、東証として特に意識された内容や、コードの実施（エンフォースメント）にあたっての東証のスタンスをご説明いただけますか。

静　初めに三点ほど申し上げたいと思います。

一つ目は、実は「コーポレートガバナンス・コード」というのは耳新しい言葉ですが、東証では一五年ぐらい前からそれを作ろうとチャレンジし続けていた課題です。今回は、政府の後押しもありようやく実現したということで、私どもとしては非常に感慨深いものがありますが、なぜ今、コードができたのかということを少し考えていこうと思います。

単純にいうと、それは経済界が受け入れたからです。一五年かかってようやく受け入れた理由は、資料4－6（二四六ページ）では「稼ぐ力」というキーワードがありますが、「攻めのガバナンス」という言葉です。

「攻めのガバナンス」とは何か。一つは、資料4－7（二四七ページ）の「コーポレートガバナンスの意義」という枠で囲ったところをご覧いただきたいのですが、ここで、株主だけではなく、株主をはじめとするステークホルダーの立場を踏まえろといっています。そのうえで、透明・公正なだけではなく、迅速・果断な意思決定ができるように経営陣を後押しするのだということが書いてあります。

その結果、ここにはありませんが、短期的な業績や株価の上昇をもたらすのではなくて、持続的な成長と中長期的な企業価値の向上をもたらすというのが「攻めのガバナンス」の考え方です。

経営者の中には「ガバナンス」あるいは「株主」というと「どうせ短期で儲けることしか頭にない連中が何かいっているな」というように誤解される方も少なくないと思います。しかし実は、例えば私どもは今、上場会社向けの説明会で六〇〇〇人から七〇〇〇人ぐらいの方に、コードについていろいろな説明をしているのですが、このコードの序文だけでもご覧になれば、そのような話でもないと思っていただけると思います。あるいは、序文の中でも項番の6番から12番ぐらいまでだけでも眺めていただければ、経営者の方々の誤解もだいぶ解けるのではないかと思うのです。

問題は、事務局の皆さんが、いくら「ああ、自分は読んでわかった」ということになっても、経営陣や取締役会の人たちに理解を深めていただかなければ、実は、コードはあまり効果を期待できないところにあります。効果が現われないとどうなるかというと、私は、おそらく法律による義務付けが待っていると考えております。

そういうわけで、普通、事務局の人が役員に「少し読んでみろ」とはいいにくい話なのですが、社長以下の経営陣の方はもちろん、社外役員も含め、少なくとも「役員」という名前が付いている方は、まず序文だけでもご自身でお読みになるようお勧めいただければありがたいと思っております。読んでみると、日本企業で経営に携わった方であればほとんどが「けっこう、共感できるな」と思う内容だと思います。これが一つ目です。

二つ目に、コードは、私どもが普段慣れているルール・ベースの規制とはまったく違うものだということです。「プリンシプル・ベース」という話を少しさせていただきます。

私どもが慣れ親しんでいるルール・ベースの規制は、違反をすると制裁が待っています。交通事故などのときに出てくる、民事制裁、刑事制裁、行政罰などです。このような制裁がたくさん待っている、いってみれば、法的な強制力を伴う規範です。

上場ルールも同様で、違反すると最後には上場廃止を含む措置の対象になる。これも一般的にはルール・ベースの規範ということになります。

ルールの場合にはそのような制裁が待っているため、予見可能性を高める必要があるということで、あらかじめ何をしていいのか、何をしてはいけないのかをかなり細かく明確に決めます。したがって、細かい規則という意味で細則主義という言い方をするわけですが、我々は、そのような決め方に、非常に慣れています。逆にいうと、形の上だけルールに引っかからないようにしておけば、実質的には規制の目的を逸脱するような行為をやっても、なかなか制裁の対象にはならないのも事実です。

一方、プリンシプル・ベースの規制はまったく違います。違反してもなんの制裁もありません。

違反したければすればいいのです。そのような意味では、法的な強制力はないという規範なのですが、その代わり、いわゆる市場、株主・投資者をはじめとする市場関係者の評価が落ちて企業活動に支障を来すというような形で、いわば法的ではなくて社会的な制裁、つまり事実上の強制力によって守られている規範です。よく知られている言葉でいえば、「紳士協定」です。紳士協定なので、守らなければ白い目で見られる。しかし、別に罰則が科されるわけではないということです。

強制力がないということは、逆にいうと、制裁を受ける人の予見可能性を高める必要もありません。経典のように抽象的なことが沢山書いてあるため、原則主義だという言い方もされるわけです。原則主義なので、形の上でプリンシプル、つまり原則に抵触しているかどうかは外から見てもなかなかわからないことも多いです。あの人が本当に違反しているかどうかは、本人しかわからないことも少なくありませんし、そのように形式的なことよりも、実質的に規制の目的を逸脱していないかどうかを世間に問われるというようなところがあるのです。ここが非常に違うのだということを二つ目に理解していただきたい。

三つ目に、プリンシプル・ベースになったときに、一番戸惑いそうなことについて申し上げたいと思います。一番違うことは、この原則はどう解釈したらいいのかを教えてくれる人が世界に一人もいないということです。ルールであれば、たいていは有権解釈というものがあり、行政当局が「こうやればいいよ」というようなことを教えてくれたり、それが違っていると裁判所で直されたりすることになるわけですが、そのようなことをしてくれる人が世界のどこにもいないということです。

では、誰がその意味を解釈するかというと、会社の判断です。会社が判断し、株主や投資家がそれを評価するということで、その評価に委ねられてしまっているわけです。この辺りが、プリンシプル・ベースの一番わかりにくいところです。

最後に付け加えておきたいことが、コードはプリンシプル・ベースですので法的な強制力はありませんが、先ほど内田先生から問題提起がありました、取引所はどうやってエンフォースメント、強制するのかということも問題になるということです。その理由は、実はコンプライ・オア・エクスプレインという仕組みを採り入れるからなのですが、この点については、後ほど説明させていただきます。

◆コードの実務上の意義

内田　寺下様、コードの実務上の意義について、お考えをお聞かせください。

寺下　まず、このコードの導入には、正直なところ、私自身が非常に驚いています。前々からこのようなことは起こるだろうという話はしていましたが、上場企業の皆さんには、かなり具体的な内容として一つひとつの行動定義が書かれていますので、一体、それをどの程度までやればいいのかということが非常に実務上の問題になるだろうと思います。

もう一点が、日本は、もうIR（インベスター・リレーションズ）においては、世界で最も進んだ国の一つになっているわけですが、それをして、なぜ、今ここにこれが出てきているのかということです。おそらく皆さんの中にも相当な戸惑いがあるのではないかと思います。「では、うちのIRでいったい何が悪いのだ」「このコードとどこが違うのだ」というところが、おそらく出てくると思うのです。

このあたりも、かなり今までとは違っていますが、一ついえることは、おそらく今までの概念は全部、取り外さなければ危ないというのが私の感想です。

何を外さなければいけないのかは、コーポレートガバナンスの一ページに「会社が、株主をはじめ」と書いてあります。これは「投資家」と書いていません。コードの中は、「株主をはじめ」と、もう全面的にすべての統一用語は「株主」という言葉になっています。

もちろん、今、静さんがいわれたように、全体のステークホルダーは会社ごとで考えるのですが、ここまで「株主」を強調して一つの主体と考えた場合、一体、企業側としては、どのように対応しなければいけないのでしょうか。今までのIR、いわゆる投資家と株主とは、一体どう違うのだろうかというところが、私自身も相当自問自答しているところがあり、おそらく多くの方が悩まれるのではないかと思います。

そこで一つの考え方を示すと、もう十何年も前のことですが、石綿先生や神作先生も出られていた企業価値研究会で、企業価値とは一体何だという話をしたことがあります。そのときに、結局、企業価値研究会で決めたことは、ここにある「株主共同の利益の確保」だということでした。やはり「株主共同の利益」が企業価値とは非常に密接な関わり合いがあって、それはまさに神作先生がいわれたように、世界的に見ても、株主という側面から「共同の利益」という概念を外すような考え方と企業価値はまったく相反するものではないところが、かなり気を付けなければいけないところです。

翻って、今、日本において株主のあり方は一体どうなのか。いろいろなセクションにも分かれていますし、これから整理しなければいけないものもかなり出てくるのではないかなと思います。このあたりは、まさに静さんがいわれたように、エンフォースメントではないということなので、皆さんが積極的に柔軟に対応していくことになるのではないかなと考えている次第です。

◆東証における上場制度の整備の内容

内田　静様に、東証における上場制度の整備の内容についてお伺いします。資料4－8に東証が作成した図を転記しましたので、こちらも参照いただけますでしょうか。

静　今回、上場ルールの中では何をやるのかということですが、コードを上場ルールの一部に取り込むというか、別添として付けるというようにご理解ください。

そのうえで、コードに書かれている七三の原則のうち一つでも自分の会社はそれと違うことをやるというところがあれば、その会社には、その理由を説明する義務を課すというのが上場ルー

資料4-8

東証における上場制度の整備（コーポレートガバナンス報告書）

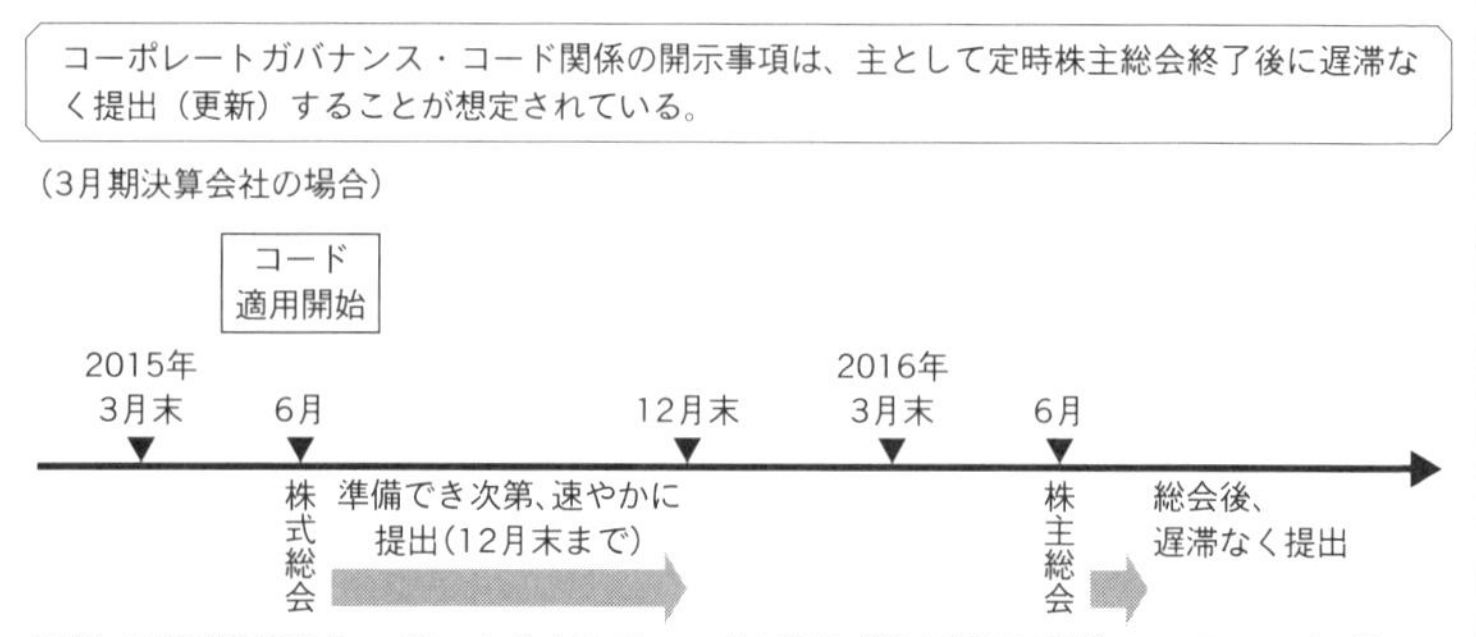

（出典）東京証券取引所「コーポレートガバナンス・コードの策定に伴う上場制度の整備について」2015年2月24日

ルの改正の中身です。これが、コンプライ・オア・エクスプレインです。

七三の原則をそのまま受け入れますという会社はエクスプレインは必要ありませんから「私は、オール・コンプライです」といっていただければよいということです。

理由の説明については、コーポレートガバナンス報告書の中に理由の記載欄を作りますので、そこに書いていただくことになります。ですから、一〇個、自分は違うことをやるのであれば、一〇の理由を書くことが基本になっているということです。同じ理由である場合もありますから、必ずしも一〇になるとは限らないかもしれませんが、基本はそのような仕組みです。

次に、報告書はいつ出すのかということですが、毎年、定時総会が終わった後に、総会で決まった新体制を踏まえて更新していただく仕組みで、適用初年度は大変だろうと思います。今回の制度改正は二〇一五年六月一日適用開始ですが、六月一日以降に開催される総会については、総会が終わった後に、実施していないコードの原則があった場合には、その理由の説明をガバナンス報告書に書いて出していただくことになります。

通常であれば、総会の後、すぐに報告書を出していただくのですが、今回は七三も原則があり、その全部について新体制ですぐには議論ができないこともあるかと思い、経過措置を設けてあります。すなわち、定時株主総会の日から六カ月以内に提出すればよいこととします。したがって、会社の株主総会開催日によって違いますが、資料4－8の図にあるように、六月開催であれば初回の提出期限として一二月中ということになります。

七三もある原則について、どのようにコンプライするのか、どのようなエクスプレインにするのかをきちんと考えるためには六カ月でも足りないという声も聞きますが、最初からすべて完璧な対応をできるかについては、なかなか難しいこともあるだろうと思っております。

いずれにせよ、実施をするケースもあれば、説明をするケースもあります。七三についてそれぞれ違うと思いますが、とりあえずできるだけの対応をしていただき、それを見た株主や投資家の評価を聞きながら、随時ブラッシュアップしていくという姿勢で臨むしかないのではないかと思っております。

◆コンプライ・オア・エクスプレインに関する東証の審査

内田　コンプライ・オア・エクスプレインに関する東証としての関与ないしレビューのスタンス

について、各社の対応を東証としてどの程度審査していくのかといった点も含めて、方針をご説明ください。

静　ここは少し難しくて、先ほど申し上げたことと矛盾すると感じる方もいると思います。

コード自体はプリンシプル・ベースです。ですから、やるのかやらないのか（説明で終わらせるのか）はどちらでもよく、その判断は会社がするしかないということです。また、外から見ると、この会社は本当にコンプライしているのかどうかがよくわからないということも、実は少なくありません。

しかも、それはプリンシプル・ベースのコードという意味でいうと、「この会社は、ちゃんとやっている」「いや、やっていないので説明している」ということを取引所が評価するわけではなく、会社の判断と株主や投資家をはじめとする市場関係者の評価に委ねることが基本です。

したがって、基本的には、取引所の出番はないと思っています。しかし一方で、コンプライ・オア・エクスプレインという制度も導入されます。これは、コードを発明した英国にならったものですが、七三のコードの諸原則のうち、実施しない原則がある場合には理由を説明しろということを上場ルールに書くわけです。

コード自体は強制力のないプリンシプル・ベースですが、説明をするか、実施をするかのどちらかに限られており、両方やらないことは許されないという意味では、上場ルールにおける措置の対象になるルール・ベースとなっており、プリンシプル・ベースのコードがそこだけルールとつながっているという形になっています。つまり、上場会社の立場からすると、コードを実施してもいいし、実施しないなら理由を説明してもいいのです。どちらでもいいのですが、どちらもしない場合にはルール違反ということになるのです。

では、誰がルール違反と認定するのか。これは取引所しかいません。取引所が実施も説明もしていないことを認定して、ルール違反だとして何らかの措置をとる必要が出てきます。ただ、もともとがプリンシプル・ベースの規制ですから、取引所が出しゃばって一斉取締まりのようなことをやるのは、本来のプリンシプル・ベースの趣旨にも反することだと思います。

したがって、コードを作ってから二〇年ぐらいたつ英国では、いわゆるコードを実施も説明もしていないという理由で上場ルール上の制裁を科した例は、私どもが知る限り一つもなく、実際には発動されていないということなのです。もちろん、これからコードが実施に移されると、実施も説明もしていないことが、誰が見ても明らかな会社が出てくることもあり得ると思います。そのときに、われわれとしては放置するわけにもいきませんから、なんらかの措置を課さざるを得なくなる可能性がないとはいえないと思っています。

例えば、私どもが再三「説明してください」とお願いしても、公然と「自分のところはやらない」というようなことをいう会社が仮にあったとします。そうなると、他の会社もばかばかしくてやってられなくなってしまいますから、そのような場合には、なんらかの措置を課さざるを得ないケースが出てくるだろうと思います。

しかし、気をつけていただきたいことは、もしそのような会社が大手を振って歩くようなことになれば、そのときには何が起こるかということです。おそらく「では、法令で義務化しよう」ということになると思います。したがって、皆さんが自発的にコードの趣旨・精神を採り入れて、自分のやりたいやり方で実施していくことは、とても大事なことだと思っております。

◆原則1－3（資本政策の基本的な方針）について

内田　資料4－9に、資本政策の基本的な方針に関する原則1－3を引用しています。ただ「資本政策」というのは、非常に多義的に用いられ得る言葉です。そこで、寺下様に伺いますが、コーポレートガバナンス・コードの全体的な考え方を踏まえて、この原則1－3の「資本政策」とは、どのような内容が想定されるとお考えでしょうか。

寺下　これは、非常に難しい質問です。当然、一番わかりやすい例は、ROEなどになるのでしょうが、どれがベストかということは、私もよくわかりません。ただ、私の観点から、今、外国人株主が何を期待しているのかという点だけお話ししておきますと、彼らは、いわゆる日本のバランスシート構造上における資産をどのように持つのかについて、もう一度見直してくださいということを強くいっているということです。

彼らは、その中で、自社株にしてもそうですし、持ち合い株にしてもどうなのだといっています。さらには、土地、資産に関してもどうなのだといいます。アセットのあり方に関して、全体

資料4-9

資本政策の基本的な方針

【原則1-3】
上場会社は、資本政策の動向が株主の利益に重要な影響を与え得ることを踏まえ、**資本政策の基本的な方針について説明を行うべき**である。

【原則5-2】
経営戦略や経営計画の策定・公表に当たっては、**収益計画や資本政策の基本的な方針を示すとともに、収益力・資本効率等に関する目標を提示**し、その実現のために、経営資源の配分等に関し具体的に何を実行するのかについて、株主にわかりやすい言葉・論理で明確に説明を行うべきである。

■「資本政策」
▶資本構成（自己資本比率等）
▶資本効率（自己資本利益率（ROE）等）
▶株主還元（配当、自己株式取得等）

■「基本的な方針」：有識者会議（第7回）における議論
× 例えばデット・エクイティ比をどの程度にするかという具体的な方針
○ 政策保有株式に関する方針（原則1-4）や株主の利益を害する可能性のある資本政策（原則1-6）への対応といった各論の原則の背後にある基本的な考え方

的にどのようなことなのだということを、もう一度見直してもらいたいと。つまり、それは、どのようなことに基づいて資本政策と関連してくるのかということです。

もちろん、IPOや敵対的買収の局面では、株主構成などに資本政策が出てくる場合もあるのですが、少なくとも今、外国人株主が一般的にいっている項目は、資産に対して日本の企業はどのように考えているのかというところを、一度、整理してほしい。これが私から申し上げる点です。

あとは、皆さんで是非、鋭意、工夫してお考えいただきたいところです。

内田　資産に関するご指摘でしたが、これに関連して、デット・エクイティ比をどのようにするのかといった資産と負債のバランスについても、有識者会議では議論されていました。ただ、この点についても、具体的な比率というよりは、基本的な方針の説明をするということが議論されていたかと思います。

◆原則1－4（政策保有株式）について

内田　続いて、政策保有株式に関する原則1－4に移らせていただきます。資料4－10に内容を引用していますが、現行の有価証券報告書の開示実務においては、政策保有の目的としては取引関係の維持が挙げられていることが多いかと思います。

ただ、取引上の利益と株式の保有を関連付けることに関しては、会社法上の利益供与禁止規制との関係で問題があるのではないか、という議論もあり得ます。この点について、神作先生から解説をお願いします。

神作　政策保有株式について、原則1－4で政策保有に関する方針を開示すべきであるという規範が定められた背景として、政策保有株式には、次の二点について問題があり得るという指摘が強くなされたためと理解しています。

第一は、政策保有株式に係る株主権の行使、あるいは、その不行使になんらかの形でバイアスがかかることによって、議決権行使の公正かつ自由な行使が妨げられるおそれがあるということです。例えば、政策保有株式が安定株主工作のために用いられ、さらには、敵対的買収防衛の手段としても機能する可能性が生じます。

第二に、例えば事業会社がグループ外の上場株式を保有しているときに、それによって資本コ

資料4－10

政策保有株式に関する事項

【原則1-4】

上場会社がいわゆる政策保有株式として上場株式を保有する場合には、**政策保有に関する方針を開示すべき**である。

また、毎年、取締役会で**主要な政策保有について**そのリターンとリスクなどを踏まえた**中長期的な経済合理性や将来の見通しを検証**し、これを反映した**保有のねらい・合理性について具体的な説明を行うべき**である。

■コード原案に対するパブリックコメントへの回答
▶政策保有株式を巡る課題については、開示の規律を強化することにより、市場との対話を通じて合理的な解決策を見出すことに主眼を置いたアプローチ
▶市場との対話を経た上で、結果として政策保有をどうすべきか、は最終的には各上場会社の経営判断であり、その経営判断に対して、更に市場との対話が継続されていくべき事柄
▶「検証」の内容そのものの公開を求めているものではない

■現在の有価証券報告書の記載事項
▶保有区分（特定投資株式及びみなし保有株式）、銘柄、株式数、貸借対照表計上額、保有目的

ストの観点から、当該会社にとって経済的に見て合理的な行動になっているのか、あるいは、当該会社のリスクを分散する意図でグループ外の上場株式を保有しているのであれば、投資家からすると、それは投資家がポートフォリオの組成・管理をするレベルにおいて考慮すべき問題であるという観点からの批判です。

そうすると、おそらく政策保有株式を持つ場合の説明は、今申し上げたような説明をすると市場関係者からはマイナスの評価をされる可能性があるということだと思います。他方で、政策保有株式の中にも例えば事業提携や取引関係の維持・開拓など、いろいろと合理的な理由もあり得ると思います。したがって、そのような理由を正面から説明いただくということ、つまり、きちんと説明をして市場関係者がよりよいコミュニケーションをするための前提として会社の考えをストレートに出していただくことが極めて重要であり、コンプライ・オア・エクスプレインの精神に合致するゆえんであると思います。

内田先生から、取引上の利益と株式の保有を関連付ける説明により利益供与とされるおそれが生じるのではないかという指摘がありました。この点については、先ほど申し上げた懸念される第一の点とも関連します。すなわち、株主権の公正・自由な行使について、取引上の利益と結びついているがゆえに、バイアスがかかっているのではないかという懸念が生じるからです。この懸念は、株主権の行使については、例えば社内でそのようなバイアスがかからないような議決権の行使体制を作り、きちんとそれを実践していれば、払拭できるでしょうし、その旨を説明すれば、政策保有株式についてより強固な説明となり得ると考えられます。そして、そのことは、利益供与であることの立証を困難にすると考えられます。

内田　神作先生の解説を踏まえ、原則1－4への対応に関し、実務上、どのような配慮が考えられるか。石井弁護士に説明をお願いします。

石井　社内の体制ということであれば、例えば、政策保有株式の保有先である会社との間での取引を所管する部署と株式についての議決権行使を所管する部署との間でウォールを構築することが考えられますが、実務上は、なかなかそこまではできない場合も多いと思います。一つの方法としては、政策保有株式についての議決権の行使あるいは株主権の行使の判断に際しては、株式の保有先との取引関係などを考慮しないという方針を明らかにして、その旨を開示しておくといったことも考えられるのではないかと思います。

◆政策保有株式をグループ単位で考えるべきか

内田　同じく政策保有に関する事項ですが、別の角度からの議論のテーマになり得る論点を資料4－11に記載しています。ここにあるとおり、政策保有株式については、上場会社単体のみならず、グループ単位で考える必要があるのではないかという議論が、有識者会議で行われました。

静様、この議論も踏まえて、グループ単位で考えるべきなのかどうかについてお話しいただけますか。

静　グループ単位で考えたほうがいいか、単体の単位で考えたほうがいいかは、資料4－11にあるとおりの議論が確かにあります。特に銀行などを想定しますと、上場しているのは親会社だけですが、完全な持株会社は事業をやっておらず、そこがやっていることを敢えていえばグループ経営ということになるわけです。

そういう経営の場合には、グループ全体で見たほうがいいのではないかという議論が資料4－11で紹介されているのだろうと思います。

単体とグループのどちらがいいのかという話については、これこそまさにプリンシプル・ベースの話であり、取引所がどうこういう話ではないというのが正解なのだろうと思います。

では、どのように考えるのか。つまり、単体で説明をしたほうが市場関係者（株主・投資家）のニーズに合致した説明になるのか、それともグループで説明しなければそのような説明にならないのか。これは、ご自分の会社のことを振り返りながら、どちらがいいのか、どちらのほうが

資料4-11

政策保有株式に関する事項

■有識者会議（第8回）における議論

▶油布志行企業開示課長

「銀行の政策保有株式と申しましても、上場している持株会社だけではなくて、非上場の子銀行のほうで保有されているケースも確かにあると認識しております。この点、コードはプリンシプルベース・アプローチでございますので、コードの趣旨や精神を踏まえて対応していただくということが必要であると思っています。当然、非上場の子銀行の保有分も含めて対応されるものと考えております。」

▶池尾和人座長

「グループ経営されているケースが多いわけで、グループ経営の場合のグループ全体のガバナンス構造とかを含めてちゃんと考えるということになるんだと思います。」

高い評価が得られるのだろうかという観点で、それぞれ会社ごとに考えることだと思います。その結果、単体がいいというところもあれば、グループがいいところもある。一度、市場にそのようなことを出してみて、それで投資家の目線と合っているのかどうかを微調整していただくことが必要になってくるのだろうと理解しています。

内田　グループ単位で考えるべき場合があるとしても、例えば親会社の機関設計などに関しては、その性質上、親会社自体について説明すればよいということになるのだと思います。ただ、例えば、政策保有株式については、やはりグループ全体も念頭に置いて考える必要はあり得るものと理解しました。

◆原則1−7（関連当事者取引）について

内田　資料4−12、関連当事者間の取引に関する原則1−7です（二七〇ページ）。原則1−7では、上場会社が関連当事者との間で行う取引に関する適切な手続を定め、その枠組みを開示することが求められていますが、ここで、関連当事者の範囲は、捉え方によっては幅広くなり得るわけです。例えば、子会社も入ってくるのかどうかという議論があり得ます。子会社との取引にもいろいろなものがあり、一律にはいえないと思いますが、例えば一つの視点として、上場会社の利益を害するような類型的なおそれがないような当事者との取引については、この原則1－7の対象外と考えるなど、すべての関連当事者との取引が一律に対象になるわけではないという考え方も成り立ち得るように思われます。神作先生、このような考え方についてては、いかがでしょうか。

神作　関連当事者間の取引について、その範囲をどのように画するかということは、まさにコードがプリンシプルベース・アプローチを採用している大きなメリットの一つですが、会社ごとにその範囲を考えるというのが基本的なスタンスだと思います。

原則1－7を見ますと、役員や主要株主が例示として挙がっていますが、ここに挙げられている役員や主要株主は、会社を経営し支配をしている者であるがゆえに、このような者との取引は、往々にして会社の利益を害し得る類型的な危険性が認められるためであると考えられます。特に、そのような取引を取り出して、関連当事者間の取引についてのガバナンス・コードの実践を行っていくというのは、一つの考え方だと思います。

裏からいえば、上場会社の利益を害する類型的なおそれがないような関連当事者間の取引については、本原則の対象外とするという理屈も一般論としては十分に成り立つと思います。もっとも、例えば子会社との取引は一切この原則の適用を外すのが適切かというと、定型的、通例的な、

資料4−12

関連当事者間の取引に係る適切な手続の枠組み

【原則1-7】
上場会社がその**役員や主要株主等との取引（関連当事者間の取引）**を行う場合には、そうした取引が会社や株主共同の利益を害することのないよう、また、そうした懸念を惹起することのないよう、取締役会はあらかじめ、取引の重要性やその性質に応じた**適切な手続を定めてその枠組みを開示**するとともに、その**手続を踏まえた監視（取引の承認を含む）を行うべき**である。

■「関連当事者間の取引」の範囲
▶子会社との取引を含めないことの当否

■会社法改正の検討過程における子会社少数株主等の保護に関する議論
▶法制審議会会社法制部会（第11回会議）

岩原紳作部会長：…幾人かの委員、幹事の方が御指摘になったように、個々の取引だけを捉まえて、そこに、例えば**独立当事者基準等を適用するということでいくと、実際の企業結合を必要としている企業の経済的なニーズあるいはグループ経営に合わないのではないか。**むしろ、グループ全体として、言わば長期的な利益、お互いに、部分的にある部分では不利を被っているかもしれないけれども、他の部分でグループの中から利益を得ているというようなことを総体的に見て、利益、不利益を判断し、損害の認定をする必要があるのかなという感じはいたします。

▶親会社等との取引に関する開示（改正会社法施行規則118条5号）

かつ、独立当事者間と同様の条件で行われる取引については、おそらく会社法上のグループ間の内部統制という基本的な枠組みの中で取引が行われていると思われますので、そのような体制を通じてコントロールしていることを示せば、問題は生じないと思います。しかし、例えば独立当事者間の基準からは外れた通例的でない親子会社間の取引については、どのような考慮に基づいてそのような取引を行うかについて説明をすることも考えられます。

関連当事者間の取引は、基本的には会社ごとに、当該企業の利益が害される蓋然性、可能性が高い取引から優先順位を付けて原則1－7の適用範囲を画していくことが検討されることになると推測します。

内田　そうしますと、次に、対象となる取引についての適切な手続とは何かが問題となろうかと思います。その内容としては、独立当事者間取引基準も一つの基準としては考えられるわけですが、他方で、今回の会社法改正の検討過程では、グループ間の取引に一律に厳格な独立当事者間取引基準を適用するのは、かえって経済合理性を損ねるのではないかという疑問が呈された部分もあります。この点について、法制審議会会社法制部会での議論も踏まえて、神作先生からさらに解説をいただければと思います。

神作　基本的には、関連当事者間の取引は独立当事者間取引基準の下で判断していくということだと理解しています。独立当事者間取引基準とは、関連当事者という関係がないシチュエーションの下で、当該当事者が取引をした場合にはどのような条件で取引されることになるであろうかという観点から判断するもので、市場条件と呼ばれることもある基準です。

では、会社法は、関連当事者間取引は必ず独立当事者間基準で行わなければならないという行為規範を定めているかというと、必ずしもそのようには断言できないと思います。つまり、取締役会等で独立した判断をして、独立当事者間では普通行われない条件だけれども行うという判断をすることは許容されており、独立当事者間取引基準が唯一万能の基準ではありません。

特に、グループ内取引においては、グループ内でしか行われない、つまり、市場条件がないという取引もあって、例えば純粋持株会社が子会社との間で経営指導契約を締結するような場合は、市場条件を探してこいといっても見つけるのは容易ではありません。

そのような意味では、市場条件や独立当事者間取引基準も、そのグループ内の取引が公正であるいは適切なのかどうかを判断するにあたって、万能な基準ではありませんので、より多様な考察が必要なのではないかということです。これが、おそらく資料4－12の岩原紳作部会長の発言の趣旨に含まれているのだと思いますが、グループ内の多様な利害関係を考慮していくという余地もあると考えられます。

しかし、他方で、そのようにグループ内の多様な利害関係を考慮する場合には、グループのあり方自体がきちんとバランスが取れたものになっている必要があると考えられます。例えば、ある子会社のみが一方的に収奪されるような関係ではなく、グループ全体で補完関係がある等々、グループ自体が適切かつ合理的に設計されて運営されているといった条件の下で、独立当事者間取引基準や市場条件からかい離してグループ内の多様な利害関係を考慮することが理論的に可能なのではないかと考えています。

内田　そうしますと、実務対応としては、常に独立当事者間取引基準に一律に依拠しているという形で安易に開示をしてしまうと、ご指摘のような議論を踏まえた、より緻密な分析ができなくなるおそれもあります。したがって、そのような安易な開示をしないよう慎重に考える必要があるのではないかと思います。

◆原則3－1（ⅳ）（ⅴ）（経営陣幹部・取締役等の選任・指名の方針・手続・理由の開示）について

内田　資料4－13の「情報開示の充実」に移ります。原則3－1（ⅲ）から（ⅴ）では、役員や

資料4-13

情報開示の充実

【原則3-1】
上場会社は、法令に基づく開示を適切に行うことに加え、会社の意思決定の透明性・公正性を確保し、実効的なコーポレートガバナンスを実現するとの観点から、（本コード（原案）の各原則において開示を求めている事項のほか、）以下の事項について開示し、主体的な情報発信を行うべきである。

（ⅰ）会社の目指すところ（経営理念等）や経営戦略、経営計画
（ⅱ）本コード（原案）のそれぞれの原則を踏まえた、コーポレートガバナンスに関する基本的な考え方と基本方針
（ⅲ）取締役会が**経営陣幹部・取締役の報酬を決定するに当たっての方針と手続**
（ⅳ）取締役会が**経営陣幹部の選任と取締役・監査役候補の指名を行うに当たっての方針と手続**
（ⅴ）取締役会が上記（ⅳ）を踏まえて経営陣幹部の選任と取締役・監査役候補の指名を行う際の、**個々の選任・指名についての説明**

■**「経営陣幹部」とは？**
▶「CEO・CFO等の経営陣幹部」（補充原則3-2②（ⅱ））

経営陣幹部の指名・報酬等に関する開示の充実がうたわれています。

今回は、特に（ｖ）の、個々の経営陣幹部や役員の選任・指名についての説明が求められている点について、実務上、具体的にどのような形での開示が考えられるのか、石井弁護士から説明いただきます。

石井　現行の株主総会の招集通知においても、社外役員に限らず、社内役員も含めて個別の候補者の選任理由を開示している例として、日立製作所や資生堂の例などが存在しています。

このような会社の例を見ますと、全体としての候補者選定の方針やプロセスを冒頭で説明したうえで、個々の候補者の選任理由を説明しています。

また、資生堂の場合、各候補者が有している経験、知見または専門知識も具体的に列挙しています。

他方で、経営陣幹部については、一般的には、これまで選任理由は開示されていません。ただし、取締役等の

候補者とする過程で、取締役になった後に具体的にどのような地位に就いてもらうかは、当然、考慮されているでしょうし、社内における検討もなされていると思います。したがって、先ほど申し上げた個別の選任理由に選任後に予定される具体的地位に関する説明を追加する形で説明を行うことは可能ではないかと思います。

なお、経営陣幹部の選任理由については、このあと議論される後継者の計画との整合性にも留意しなければならない場合もあるかと思います。

内田　「経営陣幹部」は、定義されていない言葉なのですが、補充原則3－2②（ii）を見ますと、「CEO、CFO等の経営陣幹部」という表現もありますので、CEO、CFOやこれらに相当する地位にある方、英語でいえばsenior managementに当たる方々を想定していると思います。

◆補充原則4－1③（後継者の計画）について

内田　補充原則4－1③は、資料4－14のとおり、後継者の計画に関するものです。取締役会には、この後継者の計画に関する監督が求められているわけですが、この点への対応について、石綿弁護士から説明をお願いします。

石綿　コードにおいては、取締役会は、経営理念や経営戦略を踏まえて、最高経営責任者等の後継者の計画について適切に監督を行うべきというように定められています。いわゆるサクセッシ

資料4－14

後継者の計画

【補充原則4-1③】
取締役会は、会社の目指すところ（経営理念等）や具体的な経営戦略を踏まえ、**最高経営責任者等の後継者の計画（プランニング）について適切に監督を行うべき**である。

■**取締役会において、①通常時の社長／CEO等の後継者計画と、②緊急時（死亡等の事故時）の後継者計画を監督**
▶通常時の後継者計画
社長／CEO、人事部、報酬委員会の協力
複数名の内部の候補者の特定と育成、外部の候補者の特定
▶緊急時の後継者計画（Contingency Plan）
緊急時に登板する者とその責任について規定
■**評価主体：取締役会／委員会（＋外部のコンサルタント）**
■**評価基準：戦略的ビジョン、リーダーシップ及び業務執行力等**

ョン・プランないしサクセッション・プランニングなどと呼ばれているものが代表的です。これは、まだ日本ではあまり馴染みがないものですが、経営トップの役割と責任を承継することを透明性をもって確保する仕組みということもできます。

後継者の計画は、まず、平時の社長、CEO等の後継者計画の話と、緊急時、例えば、ある日、いきなり社長が亡くなられたというようなときの後継者計画の話、という大きく二つの話に分けられます。

その中で特に重要なのは、前者、すなわち、平時の場合の社長、CEO等の後継者計画の話になります。これについては、取締役会が、報酬委員会の協力と、社長、CEOや人事部・外部のコンサルタントなどのサポートを得ながら、一定期間をかけて、三つのことをしていきます。

具体的には、第一に、内部の候補者の中から将来的にCEO、社長になる人の特定、第二に、内部の候補者の育成、第三に、内部だけにとどまらず、外部から候補者を探してこなければいけない場合の外部の候補者の特定などを行い、これを

取締役会として監督していくことになります。その際には、各候補者の戦略的ビジョン、リーダーシップ、業務執行力などの評価基準が用いられるなどといわれています。

我が国においても、りそなホールディングスやオムロンなどのように、海外の実務を参考に、このような仕組みを既に導入しているところがあります。

もちろん、そのように海外の実務を導入することも考えられますが、現時点において、日本の通常の上場企業がいきなりそこまで行くというのも、やや突飛なところがあると感じられるかもしれません。

もっとも、日本の伝統的な企業であっても、通常、従業員から新任取締役ないしは執行役員を選び、その人たちを育成し、その人たちが役付取締役になって、最終的には、その中から社長が選ばれていくというメカニズムを採っているわけです。現在あるそのメカニズムを一定程度整理し、先ほど申し上げた、内部候補者の特定・育成、外部候補者の特定というような要素を有するプランとして整理していく、ということも考えられると思います。

◆原則４－９（独立性判断基準）について

内田　資料４－15では、独立性判断基準に関する原則４－９を紹介しています（二七八ページ）。コードには、プリンシプルベース・アプローチの下、独立社外取締役の定義は特に置かれておらず、むしろ、独立性を実質面で担保することに主眼を置いた独立性判断基準を各社において策定・開示すべきであるという原則4－9が置かれているわけです。

また、これに関連して、東証でも独立役員制度の見直しが予定されていますので、その内容を資料4－16で紹介しています。東証の独立性基準においては、主要な取引先といった抽象的な基準を具体化することまでは予定されていないと理解しておりますが、このあたりも踏まえて、静様から説明いただけますでしょうか。

静　日本では、会社法で社外性の要件を決めており、社外役員になれるかなれないかは会社法で決まるのですが、上場ルールでは独立性の基準を決めておりまして、社外役員の中で独立性のある人はどのような人かということについて、さらに絞って厳しい基準を作っている形になっています。

資料4－16の上段が今の基準になるわけですが、「改正前」というところをご覧いただくと、一番左端に上場会社や子会社の業務執行者という欄があります。もともとは会社法で社外性がないとされていた部分なのですが、当然ここは、取引上の独立性基準でも独立性なしということになります。

取引所の独立性基準が厳しいのは、そのもう一つ右側、つまり二つ目ぐらいを見ていただくとわかるのですが、親会社、兄弟会社、今回、ここは会社法の社外性の要件に入りますが、その他に主要な取引先や多額の金銭その他の報酬を得ているコンサルタントの人も駄目だという、いろいろな他の要素も入ってきているということです。

資料4－15

独立社外取締役の独立性判断基準

【原則4-9】
取締役会は、金融商品取引所が定める独立性基準を踏まえ、独立社外取締役となる者の独立性をその実質面において担保することに主眼を置いた**独立性判断基準を策定・開示すべき**である。また、取締役会は、取締役会における率直・活発で建設的な検討への貢献が期待できる人物を独立社外取締役の候補者として選定するよう努めるべきである。

■コード原案に対するパブリックコメントへの回答
▶金融商品取引所が定める独立性基準によりその独立性が否定される者は「独立社外取締役」には該当しない
▶他方、その点さえ確保されていれば、取引所に対して現実に独立役員として届出を行っている者であることは、必ずしも必要ない（そうした者でも「独立社外取締役」たりうる）

■東証における上場制度の整備（独立役員制度）
▶独立性基準（上場管理等に関するガイドラインⅢ5.（3）の2）の改正
▶開示加重要件の廃止

いずれにしても、どの基準も形式的なものです。つまり、外から見ると誰でもわかる基準なのです。しかし、主要な取引先あるいは多額の金銭といっても、どこから先が主要で、どれよりも多ければ多額かということについては非常に抽象的な部分があり、ここは各社に判断を委ねているのです。実は、社外役員を選ぶときに多額の金銭をもらっている人は開示してくださいという定めが会社法にもあるので、そのようなことと同じように扱ってくれればいいということで各社の運用に委ねているのです。

有識者会議の中で、取引所がそのような抽象的な基準しか定めていないために上場会社が困っているではないかという意見がありました。それは、具体的な数値基準を決めなければ、上場会社は少しでも疑いがあれば独立性がないということで過度に保守的な運用をするのだというような指摘でした。

ただ、今回は、資料4－15にあるように、取引所ではなくて、それぞれの上場会社が、形式的な取引所の独立性基

資料4-16

東証における上場制度の整備（独立役員制度）

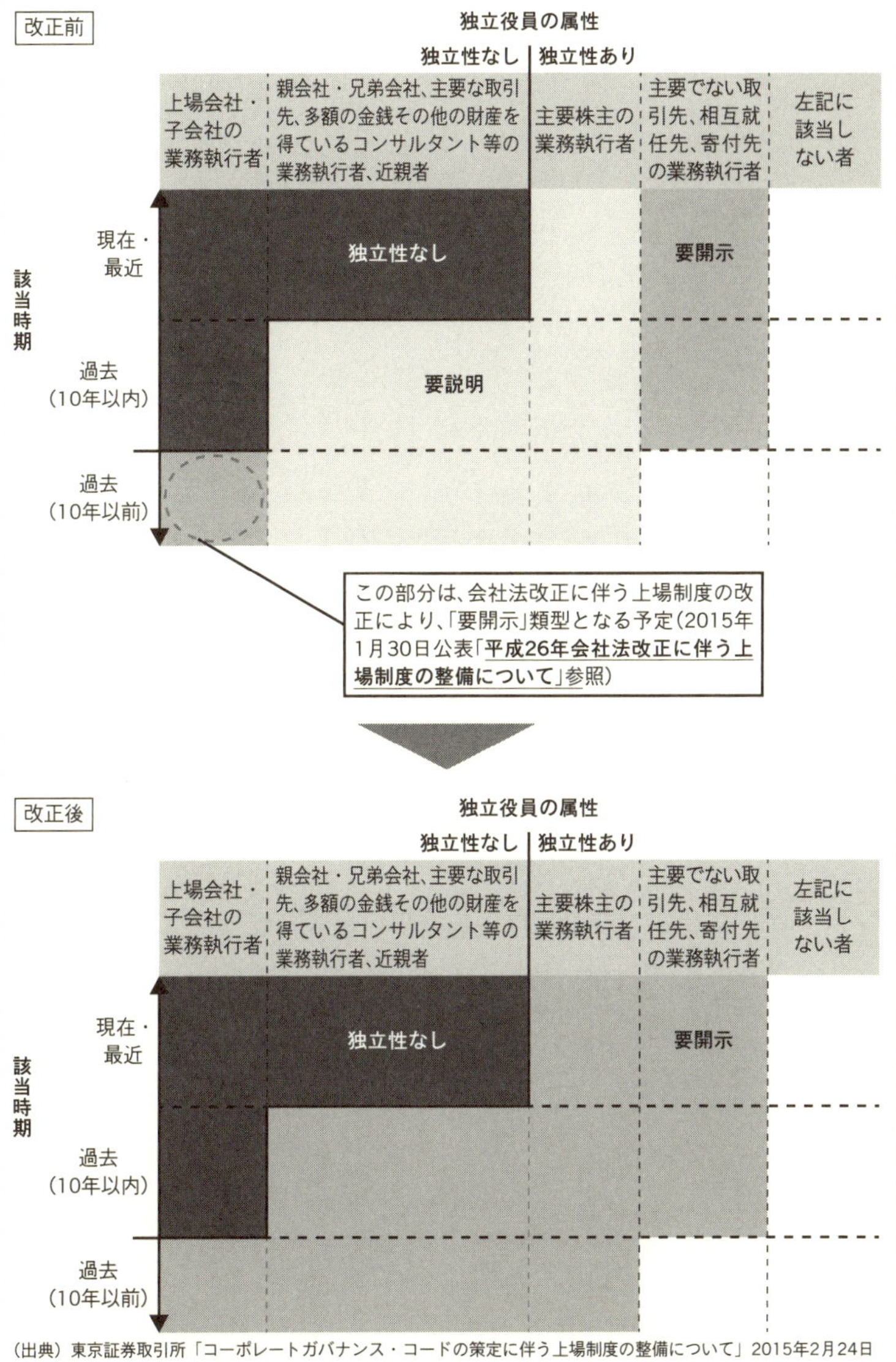

（出典）東京証券取引所「コーポレートガバナンス・コードの策定に伴う上場制度の整備について」2015年2月24日

準を参考にしながら、実質的に独立性を判断する基準を作ってくれということになりました。つまり、取引所は形式的な独立性基準を決めますが、それぞれの会社が実質的に独立性があるかどうかを判断するための基準をまた別に作るのだということです。おそらく上乗せになると思うので、取引所の基準で駄目な人はもちろん駄目なのですが、さらに、実質的にその人が独立しているかどうかを各社がそれぞれ基準を定めて決めるという意味だと私は理解しています。

このようなことで、いわゆるプリンシプル・ベースの規制に全体として変わるということになりました。そして、結論的には、取引所が作っている形式基準自体は、今までどおり抽象的な表現を残しておこうとなったわけです。

ただ、今後は、それぞれの会社が独立性判断基準を実質的な意味で作るときに、取引所の基準を参考にする、とここに書かれていますので、わかりやすい基準にしなければいけないということが私どもの反省点です。そのような目で見ますと、実は、今までの上場ルールは（資料4―16上段）、少し複雑なところがあり、一番濃いアミのところは独立性がないのです。その横と下の部分は独立性があるのですが、その中に一番薄いアミのかかったところがあります。これは、昔、主要な取引先の経営者だった人などで、そのような人については、独立性はあるのだけれども少し怪しいからしっかり説明してほしい、ただ単に会社とどのような関係があるかだけではなくて、例えば会社の取引先の経営者で昔は関係があったのに今は関係ない、なぜならこのような理由だから、という説明まで求めている、黄色信号の領域があるということです。これだと非常にわかりにくいということでしたので、今回ルールを改正して、この「要説明」の部分をなくしてしまおうということです。このようにして、今まで二段構えだった基準を、要は「独立性なし」か「要開示」かだけに変えたということです。

よく聞いてみますと、この「要説明」の部分について「独立性なし」の扱いをされていた会社が非常に多いので、実務上、この部分の独立役員が選ばれたことは、ほとんどありませんでした。ですから、このような改正をやったわけです。

今回は、皆さんよくご存じのように、二人以上の独立した社外取締役を入れましょうというコードが、市場一・二部だけですが、かかることになります。そのため、今一人も独立社外取締役がいない会社は二人選ばなければいけないということで、人材確保が大変だということもあるでしょう。

特に、皆さんが盛んに困ったといわれることは「取引先によく知っている経営者がいて、彼になんとか社外で来てもらいたいんだ」ということです。「なぜ?」と聞くと「自分の会社の事業のことは、取引しているからよく知っている。ビジネス経験もある。しかも、取引先を辞めてしまってなんの関係もなくなってしまっているので、彼は独立していて、何も遠慮することはなくなっているはずだから、そういう人を連れてきたい」というときに、基本的には、今までは右記の理由で候補から外してしまっていたのだと思うのです。そのように一律に外すという扱いは、もうしなくてもよいのではないか、そのようなことで始めた改正です。

したがって、そのような方を一律に独立社外取締役の候補から外すような運用は、これからはなくなっていくだろうと思います。しかし、一方で考えなければいけないことは、主要な取引先の元経営者で今は辞めているから誰でもいいのか、どのような人でもいいのかというと、必ずしもそうではないことです。それぞれの会社が実質的な独立性の判断基準を作って、それに沿って判断をすることになると思います。ですから、解禁になったというよりも事実上の一律禁止が解けたということだとご理解いただければと思います。その点は、ご注意いただきたいと思っております。

◆補充原則4−11③（取締役会評価）について

内田　資料4−17は、取締役会全体の実効性についての分析・評価、いわゆるBoard Evaluationに関するものです。石綿弁護士、この点についての対応方法を解説ください。

石綿　これは、毎年、取締役会において、いわゆる取締役会評価を行って、その結果の概要を開示することを求める原則です。

なぜ、このようなことをするのでしょうか。一言でいうと、取締役会が果たすべき役割を実効的に果たすような仕組みを設定するということにあります。取締役会として、その構成や体制、議論の質や内容などを評価し、課題を検出し、その課題を解決するためのアクションプランを作っていくことにより、最終的には、取締役会の実効性を高めていくことを目的にしているわけで

資料4－17

取締役会全体の実効性についての分析・評価

【補充原則4-11③】
取締役会は、毎年、各取締役の自己評価なども参考にしつつ、**取締役会全体の実効性について分析・評価を行い、その結果の概要を開示すべき**である。

■取締役会評価（Board Evaluation）とは
- ▶評価の対象：取締役会全体
- ▶評価者：取締役会自体
- ▶評価の手法
  - 「各取締役の自己評価なども参考にしつつ」
    - ・質問票、インタビュー等
  - 外部評価の利用も選択肢
- ▶評価結果の取扱い
  - 分析・評価の結果の概要を開示
  - 分析・評価の結果→課題抽出→課題解決→アクション

す。

その方法としては、大きく、自分で評価を行う自己評価と、外部の専門家に評価を依頼する外部評価の二つがあるといわれています。

米国においては自己評価、英国では定期的に外部評価を行うことが多いといわれます。いずれにせよ、個々の取締役に対して質問票を交付してインタビューなどを行ったうえで、取締役会の課題などについて議論を行い、最終的に取締役会の実効性を評価していくことになります。また、場合によっては、個々人の取締役や委員会の評価まで踏み込むこともあります。

日本でも、外部評価を行う業者もあり、事例も現れつつありますが、当面は、米国式に取締役会の議長や会長なり社長が中心となって自己評価から始めていくという形でやっていく企業が多いのではないかと考えております。

◆原則5－1（株主との建設的な対話）について

内田　資料4－18に移ります。株主との建設的な対話ということで、この原則5－1は、スチュワードシップ・コードと表裏一体を成すものです。まずは、有識者検討会の座長としてスチュワードシップ・コードの策定に深く関与された神作先生から、この原則5－1への評価や期待についてお聞かせいただけますでしょうか。

神作　コーポレートガバナンス・コードは多くの国や地域で策定されていると先ほど申し上げましたが、株主との建設的な対話に関する方針を含んでいるコードは、それほど多くないと理解しています。コーポレートガバナンス・コードは、現時点で四段階の発展の経緯をたどってきていると考えられます。

第一段階は、コーポレートガバナンスの核心であるボード（取締役会・監査役会）に関するコードで、コーポレートガバナンス・コードの原始的形態です。それが次第に株主総会の運用や株主権の行使などを含むコーポレートガバナンス全体に拡大してきたのが、第二段階です。第三段階は、まさに現在の日本がその状況にあると考えられますが、会社や経営者だけではなく、機関投資家である株主の行動規範についてもコードを定める段階です。つまり、機関投資家もしっかりと会社のことをウオッチしなければいけないし、それに応えて会社の側も株主との建設的な対話を行わなければならないということです。このように、日本はスチュワードシップ・コードとコーポレートガバナンス・コードを車の両輪として採り入れることによって、いわば歴史的なコ

資料4-18

株主との建設的な対話に関する方針

【原則5-1】

上場会社は、**株主からの対話（面談）の申込みに対しては、**会社の持続的な成長と中長期的な企業価値の向上に資するよう、**合理的な範囲で前向きに対応すべき**である。取締役会は、**株主との建設的な対話を促進するための体制整備・取組みに関する方針を検討・承認し、開示すべき**である。

【補充原則】

5-1① 株主との実際の対話（面談）の対応者については、株主の希望と面談の主な関心事項も踏まえた上で、合理的な範囲で、経営陣幹部または取締役（社外取締役を含む）が面談に臨むことを基本とすべきである。

5-1② 株主との建設的な対話を促進するための方針には、少なくとも以下の点を記載すべきである。

（ｉ）株主との対話全般について、下記（ⅱ）～（ｖ）に記載する事項を含めその統括を行い、建設的な対話が実現するように目配りを行う経営陣または取締役の指定

（ⅱ）対話を補助する社内のIR担当、経営企画、総務、財務、経理、法務部門等の有機的な連携のための方策

（ⅲ）個別面談以外の対話の手段（例えば、投資家説明会やIR活動）の充実に関する取組み

（ⅳ）対話において把握された株主の意見・懸念の経営陣幹部や取締役会に対する適切かつ効果的なフィードバックのための方策

（ｖ）対話に際してのインサイダー情報の管理に関する方策

5-1③ 上場会社は、必要に応じ、自らの株主構造の把握に努めるべきであり、株主も、こうした把握作業にできる限り協力することが望ましい。

ーポレートガバナンス・コードの第三段階に到達したというのが私の理解です。

ちなみに第四段階はどこに行くのかと申しますと、ＥＵでは、二〇一四年のＥＵ指令の改正案にすでにそのような動きが見えているのですが、インベストメント・チェーンの中で実際上コーポレートガバナンスのあり方に大きな影響を与えている議決権行使助言会社に対して新たに行為規範を課すという方向です。

このように会社の経営に直接関わるものから機関投資家、さらにはインベストメント・チェーンに連なっている関係当事者へと、コードの適用対象を次第に広く捉えていく方向で議論が発

展しているのです。

先ほど寺下さんから、コーポレートガバナンス・コードの中ではステークホルダーとの協働にも触れながら、「株主」が中心になっているというご指摘がありました。基本原則5においても、「株主総会の場以外においても、株主との間で建設的な対話を行うべきである」と定められ、会社法が認める株主権を超えて経営陣が「株主との建設的な対話」を行うべきことが定められています。他方、スチュワードシップ・コードが定める責任ある投資家の行為規範の対象として、機関投資家が指定されています。

なぜ、コーポレートガバナンス・コードにおいてもスチュワードシップ・コードにおいても、株主ないしは機関投資家が中心となるのかということですが、コーポレートガバナンス・コードの究極的な目的が中長期的な企業価値の向上、経済の発展、イノベーションの推進といったことにあると考えたときに、最もそのことに対して強いインセンティブを持っている者は誰かというと、それは株主であるからです。

ただし、従来の古いタイプの株主主権主義が単に復活したのではなく、スチュワードシップ・コードに明確に打ち出されているように、機関投資家には一定の責任があるという前提がとられています。つまり、従来は、株主は有限責任原則で、出損した後は責任を負わず、株主権を行使しようがしまいが、どのように行使しようが原則として自由であるという世界だったわけですが、第三段階以降のコーポレートガバナンス・コードの下では、株主、とりわけ機関投資家は一定の行為規範を負うという考え方に立っています。

そのような観点からは、原則5－1のような形で、株主との建設的な対話を会社の側にも課すとともに、スチュワードシップ・コードがすでに存在しているということは、まさにコーポレートガバナンスを担う車の両輪が整合的に形成されたものであり、私としては歓迎すべきことであると考えています。

内田　スチュワードシップ・コードにおいては、投資先企業の持続的成長や企業価値の向上により、中長期的な投資リターンの拡大を図ることが機関投資家の責任とされています。したがって、スチュワードシップ・コードが想定している機関投資家、そして、車の両輪であるコーポレートガバナンス・コードにおいて想定されている株主としては、主に短期的ではなく中長期的なリターンを求める機関投資家や株主が想定されているという理解でよろしいでしょうか。

神作　中長期的なリターンを求めずに短期的なリターンを求める機関投資家からの対話が、本当に中長期的な企業価値の向上に役に立たないのかという非常に難しい問題があります。逆に、中長期的なリターンを求めるというスローガンを掲げている機関投資家との対話が必ず会社にとって有益なものかということも、自明ではありません。両者の間に、ある程度の傾向はあるかもしれませんが、必ずしも、類型的に中長期的な目的の者との対話には応じるべきであるのに対し、短期的なリターンを求める投資家との対話には応じませんという形で形式的に割り切れるような単純な話ではないと思います。

株主アクティビズムのターゲットになった会社の株価が中長期的にも上がっているというような実証研究も存在し、短期的なリターンを求める株主との対話が本当に中長期的には企業価値を上げないのかどうかについては、実証研究のレベルでは議論が分かれています。

そのように考えますと、なかなか一律に割り切ることは難しいという感想をもっております。

内田　いずれにしても、持続的成長や中長期的な企業価値の向上に資するかどうかという観点から、実質によって考えなければならないといったご示唆をいただいたものと理解しました。

◆株主構造の把握と「実質株主」

内田　続いて、資料4－18の一番下に記載したとおり、補充原則5－1③は、株主構造の把握に努めることを求めています。アイ・アール ジャパンでは、実質株主調査を取り扱っていますが、そこで、実質株主調査の意義と活用方法、そして原則5－1の建設的な対話を実施するうえで留意すべき事項について、寺下様から解説していただければと思います。

寺下　まず、この原則5－1は「実質株主」とは書いていません。「株主構造の把握」とありますから、必ずしも実質株主を把握しようとは書いていないことは、よく理解すべき点だと思います。

ただし、次に、このような把握作業にできる限り協力することが望ましいと投資家にいっていますから、実は、これは実質株主を調査すべきだということに翻ってしまうので、いろいろな議論があっておそらく「株主構造」という言葉をお使いになったのでしょう。しかし、日本では遅れていますけれども、世界的に申し上げますと、すでに「ベネフィシャル・オーナー」という専門用語があり、ベネフィシャル・オーナーは株主総会に出られる権利は相当持っていますし、議決権に関してもかなり確保されています。例えば、米国法でもそのようなことが認められています。これからここで何を申し上げたいかというと、「株主構造」とは書いてありますが、日本は今、内田先生がいわれたように、いよいよ「実質株主」という定義を入れなければならないということが第一点です。

第二点目は、このような実質株主を、投資家も、「私は投資家だからといって無差別に答えてください」という時代は、もう終わったのだと思います。自分が自ら株主として名乗りを上げて、正々堂々とどれぐらいの株式を持っているのかというようなことは、もうスチュワードシップ・コードにしっかりと出ているわけです。ですから、守秘義務をしっかり会社に守ってもらいながら対話する時代に、いよいよ日本も入ったということです。

そのような意味では、日本のＩＲは、ある意味で教科書的に進み過ぎています。米国の場合は、もう二〇年も前から支配権構造の争いが始まっていて、シェアホルダーズ・リレーションはＩＲのど真ん中にあります。日本の場合は、シェアホルダーズ・リレーションという概念がないままＩＲだけがなぜか導入されて、情報開示だけ進んだので、実は、日本は買収的には極めて弱い国だというのが今の状況です。

そのようなところもよく踏まえていただいて、われわれも情報を出すのだから株主の皆さんも出しなさいと。アイ・アール ジャパンが何をいっているのだと怒られるかもしれませんが、私は、もうそろそろフェアにやる時代が来ていることをコーポレートガバナンス・コードが提起してくれたと思います。

神作先生が最後にいわれた第四段階は素晴らしいことで、急速に日本に広がると思うのですが、すでに株主の外国人比率が四割に近付くわけですから、そのような日本においては当然の流れかなと考えている次第です。

◆コーポレートガバナンス・コードへの展望と期待

内田 最後に、コーポレートガバナンス・コードに関する今後の展望や期待について、パネリストの皆様から、それぞれ一言ずつお願いします。

神作 コーポレートガバナンス・コードの運用にあたっては、発行者、機関投資家、一般投資家、および金融商品取引所などの市場関係者の役割が非常に重要です。よりよいコミュニケーションを実現していくことがよいコーポレートガバナンスをもたらし得るという考え方にコーポレートガバナンス・コードが立っているということを申し上げましたが、最後に一言申し上げたいのは、先ほど述べなかった関係者の中でコーポレートガバナンス・コードの運用に際し、重要な関係者がいるといわれていることです。それは、会計士と法曹です。

特に、法曹がコーポレートガバナンス・コードの精神を理解し、その適切な運用と評価を支えて、市場関係者と経営者との間のコミュニケーションが適切に行われるように助力をしていくことが重要であると考えています。コーポレートガバナンス・コードやスチュワードシップ・コードには濫用の危険も非常にあるとともに、他方で、形式主義に陥る危険も非常に大きいという意味で、実は運用が容易でない枠組みだと思われます。

そのようなフレームワークをよりよく機能させていくには、先ほど申し上げた様々な関係者が、共通の認識と共通の目的をもって行動していくことが重要であると考えます。

私は、日本でコーポレートガバナンス・コードがどのように運用され、どのように定着していくかということに、期待を持ちながら、大きな関心を持っています。

静　私も、手短に二点申し上げたいと思います。

一点目は、やはりプリンシプル・ベースの規制は、日本では、本格的にはほとんど初めてだということです。自分で判断しないといけませんので、当局も当てにならないし、取引所も当てにならないと思ってもらったほうがいいと思います。

先ほど、神作先生から法曹は大事という話がありましたが、弁護士の先生ですら、コンプライアンスの問題ではないので確実な答えはなかなか出しにくい問題なのではないかと思います。ですから、そのような関係者の皆さんの力を借りながら自分で決めていくしかないということを見つめてもらうことが、このコードへの対応の一番重要なところだということです。

二つ目は、コードには、実は、罠が二つあるということです。

一つは、上辺だけコンプライしますという罠です。これは、例えば友達を連れてきて社外取締役にするなどという例がよく出ますけれども、そのような話です。

二つ目は、ひな形的なエクスプレインと呼ばれているもので、どこの会社にも当てはまりそうなものを「他のやつ、うまいこと言ってるなあ」といって、それをコピーしてもってくるというものです。

このような罠に落ちることを避けるにはどうしたらいいかということを、よく考えなければいけません。有識者会議の議論の中では、投資家サイドのメンバーは「これは法務部門に丸投げしちゃ駄目ですよ」という言い方をしました。財界サイドのメンバーは「社長を巻き込みます。取締役会でしっかり議論して対応します」という発言をされていました。つまり、そのようなところまでやらなければ、罠に落ちるということなのだろうと私は理解しました。

経営陣や取締役会のメンバーは偉い方ですので、なかなか事務局から様々な要望、例えばコードを読んでほしいということも簡単ではないかもしれないと思いますが、そのような方々が、どの程度「自分が当事者だ」と思ってこの問題に対処してくれるかが非常に大事で、そこができるかできないかがマーケットの評価を分ける一番重要なポイントになるのではないかということだけ申し上げておきたいと思います。

寺下　私からは一点、「株主」とばかりいって申し訳ないのですが、やはり日本の法制度は、世界的に見ても非常に、プロキシ・アクセス・ルール一つを取っても、世界で最も進んでいます。逆説的にいえば、企業家にとっては支配権争いにおいて非常に株主が有利な状況であるということは、世界的に見てもわかる範囲なのです。その中で、ここの「株主」というところにとらわれた場合、悪用される可能性も十分あるだろうということです。

その中でコーポレートガバナンス・コードをどう使っていくのか、どう捉えていくのかということは、もう各社の判断に委ねるわけですが、少なくとも買収防衛の観点からは悪用されるおそれも十分あるということは、私個人の考え方です。

それに前向きに対応するのは誰か。それはもちろん制度などいろいろなものがありますが、やはりそこは株主と戦わざるを得ないというか、株主と向き合わざるを得ない。なかなか逃げてはいけない時代が来てしまったのかな、というのが私の感想です。

内田　本日は、大変貴重なご意見を多数頂戴しました。この議論が、コーポレートガバナンス・コードへの実務対応の参考になれば、誠に幸いです。

3　コーポレートガバナンスに関する三つの問い………石綿学（森・濱田松本法律事務所）

最後に、石綿から、今回の総括として、若干お話をさせていただきます。

コーポレートガバナンスに関して、最近企業の方などからよく受ける、三つの質問があります。第一に、昨今コーポレートガバナンスの強化が叫ばれているけれども、コーポレートガバナンスを向上したら本当に企業価値は上がるのか。第二に、コーポレートガバナンスを向上させたら株価は上がるのか。第三に、今回のテーマであるコーポレートガバナンス・コードについて、どこまでコンプライしなければいけないのか、という質問です。

◆コーポレートガバナンスは企業価値を向上させるのか

コーポレートガバナンスが企業価値を向上させるのかという問いについては、先ほど神作先生から、必ずしも実証されているわけではないけれども、一つの信念として、そのこと自体を否定する人もないという説明がありました。また、コーポレートガバナンス・コードについては、世界九〇カ国で策定されており、多くの人が、コードを通じてコーポレートガバナンスを向上させることで経済発展、イノベーションの促進が生じることを期待している、という話がありました。

ここでいま一度、コーポレートガバナンスと企業価値の関係をおさらいしてみます。

まず、「企業価値」とは、企業の生み出す将来収益の割引現在価値の合計をいいます。他方、「コーポレートガバナンス」とは、企業の経営に対して牽制と監督を効かせていく仕組みのことをいいます。

では、ここでいう「経営」とは何かというと、収益を生み出していくための活動をいいます。もっとも、収益さえ生めばよいかというと、コンプライアンスを遵守した健全な経営である必要があります。経営について、この二つの要素を確保するために、牽制と監督がなされる必要があるわけです。

健全な経営というのは、どちらかというと「守り」のガバナンスの話でして、収益力を高めていく、稼ぐ力を高めていくということは、「攻め」のガバナンスの話になります。コーポレートガバナンス・コードが強調しているのは、この後者、つまり、稼ぐ力（収益性・生産性）を高めていくガバナンスです。コーポレートガバナンスを強化し、収益性や生産性、資本効率性を高めていくということが、コードの最大の目的ということになります。

そのため、コーポレートガバナンス・コードによりコーポレートガバナンスを向上させられれば、収益性が向上し、中長期的に企業価値が向上していくということになるはずなのです。

ただし、先ほど東証の静さんから二つの罠という話がありました。単にガバナンスを形式的に整えても、この収益性の向上という目的は実現されません。むしろ、表面的に辻褄を合わせるのではなく、実態としてのコーポレートガバナンスを実効的に強化していかなければ、企業価値の向上という効果は期待できないわけです。

そうはいっても、コーポレートガバナンスが企業価値を向上させるということを証明できるのかという問題は依然として残ります。この点を聞かれると、私は、よくプライベート・エクイティ・ファンドを思い浮かべます。今日、国内外でプライベート・エクイティ・ファンド・ビジネスが事業として成立しています。プライベート・エクイティ・ファンドが上場企業を買収して、非公開化して、五年程度支配して企業価値を高め、最終的に高値で売却していく。そういうビジネスモデルというのが成立している。

なぜ、プライベート・エクイティ・ファンドが企業を買収すると、企業価値が上がるのか。私は、その理由は、つまるところ、ガバナンス効果にあると考えています。もちろん、色々なケースはありますが、一般に、ファンドの方々が企業経営をするわけではない。そうであるにもかかわらず、投資先の収益性が改善し、企業価値が向上し、高い値段で売れて、最終的にビジネスとして成立するのは、その五年間に企業の経営者が株主にわかるような言葉で収益向上策を説明をし、株主が合理的に理解ができるような経営を続けた結果として、収益性が高まり、企業価値が上がっていくのであろうと思います。

ですから、上場企業であっても、会社の持続的成長と中長期的な企業価値を向上させるための骨太のストーリーをしっかり作って、形式にとどまらず、実効的なコーポレートガバナンスを実現していけば、おそらく先ほど説明した図式が成立していくのだろうと思います。

結局のところ、今回のコーポレートガバナンス・コード対応に際し、実効的なコーポレートガバナンスを構築することができるのか否かということが、コーポレートガバナンスにより企業価値を本当に向上させられるかどうかの試金石となるということかと思います。

◆コーポレートガバナンスによって株価は上がるのか

二つ目のコーポレートガバナンスによって株価が上がるのかという問いに移ります。先ほど、パネリストの方からコーポレートガバナンスは株価の問題ではないという話もありました。

コーポレートガバナンスに関する情報は、財務情報ではなく、非財務情報です。

では、どのような投資家が非財務情報を重視するのかというと、中長期的投資目的の投資家が非財務情報を重視します。なぜか。

企業の中には、一〇年先に売上高を何倍にして、収益を何倍にするといった夢のある目標を出しているところもありますが、それが実現されることはあまりないわけです。つまり、一〇年先、一五年先の財務情報はあまり当てにならないから、中長期的投資目的の投資家にとって、五年先、一〇年先の財務情報を期待してもあまり意味がない。

これに対し、短期的投資目的の投資家からすると、今の業績、来年の業績予想が非常に重要なわけです。このあたりの業績、今年どのような理由で利益が出て、特損が出て、来年の業績はどうなるのか、そのような財務情報は、精度がより高く、短期的投資家にとっては価値のある重要な情報ということになります。

それでは、信頼できる中長期的な財務情報を持たない中長期的な投資家がどこを見るかというと、ガバナンスを見る。ガバナンスを含めた非財務情報を見ていくことになります。企業の将来のキャッシュ・フローを確保してくれるようなガバナンスになっているかどうかという非財務情報に着目して、それが期待できるということになると、中長期的投資目的の投資家が株を買ってくる、という話になるわけです。

先ほど神作先生から日本版スチュワードシップ・コードのお話がありました。日本版スチュワードシップ・コードが導入され、機関投資家は、自分たちの議決権行使に責任を負って、その結果を公表するようになっていきます。

そうすると、機関投資家は、これまで以上に議決権行使に説明責任を負うことになる。外部の人に対して説明ができるような議決権行使をしていかなければならなくなる。中長期的な投資目的の機関投資家において、なぜ、ここに投資をして、なぜ賛成の議決権行使をするのかといったことについて説明をしていくうえでは、非財務情報であるコーポレートガバナンスの情報がやはり重要になってくることになります。

したがって、コーポレートガバナンスの強化は、中長期的投資目的の株主ないしは投資家を呼び込んでいく意味はあると思います。それによって、株価がプラスになることもあろうかと思います。

もちろん、株価は、マクロ経済やその他の要因によって左右されますので、中長期的投資目的の株主が増えたら株価が上がるとは、一概にはいえません。もっとも、少なくともガバナンスについては、中長期的投資目的の株主が着目している、それがよければ、中長期的投資目的の株主を呼び込める可能性があるということは、ご理解いただいたほうがよいと思います。

◆コーポレートガバナンス・コードをどこまでコンプライするべきか

最後に、コーポレートガバナンス・コードをどこまでコンプライするのか、それともエクスプレインするのか、という点です。コードの原則の数が七三と聞いて、それだけでもううんざりしてしまう方も少なくないと思います。このコードをどこまでコンプライするのかというところが、皆さんが今一番、関心のあるところかと思います。

先ほど静さんからもございましたが、コーポレートガバナンス・コードそのものは、法的拘束力を持つ規範または法令ではないわけです。ただし、先ほど話がありましたように、上場会社は、上場規則に基づき、コーポレートガバナンス・コードにコンプライするか、エクスプレインするかを決め、コンプライしない場合にはその理由を説明する必要があります。

また、上場規則においては、コーポレートガバナンス・コードの趣旨、精神を尊重することが求められていますので、今後、コードがマーケットにおけるベストプラクティスとしてみなされていく可能性があります。したがって、法令でないソフトローであるとはいっても、軽視するわけにもいかず、各企業が創意工夫をしながらできる限り満たしていくものとして位置付けられるのではないかと思います。

さらに、今日、九〇もの国・地域でコーポレートガバナンス・コードが策定されている中で、このコードは、グローバルマーケットにおける企業のガバナンスのチェックリストとしての役割も持っているともいえます。各会社において、自らのガバナンスを七三の原則に照らして一つひとつチェックしていくことによって、自分たちの会社のガバナンス体制のグローバルな資本市場における位置づけをチェックするいい機会でもあるわけです。どうせ一つひとつチェックをしていく必要があるわけですから、この機会に改善できるものは改善していったほうがよいのではないかと思います。

コーポレートガバナンス・コードには、基本原則と原則と補充原則があります。このうち基本原則については、多くの企業は通常コンプライされていくと思います。基本原則以外の原則などについても、もちろんコンプライをしていく企業が多いとは思いますが、エクスプレインしていくケースもあります。

それでは、どのようなケースにエクスプレインしていくべきでしょうか。

一つめは、各社、いろいろな個別具体的な事情や特殊事情を踏まえて、実効的なガバナンスを実現するという観点で骨太のガバナンスのストーリーを作る、そのうえで、なお一定のことについては、やはりエクスプレインせざるを得ないと思うものが出てくると思います。それについては、堂々とエクスプレインをしていけばいい。自らの企業の実態を踏まえて、「うちのガバナンスは、このようなストーリーでできているのです」という骨太のものを作っていただき、それに沿わないものは、堂々とエクスプレインしていくということが考えられます。

二つめに、注意されたほうがいいと思うことは、やはり安易なコンプライアンスをすることに伴うリスクもあります。例えば、会社の実態がそれに「コンプライ」という状態に達していない、まだその体制ができていないにもかかわらず、もう目をつぶってコンプライしてしまう、ということは、やはりリスクを伴うと思います。

もちろん、これはプリンシプル・ベースであり、コードの解釈は、ある程度各企業の判断に委ねられています。したがって、コードは、比較的幅のある表現を用いて記載されており、一義的にここまでやらなければ即アウトということになっているわけではないし、取引所がその解釈を積極的にしていくわけでもありません。

ただ、そうはいっても、最終的には投資家が評価をしていくことになりますので、投資家の常識的・客観的な目から見てコンプライしているとはいえない実態であれば、それは、やはりエクスプレインせざるを得ないと思います。

三つめには、特に二〇一五年の段階では、まだ結論を出すには時期尚早であって、引き続き検討が必要である場合もあるのではないかと思います。英国のガバナンス対応を見ても、英国の会社が検討中であるという形でエクスプレインをしているケースも見られます。したがって、最終的に間に合わず、検討中という形のエクスプレインが出てきてもおかしくはないだろうと思います。

最後に、コーポレートガバナンス・コード対応をしていくうえでのポイントについて若干触れさせていただきます。もちろん、最終的には、実態としてのガバナンスをどのように設計するのかが重要なわけですが、それに際しては、独立社外役員をうまく活用していくということが一つのポイントになると思います。いずれにせよ、独立社外取締役を二名以上選んでいくことになると思いますので、この人たちをいかにうまく使っていくかということが設計の一つのポイントになります。

そして、独立社外取締役を使って、ガバナンス委員会ないし任意の委員会を作ってしまう。同じ二人の社外取締役から意見を聞く場合であっても、単に「二人から意見を聞きます」というよりも、二人からなる委員会を設置し、「委員会から意見を聞きます」というように建て付けたほうがよい印象を与えます。そのような形でうまく独立社外役員を構成員とするガバナンス委員会やその他の任意委員会のようなものを活用していくのがよいのではないかと思います。

二つめには、やはりグローバルな投資の世界では、グローバルスタンダードを理解することが非常に重要です。株主とのやりとりの一つひとつを取ってみても、日本語のレターを単純に英訳して送ったのでは、海外の機関投資家には、あまり響かないわけです。

同じことがコーポレートガバナンス報告書についても該当します。したがって、やはりグローバルマーケットを見据えた時には、海外の企業がどのようにガバナンスについて説明をしているのか、どのような表現で記載しているのか、ということも理解しながら、コーポレートガバナンス報告書を作成したらよいのではないかと思います。

第5章 投資家との対話

本章は、二〇一五年二月二三日に開催された、株式会社商事法務主催・講師弁護士・澤口実（森・濱田松本法律事務所）のセミナー「投資家の目線を踏まえたコーポレートガバナンスへの対応」における堀江貞之氏（野村総合研究所・金融ITイノベーション研究部）の発言部分及び質疑応答部分に基づくものである。

1 投資家の目線を踏まえたコーポレートガバナンスへの対応

澤口　ここでは、ゲストにお呼びした堀江様に、投資家目線のコーポレートガバナンス・コードの理解の仕方について説明いただき、私からも質問をさせていただくという構成を考えております。

いろいろなところでコーポレートガバナンス・コードの説明をさせていただいている経験から、

その背景にある、中長期運用の投資家サイドから出ている声、このコードのバックボーンとして流れている思想を理解しないと、コードを理解したことにならないと考えるからです。しかも、投資家サイドから求められているガバナンスの改革の方向性は、従前の論議とは質的に違ったものになっており、企業サイドにこの考え方が届いていないのではないかと思いました。堀江様は、スチュワードシップ・コード、コーポレートガバナンス・コードのそれぞれの有識者会議の委員を務められ、GPIF（年金積立金管理運用独立行政法人）改革においてもガバナンス会議の議長もされている、この流れのキーパーソンであり、論理的に中長期投資家の考え方を説明いただける方ですので、コードの背景を理解するために、アレンジをさせていただきました。

まずは堀江様から今、起こっていることについて少し説明いただいたうえで、私からその説明に関して質問させていただく形で、進めたいと思います。では、堀江様、よろしくお願いいたします。

◆コードの目的は資本生産性の向上——攻めのガバナンス

堀江　ただ今、ご紹介いただきましたように、過去二年間ほど、いろいろな改革の会議に参加をさせていただいています。GPIF改革は、苦戦をしており、予断を許さない状況です。一方、二番目と三番目の、株式市場の改革は、今回うまく行くと考えています。主役である事業会社の皆様方のご協力が必要で、このような講演の機会をいただき、本当にありがとうございます。

資料5-1

コーポレートガバナンス・コードの意味：日本企業の稼ぐ力の強化

各国のステージ毎に異なるコード（原則）設定の目的

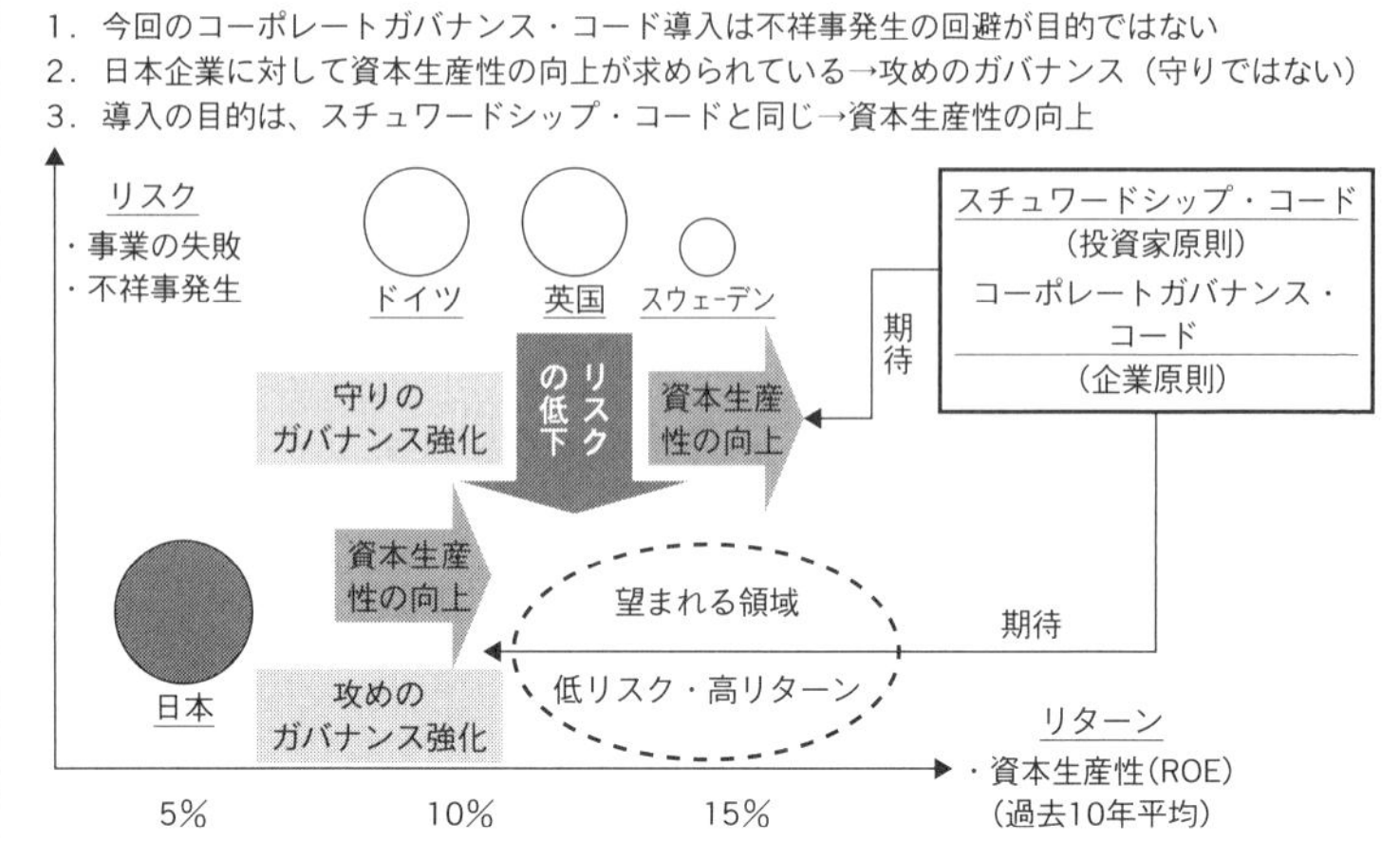

（出所）小林慶一郎・杉浦秀徳

最初にお断りしておきたいのは、ここで述べる意見はあくまで私見であり、私の所属する機関を代表するものではないという点です。

さて、少しポイントを整理してお話をさせていただきたいのですが、今回のコーポレートガバナンス・コードの趣旨が、まだ、いまひとつ理解されていないのではないかということを感じます。まず、資料5－1、今回のコードの意図を、最初にかいつまんでご紹介します。

今回、スチュワードシップ・コードとコーポレートガバナンス・コードの二つが、平仄を合わせる形で制定されましたが、この資料は横軸が、いわゆる事業会社のリターンです。いろいろなリターンの捉え方がありますが、ここでは簿価ベースの資産を分母、利益を分子としたリターンをイメージしています。投資家側のリターンも意識していますが、株価は考慮していません。投資家から見ると、資本を事業会社に投下しており、投下資本に対するリターンという意味での資本生産性――これはＲＯＩＣ（投資資本利益率）でも、ＲＯＥ（自己資本利益率）でも、なんでも結構ですが――いわゆる事業会社が生み出すキャッシュフローをベースにしたリターンを横軸に置いています。縦軸が、事業会社が抱えるリスクです。事業会社から見たリターンとリスクという観点で、縦軸、横軸を作成しています。

今回のコードのポイントは極めて単純ですが、海外とは異なります。海外で同様のコードが制定された意図は、どちらかというと不祥事、つまり縦軸（リスク）を下げたいという意図があったと思われます。例えば英国では、二〇一〇年に、機関投資家の事業会社に対する対話を促進させるため、スチュワードシップ・コードが制定されました。金融危機で、基本的には英国政府からの税金が投入される形で銀行の破たんを防ぐことが行われましたが、銀行破たんの原因は、取締役・経営者の暴走であり、暴走した経営陣を機関投資家がチェックできなかったという問題意識からコードの制定が始まりました。投資家サイドの取締役会に対するモニタリングが十分ではなかったというのが、英国でスチュワードシップ・コードが制定された目的です。英国は、経営者を放っておくと過度なリスクを取るという、日本とは少し違った状況があり、縦軸（リスク）をどちらかというと下げたい、リスクを抑制する目的で制定されたと考えています。

今回、日本は一八〇度異なる理由、つまりリターン向上を目的としています。オリンパス事件等の不祥事を防ぐことが今回のコード導入の大きな目的ではありません。資料５－１の横軸（リターン）を右に移動させる、つまり資本生産性の向上が今回のコードの目的です。リスク抑制の観点で入れたものではまったくないわけです。リターン、つまり資本生産性を上げることが一番の目的になっています。

皆様ご承知のとおり、過去一〇～二〇年にわたり、投資家サイドから見ると、上場会社全体で企業価値が毀損されたという歴史があります。当然個々の会社によって大きく企業価値を上げたところもありますが、上場会社全体では企業価値が毀損されたのが現実です。投資家の観点からいうと、最低限の期待リターン、これを資本コストと呼びますが、この値を上回るキャッシュフローが生み出されてはじめて、企業価値が向上、増加したと捉えます。事業会社の方が捉えている企業価値は売上高とか人的資源などを含む広い概念であると思いますが、投資家が考えている企業価値とは少しズレがあるのです。

ズレの一番の原因は、投資家は資本コストを考えたうえで、それを上回るキャッシュフローを生み出す能力がある会社が、はじめて企業価値が増加したということになる点です。資本コストの考え方は、最も重要で、投資家と事業会社が、企業価値を考えるうえで一番溝が大きい部分だと思われます。

今回のコードの趣旨は、資本コストを上回るキャッシュフローを生み出す能力を向上させるためのものであるということが、一番のポイントです。コードの目的にも、「今回のコーポレートガバナンス・コードとは」という部分で、「会社が株主をはじめ顧客、従業員、地域社会等の立場を踏まえたうえで、透明、公正、かつ迅速果敢な意思決定を行うための仕組み」と明確な定義が書かれていています。リスクを下げる意味合いが薄いと考えていただいていいと思います。資料5－1に「守りのガバナンス」と書いてありますが、今回のコードは攻めのガバナンスを主にしたものです。それが今回のコードの意図で、そこがこれまでのガバナンスの議論とは、大きく一線を引いたものになっている。これが最初に申し上げたいポイントです。

◆その意図が十分に浸透していないスチュワードシップ・コード

今の目的を達成するために、上場企業は何をしなければならないでしょうか。

今回のコードの制定で非常に重要な役割を果たすのが、投資家であるといわれています。普通の資本主義の世界では、投資家からいわれなくても、事業会社がフリーキャッシュフローを増加させる努力を自ら行います。しかし、なかなか日本ではそうはなっていません。放っておくと、事業会社は適切なリスクを取った経営をしていただけない。過去一〇年、二〇年は利益が資本コストを上回れない状況が続いたため、今回はある程度政府が意図を持って、経営者の意識を、資料5－1の横軸の右のゾーンに動かす手立てが必要と考えたわけです。今回政策的にこのコードが導入され、主役はあくまでも企業ですが、主役をサポートする役割を担う者として、機関投資家を据えたという建てつけになっています。

機関投資家サイドの規律を高めるうえで導入されたのが、スチュワードシップ・コードです。

資料5-2

企業経営・株式市場改革の概要：日本企業の稼ぐ力の強化が政策目的

機関投資家と投資先企業の関係は企業価値向上という共通目標の下、大きく変化

<table>
<tr><th>日本版スチュワードシップ・コード
（2014年2月）</th><th>コーポレートガバナンス・コード
（2015年3月予定）</th></tr>
<tr><td>1. 機関投資家は、スチュワードシップ責任を果たすための明確な方針を策定し、これを公表すべきである。</td><td>1. 株主の権利・平等性の確保：上場会社は、株主の権利が実質的に確保されるよう適切な対応を行うと共に、株主がその権利を適切に行使することができる環境の整備を行うべきである。</td></tr>
<tr><td>2. 機関投資家は、スチュワードシップ責任を果たす上で管理すべき利益相反について、明確な方針を策定し、これを公表すべきである。</td><td>2. 株主以外のステークホルダーとの適切な協働：上場会社は、会社の持続的な成長と中長期的な企業価値の創出は、従業員、顧客、取引先、債権者、地域社会をはじめとする様々なステークホルダーによるリソースの提供や貢献の結果であることを十分に認識し、これらのステークホルダーとの適切な協働に努めるべきである。</td></tr>
<tr><td>3. 機関投資家は、投資先企業の持続的成長に向けてスチュワードシップ責任を適切に果たすため、当該企業の状況を的確に把握すべきである。</td><td>3. 適切な情報開示と透明性の確保：上場会社は、会社の財政状態・経営成績等の財務情報や、経営戦略・経営課題、リスクやガバナンスに係る情報等の非財務情報について、法令に基づく開示を適切に行うとともに、法令に基づく開示以外の情報提供にも主体的に取り組むべきである。</td></tr>
<tr><td>4. 機関投資家は、投資先企業との建設的な「目的を持った対話」を通じて、投資先企業と認識の共有を図るとともに、問題の改善に努めるべきである。</td><td rowspan="3">4. 取締役会等の責務：上場会社の取締役会は、株主に対する受託者責任等・説明責任を踏まえ、会社の持続的成長と中長期的な企業価値の向上を促し、収益力・資本効率等の改善を図るべく、
(1) 企業戦略等の大きな方向性を示すこと
(2) 経営陣幹部による適切なリスクテイクを支える環境整備を行うこと
(3) 独立した客観的な立場から、経営陣（執行役・執行役員を含む）・取締役に対する実効性の高い監督を行うこと
をはじめとする役割・責務を適切に果たすべきである。こうした役割・責務はいずれの機関設計の場合でも、等しく適切に果たされるべきである。</td></tr>
<tr><td>5. 機関投資家は、議決権の行使と行使結果の公表について明確な方針を持つとともに、議決権行使の方針については、単に形式的な判断基準にとどまるのではなく、投資先企業の持続的成長に資するものとなるよう工夫すべきである。</td></tr>
<tr><td>6. 機関投資家は、議決権の行使も含め、スチュワードシップ責任をどのように果たしているのかについて、原則として、顧客・受益者に対して定期的に報告を行うべきである。</td></tr>
<tr><td>7. 機関投資家は、投資先企業の持続的成長に資するよう、投資先企業やその事業環境等に関する深い理解に基づき、当該企業との対話やスチュワードシップ活動に伴う判断を適切に行うための実力を備えるべきである。</td><td>5. 株主との対話：上場会社は、その持続的な成長と中長期的な企業価値の向上に資するため、株主総会の場以外においても、株主との間で建設的な対話を行うべきである。</td></tr>
</table>

（出所）金融庁の資料を基に野村総合研究所が作成

その状況について先に説明します。資料5－2の左側に、スチュワードシップ・コードの概要を記しました。一言でいうと、事業会社に対して、中長期の企業価値を上げる観点で、企業のトップマネジメントの方と議論をする能力をつけてほしい――このようなことは政府からいわれるまでもなく、やらなければいけないことなのですが、実態がそうなっていませんので――中長期の企業価値を見極めるための能力をつけるよう、プロセスを改善してくださいと、政府から機関投資家がいわれている状況です。

その状況として、資料5－3に、私のほうから評価をさせていただいています。この評価は英国年金協会が、運用会社が自己評価をするために作成したものを日本流にアレンジしたものです。スチュワードシップ・コードは、まだその意図が十分に浸透していないと認識しています。コードを受け入れた投資家の数は非常に多い水準です。一八四という、日本の株式投資をしている、ほとんどの大手の運用会社は、すでにスチュワードシップ責任を果たすための役割を認識して、このコードに署名しています。私はGPIFの運用委員を務めており、最初の仕事の一つが、スチュワードシップ・コードの署名サポートでした。現時点では、多くの機関投資家において書かれた内容がコードの趣旨に沿ったものになっていないというのが、私の評価です。コーポレートガバナンス・コードも同じことが起こるのではないかという危惧を抱いています。スチュワードシップ・コードは現在、運用会社の方に「このような中身では困ります」と申し上げています。

スチュワードシップ・コードに対する記述内容が不十分なのはなぜでしょうか。なぜ、署名数

資料5－3

日本版スチュワードシップ・コードへの対応の現状

運用会社、アセットオーナーともいまだ不十分な対応状況

■**運用会社のコードへの対応方針はいまだ不十分な内容**

▶コード受け入れ機関投資家184社の内、投信・投資顧問専業運用会社が129社と７割を占める

- また外資系機関投資家が全体の４割強を占める

▶コードの方針説明では原則１・２・５を必須とした意味の再考が必要

- 原則1：対話にあたり運用機関の投資方針を明らかにする（投資哲学・運用スタイルなど）
- 原則2：企業にコーポレートガバナンスの向上を求める大前提として自らの襟を正す
- 原則5：過去のスチュワードシップ活動の実績を示す（議決権行使は重要な一手段）

▶Comply or Explainの活用をすべき

- 単純な受入表明より、投資スタイルと異なり出来ない事は出来ないと書くことが重要

▶方針文の中にはスチュワードシップ責任の精神そのものに反するものもある

■**アセットオーナー（年金ファンド等）の受け入れは公的年金が主**

▶海外の年金ファンドを含む21社の多くが公的年金であり、企業年金ファンドは５社のみ

- 公的年金ファンドの中には、既に議決権行使規定があり、受け入れのための前提条件が整っていた

▶英国でも2012年の改定以降アセット・オーナーの受入が加速（当初は先進的な年金ファンドのみ）

▶議決権行使規定を設ける必要があると考えている年金ファンドも存在

- 年金ファンド自体がガイドラインを設ける必要は必ずしもない

▶コーポレートガバナンス・コードと平仄を合わせたいという大手企業年金ファンドの意見もある

- 特に規約型の確定給付企業年金が対応に苦慮

（参考）スチュワードシップ・コードの方針内容の評価

英国NAPF評価シートの日本版を作成、実際の活動ではなく署名内容の透明性等を評価

1. コードの各原則に対するディスクロージャー内容を、項目毎に4段階で評価
2. 評価は、透明性の評価、ディスクローズの内容・頻度などを基準に行っており、投資自体の内容の良し悪しを判断するものではない
3. また実際のスチュワードシップ責任を果たしているかどうかを確認するものでもなく、あくまでスチュワードシップ責任を「どのように果たしているかを説明する」内容に関する評価であることに注意

	投信・投資顧問（日系、信託含）	投信・投資顧問（外資系）	生損保	年金ファンド等
A評価	10%	31%		63%
B評価	29%	31%	8%	25%
C評価	48%	25%	25%	13%
D評価	13%	13%	67%	
合計	31社	16社	12社	8社

（注）資産運用額の大きな運用会社を中心に70社を選択して評価（評価会社４社を含む）

（出所）野村総合研究所

は多いが、中身が不十分なのか。資料5－3に参考として我々の評価シートを表示しています。この表は、運用戦略自体の評価をしているのではなく、コードへの記述内容がコードの趣旨に本当に沿ったものなのかという観点から、A、B、C、Dの四段階で評価をしています。A評価は非常に少ない状況です。署名はしているものの、書かれている内容がコードの趣旨、つまり、機関投資家が投資先企業やその事業環境等に関する深い理解に基づく建設的な「目的を持った対話」などを通じて、当該企業の企業価値の向上や持続的成長を促すことにより、「顧客・受益者」の中長期的な投資リターンの拡大を図る責任を持つべきとしていることに十分に沿ったものではないわけです。「われわれはスチュワードシップ責任を果たすために、このようなことをやっています」と書いてありますが、表面上の記述に留まり、実際の活動が分かるレベルではありません。

現時点では、書かれている内容がスチュワードシップ責任に適しているかどうか判断できない例が散見されます。

その一例が政策投資です。政策投資は、保険契約等のビジネス獲得のため、その事業会社の株式を保有するのが典型例だと思われます。つまり政策投資は、株主となることでその企業の価値向上を図るという目的よりも、株主になることで投資先企業との関係を強化し事業会社としての収益を拡大することを主たる目的としたものだと考えられます。一方、スチュワードシップ責任とは、「機関投資家が、投資先の日本企業やその事業環境等に関する深い理解に基づく建設的な

『目的を持った対話』（エンゲージメント）などを通じて、当該企業の企業価値の向上や持続的成長を促すことにより、顧客・受益者の中長期的な投資リターンの拡大を図る責任」とスチュワードシップ・コードで定義されています。政策投資を否定するものではありませんが、政策投資に関しては投資先企業の企業価値向上を目的とした保有ではないこと、つまりスチュワードシップ責任を果たすものではないことを明示し、純投資とは区分すべきであると考えます。

◆スチュワードシップ責任とマッチしていない投資戦略

スチュワードシップ責任を十分に理解していないのは、政策投資の例だけではありません。投信や投資顧問会社でもまだ理解が十分ではないように思います。なぜそのような状況になっているのでしょうか。その理由を説明したのが資料5－4です。

主たる理由は、投資戦略がスチュワードシップ責任とマッチしていないからです。スチュワードシップ責任を全うしようと思うと、中長期の企業価値を見極める投資戦略が必要です。スチュワードシップ・コードに書かれている、例えば「投資先企業の持続的成長に資するよう、投資先企業やその事業環境等に関する深い理解に基づき、当該企業との対話やスチュワードシップ活動に伴う判断を適切に行うための実力を備えるべきである」といった要求を四半期の業績予想を基に投資をしている運用会社が本気で実行するはずがありません。こういった活動を行う必要性が低いからです。いくつか例は出てきていますが、残念ながらまだ多くの運用会社は、中長期の企

資料5-4

スチュワードシップ責任を果たすために運用会社が実行すべき点は何か

顧客からの付託に応える投資先企業との実効性のある対話力の構築

■何より重要であるのは中長期の企業価値を見極める能力及び投資戦略の構築

▶残念ながら真剣に中長期の企業価値を見極める能力・投資戦略を中心に据えた運用会社は少ない

- 国内顧客の短期志向も運用会社の投資戦略に大きな影響を与えている可能性が高い

▶この能力の開発及び機関投資家層の拡大なくして投資家と企業経営者の建設的対話は拡大しない

1．機関投資家（運用会社、年金ファンド）自身のガバナンス整備が不可欠
- 利益相反を含めた情報（関係・対処方法等）を明確に開示することが最低条件
- 顧客利益を考慮する専門性を担保したボード（取締役会）の設置

2．投資戦略別に実行すべきこと、全社として実行すべきことを峻別（運用会社）
- 全社として実行すべきこと：議決権行使等
- 投資戦略別に実行すべきこと：具体的な投資先企業との対話

3．単なる情報収集活動とエンゲージメント活動の峻別
- 四半期業績に基づく対話は「単なる情報収集活動」、エンゲージメント活動とは呼ばない
- スチュワードシップ責任（＋エンゲージメント活動）は、中長期の企業価値向上に資するもの

4．顧客およびコンサルタントからの評価に耐えうる開示が重要
- 投資戦略を反映した方針の説明により、顧客が投資戦略への理解を深めることが可能
- 顧客の投資戦略理解が深まれば、リターン悪化のみを理由とした早期解約を防ぐことにもつながる

業価値を見極めることに主眼を置いた投資戦略を主要な投資戦略に据えていないように思います。

事業会社の立場に立つと、このような投資家に、貴重な時間を使って事業内容を説明する必要性を感じられないと思います。短期業績に主たる関心を持つ投資家が多いのは、日本に限ったことではなく、他の国でも同様の傾向は見られます。また、短期投資家が存在しないと株式市場の流動性が確保されないので、そのような投資家を否定するものでもありません。

スチュワードシップ・コードの課題は、短期投資家が多いにもかかわらず、コードの記述において、あたかも中長期の企業価値を考えていると装っている表現が見られることです。我々が読めば、投資戦略とコードの記述に大きなズレが生じているのがすぐにわかるのですが、運

用会社の多くがまだそのことに気が付いていないように思われます。

私が運用会社の方に申し上げているのは、署名内容にコンプライしているのが本当であれば、投資戦略はそれに見合うものでなければならないはずだという点です。投資戦略が、まだ十分スチュワードシップ・コードの内容に適したものになっていないのが現状ではないでしょうか。スチュワードシップ責任を全うするのであれば、投資戦略そのものが事業会社と平仄が合う、つまり中長期の企業価値を本当に考えるような投資戦略でなければならない、ということです。

私が危惧するのは、コーポレートガバナンス・コードでも同様の事態が発生することです。運用会社の投資戦略が短期のままスチュワードシップ・コードに署名していることと、事業会社が資本コストを下回るキャッシュフローしか生み出さないままコーポレートガバナンス・コードにコンプライすることはまったく同じです。資本コストを下回るキャッシュフローしか生み出さない企業がいくらコーポレートガバナンス・コードにコンプライしても、投資家から見ると全く読むに値しないものになります。資本コストを下回る利益しか生み出さない企業は投資家から見て企業価値破壊企業であり、そもそも機関投資家の投資対象とはならないからです。

このことを言い換えると、投資家から見ると、コーポレートガバナンス・コードの全ての項目にコンプライしていただく必要は全くないということです。事業会社に最初に実行していただきたいことは、資本コストを上回るキャッシュフローを生み出すことです。要は、企業価値をどのように向上させるのか、そこの考え方が書かれないままコンプライを進めていただいても、全くです。

意味がありません。スチュワードシップ・コードでも、コードへの説明内容と実際の投資戦略の間に齟齬が起こっており、そのことが外部の人にはすぐにわかるということを申し上げましたが、……コーポレートガバナンス・コードでも同じです。資本コストを上回るキャッシュフローを生み出す能力を付けてから、コードへの対応を行っていただきたいと思います。これが最初のポイントです。

◆日本を特徴付ける企業価値に関心の低い投資家層の存在

次にコーポレートガバナンス・コードについて述べさせていただきます。資料5-5（三一八ページ）以降に、その内容を記述しました。

まず資料5-5に、事業会社の方に理解していただきたいポイント、日本企業の株主構成を示しました。日本の株式市場の株主構成の状況を、縦軸に企業価値への関心度や企業へのエンゲージメントの熱心度を、横軸に株主（投資家）の投資期間を取っています。右上に行くほど、投資期間が長くしかも投資先企業の中長期の企業価値に関心が高いということになります。

日本の株主構造で他の国とは違う特異な点があります。よい点は長期投資家（企業の平均的な保有期間が三年以上）が非常に多いという点。長期投資家割合はおそらく五割以上であると思われます。残念な点は、長期投資家の中で企業価値にあまり関心の無い機関投資家が多い点です。長期投資家でありながら、真剣に中長期の企業価値のことを考えていない。一般的には、「安定

資料5-5

日本の上場企業の株主分類と保有比率

保有期間と企業との対話・企業価値評価から見た株主分類

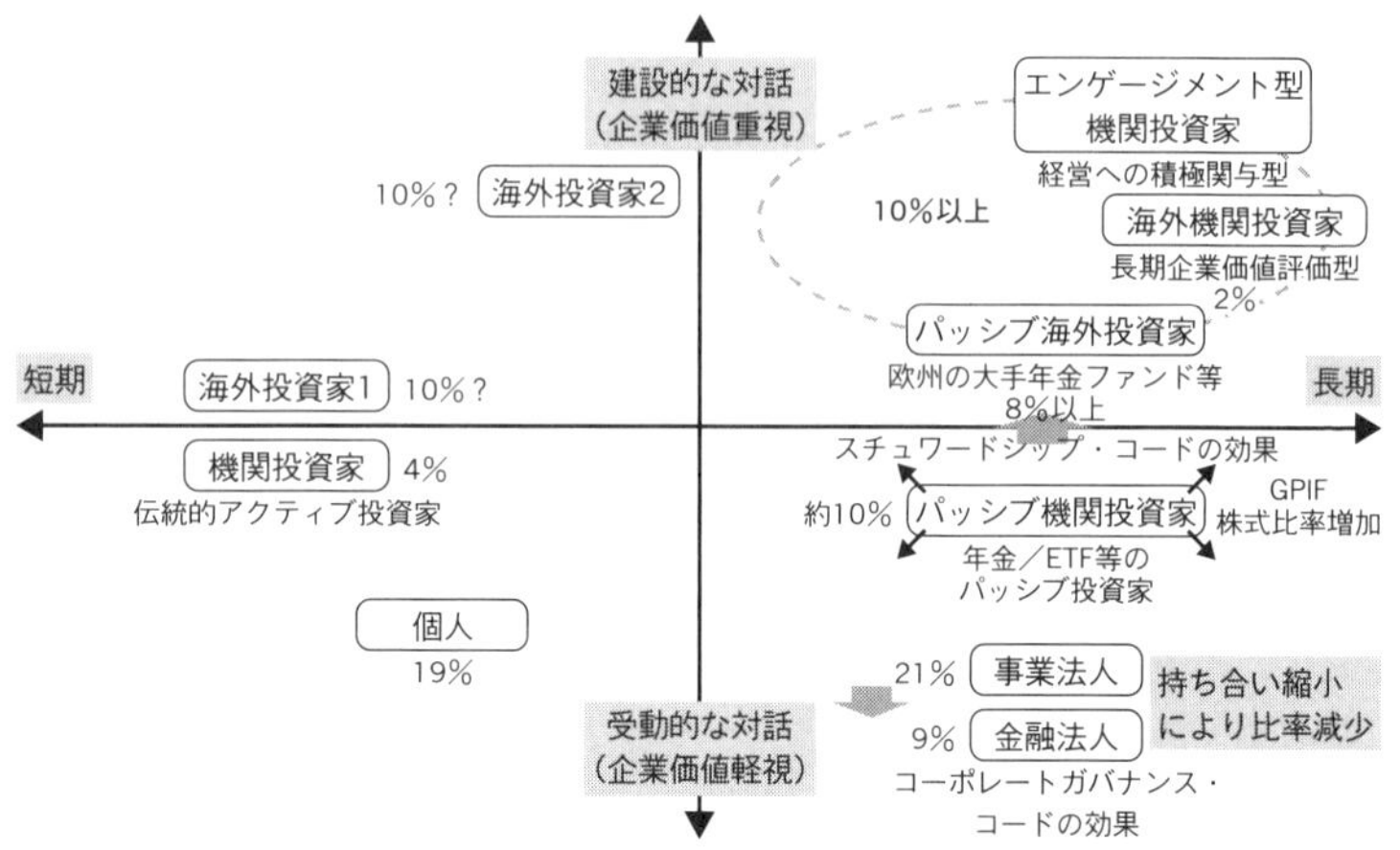

（出所）各種資料を基に野村総合研究所が作成

株主」といわれる投資家層です。企業経営者に対して経営内容の良し悪しを問わず賛成する傾向の強い投資家といえます。「持ち合い」は安定株主の一つの典型例です。企業価値に関心の低い投資家層が多いことは、企業経営者の経営規律を弱める働きを持つと思われます。

多くの海外投資家の意見として、中長期の企業価値向上に資する真っ当な株主提案をしても、その案が支持されない一番大きな原因は、安定株主の多さであるということがいわれます。余裕現金で自己株買いをしろ、配当を増やせ、といった短期の企業価値に関わる提案ではなく、中長期の企業価値を上げるための提案を示したとしても、最終的にその提案が採用されない大きな理由が、安定株主の多さであるという主張です。

私は、この主張は事実だと思っています。今回のコーポレートガバナンス・コードの原則（原則1－4）の中に、「いわゆる政策保有株式（持ち合い等を含む）」について、「政策保有に関する方針を開示すべきである」「リターンとリスクなどを踏まえた中長期的な経済合理性や将来見通しを検証し、保有のねらい・合理性について具体的な説明を行うべきである」と書かれています。私は、政策保有株式そのものが悪いという意見ではありません。中長期の企業価値を上げるうえで、プラスになる政策保有株式は当然あり、そうであるならば、それを明確に説明すべきというのが、この原則1－4の意図になります。具体的な説明とはどういう説明なのか。投資家の観点から見ると、それは保有が将来のキャッシュフローにどう変換できるのか、が説明されているかどうかです。キャッシュフローへの変換、これがポイントです。

◆非常に多いパッシブな投資家

株主構成の第二の特徴は、GPIFも含めたパッシブな投資家が非常に多いことです。パッシブな投資家は、時価総額ベースで母集団に含まれる企業を全て保有するのが基本です。事業会社から見ると、母集団に入っていれば利益額の多寡にかかわらず勝手に保有してもらえる誠に有り難い存在です。これまでパッシブな投資家は、投資先企業に対して何も注文を付けない投資家でした。年金ファンドから運用委託を受けた運用会社も運用報酬率が低く、あまりコストをかけることができないことも原因の一つであったと思います。そのような状況を変えていこうというのが、スチュワードシップ・コードの狙いの一つです。

GPIFのスチュワードシップ・コードへの署名は、投資先企業に対して運用委託先の運用会社を通じてエンゲージメントをしていく一つの試みと捉えることができます。GPIFは三〇兆円近い日本株を保有する最大の投資家です。巨額資金であるが故に、アクティブ比率を大きく上げることは困難です。最大の課題は、保有している企業の企業価値が中長期にわたって上昇しないことです。株価は長期的に企業価値に比例するため、保有企業の企業価値が上昇しなければリターンが上がらず、国民から預かった年金資金を増加させることができません。したがって、パッシブ投資家といえども、時価総額の大きな企業の中で、長期にわたって資本コストを下回っているような企業価値破壊企業に対して、運用会社を通じ積極的に対話をすることで企業価値を上昇させることに協力することが重要になります。

日本の株式市場が過去一〇年以上にわたって低迷してきた大きな理由の一つが、日本企業の収益力が落ち資本コストを下回る収益力しかなかったことであることが、実証研究から明らかになっています。対話にかけられる予算は限られていますが、できる限り効果の高い、時価総額が大きく資本生産性の低い企業への対話を行うことで、収益力を上げていく事業会社の努力を、パッシブ投資家もしていかなければならないということだと考えています。

このような試みを様々な角度から行うことで、企業価値に関心のある長期投資家、それはすなわち事業会社とほぼ同じ目的を持った投資家であると言い換えることも可能と思いますが、彼らの層を厚くしていく努力がまず行われるべき、ということです。一方、短期投資家が比率のうえでは非常に高いことも事実です。事業会社の方に申し上げたいのは、投資家の投資戦略をよく理解して、対話を行っていただきたいという点です。貴重な経営層の時間は、中長期の企業価値を真剣に考えている長期投資家との対話に使っていただき、四半期業績の発表はIR担当者が行うなど、投資家との対話において投資家の選別を進めるべきであると思います。株主平等の原則を守ることは当然ですが、投資家の欲する情報に基づき情報発信することも重要です。投資家の特徴を踏まえた対応を行うことが、両者にとってより建設的な議論ができる条件であると思います。

◆最も重要な「株主との対話」、四つの視点

コーポレートガバナンス・コードに関して、事業会社の方に最後に最も申し上げたいポイントを、資料5－6にまとめました。今回のコーポレートガバナンス・コードに書いていただきたい内容は、投資家によって異なると思われます。私は、中長期の企業価値を真剣に考えている機関投資家から見て、何をコーポレートガバナンス・コードで書いてもらいたいかを述べさせていただきます。海外の中長期の企業価値を考える投資家にも、二〇一五年二月に三〇社以上にお目にかかって、この内容でよいことを確認しています。

ここで語られている一番重要なポイントは、この資料5－6の上の項目です。あくまで個人的な意見ですが、私は、コーポレートガバナンス・コードの第5章「株主との対話」が一番重要だ

資料5-6

コーポレートガバナンス・コード制定により期待される動き

資本生産性向上へ向け企業経営が実行すべき施策、投資家がすべきことの明確化

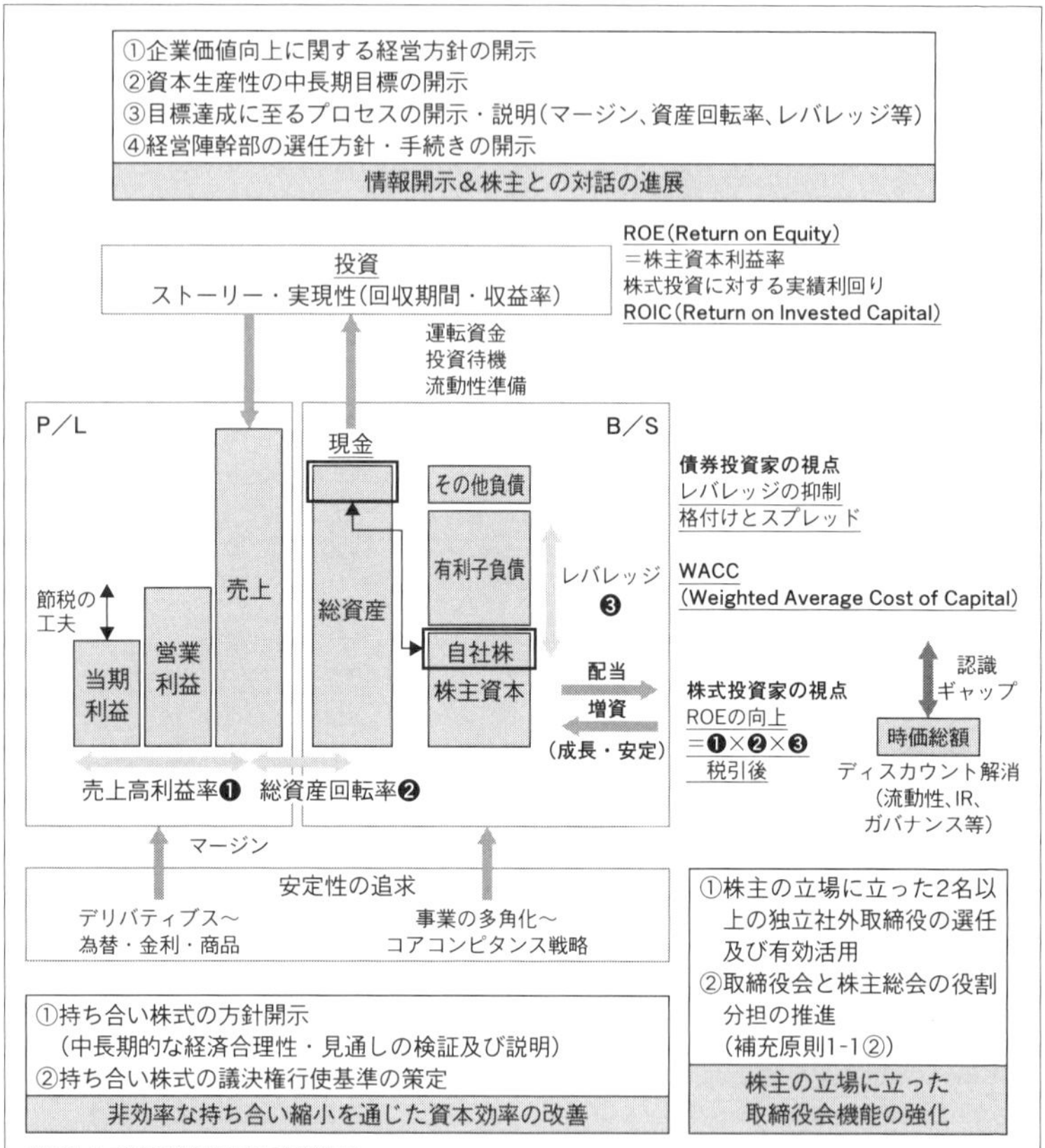

(出所) みずほ証券資料を基に筆者修正

と思っています。投資家と企業経営者の建設的な対話を促進するうえで、前提条件になるのが、企業からどのような情報がディスクローズされるかです。最低限、四つの内容を書いていただかなければなりません。

まず、企業価値の定義と企業価値をどのように向上させていくかの経営戦略が不可欠です。投資家の考える企業価値と経営者が考える企業価値には差があると思います。前述したように、企業経営者が考える企業価値は、多くの場合、売上高や人的資源などを含めたかなり幅広い概念のようです。一方、投資家の考える企業価値とはもっと明確な内容です。つまり、投資家の想定する「資本コスト」を上回る将来のキャッシュフロー（利益）を現在価値に割り引いたものの総額が、企業価値の定義です。投資家から見た企業価値は、資本コストを上回るキャッシュフローが生み出されてはじめて上がるものです。したがって、資本コストを上回る利益を上げる手立てを経営者としてどう考えておられるのかが開示されなければ、投資家と議論の中身に入れないというこことです。企業価値を上げるつもりがないのであれば、それで議論は終わりです。そのような企業には投資家は投資しませんので、そこでゲームは終了となります。この企業価値の定義、改善の方針、これが開示すべき第一のポイントです。

二番目の情報は、資本生産性の中長期目標の開示です。資本生産性とはＲＯＥ（自己資本利益率）、ＲＯＩＣ（投資資本利益率）、ＲＯＡ（総資産利益率）など様々な指標があります。資本生産性は、投下した資本や資産の額に対してどのぐらいのリターンを上げているのかを示すもので、投資家としては極めて重要な指標です。この指標は株価を使ったものではありません。目標数値は、投資家が企業への中長期での投資を考えるうえで目安となるものです。一定の幅で目標を示すのか、それとも具体的な数値として示すのか様々な開示の方法が考えられますが、その数値は経営陣のコミットメントとなります。

例えば、ＲＯＥに関し様々な機関が八％や五％といった具体的な目標値を公表しています。これらの数値自体も確かに重要ですが、この数値目標を達成できるかどうかだけが投資家の関心事ではありません。投資家との対話においては、それをどのように達成したか達成できなかったのかというプロセスの内容まで開示されなければ、投資家と将来に関する建設的な議論ができないと考えられるからです。

そのため三番目の情報として、中長期の資本生産性目標を達成するためのプロセスの説明が必要になります。経営者がプロセスの説明責任を果たすうえで重要と考えられるからです。当然、事業環境には大きな変化がつきものです。想定したシナリオどおりに行かないことは、当然あり得ることです。その場合、目標達成の手立てが十分に説明されなければ、なぜ、達成できなかったのかを理解することがうまくできません。

例えば、資本生産性を、売上高利益率（マージン）・売上高回転率（ターンオーバー）・財務レバレッジに分解し、それぞれの目標水準をどのレベルにするのか、経済環境が変化した場合に、それぞれどのくらいの変化を考えているのかを開示する必要があると思われます。環境変化が生じた際に、その数値に戻ることによって、プロセスのどこに課題があったのかを振り返ることができるのではないでしょうか。このようなプロセスの議論ができるような情報提供がなされることで、投資家と企業価値を上げるための建設的な議論ができるようになると思われます。

四番目の情報が、経営陣幹部の選任プロセスの開示です。日本の経営は中長期の視点に立っているといわれますが、果たしてそうでしょうか。経営陣幹部の選任はそのようになっていないと思われます。例えば、社長等の経営陣幹部は、前任者の達成度の如何にかかわらず彼らが後任者を選び、しかも三年交代や五年交代で定期的にされることが多いように思われます。本来、経営陣幹部の選任は、中長期的に企業価値を高められる人材が社内外から登用されるべきです。その観点からすれば定期的な交代ではなく、成績の良い経営者は当然、長期にわたる在任期間となるでしょう。経営陣幹部の選任は、この中長期の企業価値を上げる能力があるかどうかという視点で誰がどのように決定したかを開示しなければ、投資家から見て企業価値が継続的に向上する経営者が選ばれているのかどうかを確認することができません。この点で、日本の場合は開示が不十分であるといわざるを得ないと思います。内部の人だけで選任するのではなく、外部の意見を取り入れたうえで、選任プロセスを決定し開示したほうが納得性は高いと思います。

以上の四点が、内外を問わず、中長期の企業価値を真剣に考えている投資家から見て極めて重要であるということです。

◆株主の立場に立った取締役会機能の強化

この四つの情報開示が行われているという前提で、それ以外に投資家から見て重要な点を述べてみたいと思います。その中で重要なポイントは、投資家としての立場を踏まえた取締役会の機能が果たされているかどうかという点であると思います。資料5－6（三二二ページ）の右下に取締役会の機能強化を挙げていますが、これは端的にいえば、投資家の立場を踏まえた取締役会機能の充実ということです。

有識者会議の中では、株主総会、取締役会、経営会議の機能の役割分担が日本の場合は不十分なのではないかという議論がありました。一つの例は、株主総会への責任集中です。配当支払等の会計に関する議案も含め株主総会に多くの議事が集中しています。例えば、取締役会が、株主の意見を十分に反映した機関設計になっているのであれば、株主総会の権限を取締役会に移譲してよいと考えられます。現在は、取締役会に投資家の意見が十分に反映されていないため、株主総会で決定しなければならないと考えられていますが、その前提条件が変われば、役割分担をもっと大胆に進めることができるのではないでしょうか。

勘違いしていただきたくないのですが、株主の意見を一番に聞けといっているのではありません。様々な利害関係者、例えば従業員の方、債権者の方の意見も取締役会の中に反映されていると思うのですが、利害関係者の一人として株主の立場も取締役会の中に反映して意思決定をしてほしい、あくまで利害関係者を公平に扱ってほしいとお願いしています。つまり、取締役会を、ある程度株主の意見も反映される仕組みにしていただきたい。そうなれば、株主総会と取締役会の役割分担がもっと明確になるでしょう。

もう一点付け加えさせていただくと、経営会議と取締役会の役割分担の整理も必要だと考えます。例えば、法的な観点を重視して、重要性の劣る議案も取締役会に諮られることも多いと聞いています。そのため、本来は中長期的な経営方針の議論を中心にすべき取締役会が、非常に細かな執行に関わることまでに関与せざるを得ない状態に陥っているのではないかと危惧されるのです。業務執行に関わることはできる限り経営会議で議論していただき、取締役会の役割をもっと中長期の企業価値を考える戦略的な議案にフォーカスしていただきたい。この株主総会、取締役会、経営会議の役割分担をもう少し整理すべきというのが、二番目のポイントになります。

二人以上の独立社外取締役の設置は、今の状況判断を基に、株主の意見をある程度取締役会に反映するための最低限の人数として求められている水準です。二人以上入れれば企業価値が上がるということでは全くありません。あくまで、取締役会の中で株主の立場としての意見をある程度反映させるためには、最低限二人以上の独立取締役の方が必要ではないか。当然、採用された独立社外取締役の方の資質も重要になります。人数が最重要というつもりはありませんが、その意図は、株主としての立場を反映する取締役会が果たすべき最低限の外形的要件である、というのが二点目です。

三点目は冒頭で少しご説明しましたが、持ち合いの解消です。これは持ち合いが悪いといっているのではなくて、株式保有はその意味を明確に投資家に説明すべきであるという意味です。どのような説明が求められるのか。株式持ち合いがビジネス戦略上重要であるというのであれば、当然ビジネスにおいて将来利益を生み出すものであるはずです。したがってその説明は、将来のキャッシュフローに変換する説明でなければならないという点です。つまり、投資家が納得する持ち合いの説明は、将来キャッシュフローに変換することが必要です。持ち合い株式に関して、「これまで売りたかったが、相手に納得してもらえず売却できないことがあったが、今回のコードができて売りやすくなった」と仰る銀行の経営者の方もいると聞いています。私は、持ち合いはある程度動いていくのではないかと考えており、今いったような説明がされるべきではないかと考えています。

2 質疑応答

澤口　ありがとうございます。それでは、これからいくつか、発行会社サイドでよくありそうな質問をさせていただきたいと思います。

◆マクロ的視点からの改革の意義

澤口　マクロ的な視点で日本企業のコーポレートガバナンス改革の意義を教えて下さい。具体的にいうと、堀江様も執筆者の一人だった『ROE最貧国日本を変える』（日本経済新聞出版社）の中で、事業会社にとっては少しショッキングなこと、例えば、要は、産業全体の新陳代謝を図らなくてはいけなくて、成長性が低下した、あるいは今いったような資本コストを上回る利益を生み出せなくなった会社については、社会全体から見ると、そこに資本を投下するのではなくて、次の成長産業に投資をするべきではないか、というようなことが書かれています。

堀江　上場企業は全体の事業会社の中でも、各業種を代表する企業がそろっていると考えています。その上場企業に対して、資本コストを上回るリターンを求めることは、極めて当然です。儲からない事業に投資をされても、従業員に十分な給料も払えないでしょうし、投資家にも十分な配当を払えないのではないか。私はアベノミクスは正しい政策だと思っています。事業会社をメインに据えて、事業会社に資本コストを上回るキャッシュフローを生み出してもらう。それが原資になって労働者や投資家にキャッシュフローが行き渡ることによって、経済が活性化する。そのサイクルの描き方が極めて正しいと考えるからです。

重要な点は、事業のスクラップ・アンド・ビルドが進まず、低資本生産性の事業に、人、物、金をつぎ込んでおくと、最終的には従業員にも十分な分配がされません。キャッシュフローを生み出す事業に、ある程度、人、物、金が流れる循環をつくっていかないと、日本企業全体がキャッシュフローを生み出す方向に進まないと思っています。

現在の労働市場の下では、リプレースメントがすぐに進まず、スクラップ・アンド・ビルドを実行すると、失業する方がいて、それが社会的な問題になるとの危惧があることも事実です。ただ、短期的にはそうであっても、中長期的に見ると、稼ぐ力が増加することで、資本生産性が高い部門が、日本で事業存続されると仮定すると、そこに労働力投下が必要になり、長い目で見ると、雇用の創出につながります。労働市場の硬直性による短期的な軋轢を防ぐ手立てを講じることは一方で必要ではありますが、中長期では、生産性の高い事業に人、物、金を集中させ、スクラップ・アンド・ビルドを促進させることで、日本経済全体が潤っていくと私は考えています。

◆投資家が知りたいポイントは？

澤口　コードの各原則、補充原則について、少し専門的な質問をさせていただきたいと思います。最初に、原則の1－3の資本政策という言葉自体が少し多義的なところもあり、戸惑っている会社が多いのですが、中長期の運用をする投資家としては、投資家から求められる説明、投資家が知りたいポイントは何か、その点をお願いします。

堀江　先ほど資料5－6（三二二ページ）でお話ししたことの繰り返しになりますが、この中で損益計算書と貸借対照表の分解図があります。資本政策は、貸借対照表の話が中心だと考えています。

例えば、貸借対照表の左側の総資産の中に、現金があります。現金は様々な事業リスクや将来の投資に備えるために必要なものですが、どの程度保有することが適切な水準なのでしょうか。現金そのものではキャッシュフローを生み出さないわけで、過剰な現金保有は資本生産性を低下させることにつながります。つまり事業を行ううえで適切な現金保有の水準がどのくらいなのか、投資家から見ると納得のいく説明がされていないように思います。

今いったことをさらに進めると、最適資本構成の話になります。コーポレート・ファイナンスの教科書に必ず載っていますが、どのぐらいのレバレッジ比率（デットエクイティ比率）が自社に適切な水準だと考えておられるか尋ねても、答えられないCFO（最高財務責任者）の方がいらっしゃると聞いています。事業会社ごとに最適な資本構成は異なります。投資家から見ると当たり前の説明ができていない事業会社が存在すると聞くことがあり、驚いています。

中長期の投資家が求めているのは、高度なことではなく、事業会社の特性や置かれている環境から考えて資本の適切な構成をどのように考え、レバレッジ比率はなぜその水準でなければいけないのか、現金をどのように使うつもりなのか。投資に回すのであれば、資本コストを上回る利益を生む事業に投資をするのが最低条件であり、そのような投資が実行されるのかどうか。自己株買いをするのであれば、価格が自ら考えている企業価値から見て割安であれば実行することで企業価値が上がりますが、割高であれば企業価値を毀損するため実行することはかえって投資家の不利益になります。このような説明は非常に初歩的なものですが、資本政策の基本的な方針として投資家から見て書かれるべき内容なのではないかと考えています。

◆中期計画の策定・公表をしない会社の対応は？

澤口　日本の上場会社は中期経営計画を策定、公表しない会社もけっこう多く存在しますが、今回のコードの趣旨から見ると、そのような会社はどのようにすべきかについて、アドバイスをいただければと思います。

堀江　日本よりも海外のほうが、中長期の企業価値を考える投資家が多く、私もどちらかというと、今ご質問の点に関して海外の投資家の方とお話しするケースが多くあります。

海外で中長期の企業の価値を考える投資家の求める内容は極めてシンプルです。売上高の目標などはあまり求めていません。彼らが求めている内容は十年来変化していません。今回のコードによって、トップマネジメントがどう意識を変えてくれるのかを問うています。具体的には、先ほどの資料5－6（三二二ページ）の左上で書いた四つの説明、企業価値向上の方針、資本生産性の中長期目標、その目標を達成するためのプロセス、経営陣幹部選任プロセス、について、トップマネジメントが本当に真剣に考えるのかどうかを彼らは問うている。彼らが求める経営計画とは、このような内容が書かれているものになります。これらの内容を、中期経営計画ではなく、「GG原則」のようなものにまとめて書いておいてもよいと思います。

中長期の経営計画は、ともすると従業員向けと投資家向けの内容が異なるケースもあると聞いています。従業員向けと、対外向けの内容は平仄を合わせるべきです。ここでいう企業価値は、誰から見ても納得できる内容でなければなりません。例えばレバレッジ比率は、その最適水準は債権者と株主の間で異なる意見があります。企業価値を中長期的に高めるためには、どの水準が債権者と株主の妥協点なのか、また労働者から見て、どの程度の労働分配率の水準が企業価値を高めるうえで適切なのかが議論されるには、共通の企業価値が定義されていなければなりません。つまり企業価値を、従業員、債権者、株主、誰から見ても明確に定義されているかどうかが、一番重要なポイントだと思っています。中長期の経営計画でも、第一にその明確な定義がトップマネジメントの方からされないといけないのではないか。

重要な点は、企業価値をどう定義していただくのか、そこが中長期の経営計画のときには、一番書いていただきたいポイントなのではないかなと、私は考えております。

澤口　そうしますと、中期経営計画は、皆さんがイメージされているものがなかったとしても、どのようなプロセスで資本生産性を向上させていくのか、その手段が投資家に一定程度説明されるべきだということですね。

堀江　そうです。

◆政策保有目的の株式をどう説明すべきか？

澤口　先ほどご説明いただいた政策保有株式については、皆さんの関心が強いと思います。発行会社側が取引上のメリットを強調すると、違法な利益供与といわれないかという問題を気にしているところがあります。総会屋のためにできた利益供与の規定を、あまり過度に考えすぎるのもどうかなと思う一方で、そこが政策保有目的の開示を少し曖昧にしている一因となっている可能性もあるのですが、このあたりはどのように考えておられますか?

堀江　中長期の投資家は、政策保有によってキャッシュフロー、すなわち利益が生み出されるかに関心があります。利益供与の定義が、よくわからないのですが、ビジネス上の取引を例に考えれば、投資家の視点が理解できると思います。

例えば、物の取引において、相手方に通常取引よりもコストを割り引いたと仮定します。一方で、その割り引いた相手先と、異なる取引でその割引を条件により有利な条件で取引を成立させ、割り引いた以上の利益を獲得できているといった説明がきちんとされていれば、問題がないと思います。

投資家の視点は、資本コスト以上の利益が生み出されるかどうかが、一番知りたいポイントです。株式保有のリターンはこれだけだが、政策株式保有によって取引においてもっと高い利益が生み出されている。そのような説明がされれば、利益供与の問題は、投資家の関心事にはならないと個人的には思っています。

◆「相当数の反対」とはどのくらいなのか？

澤口　補充原則1－1①に、「取締役会は、株主総会において可決に至ったものの相当数の反対票が投じられた会社提案議案があったと認めるときは、反対の理由や反対票が多くなった原因の分析を行う」旨の原則がございます。この「相当数」とは一体どのくらいなのか。これは議案の種類によっても、状況によっても全く違いますので、一概にはいえないのですが、中長期の投資家とコミュニケーションをしていて、より積極的な説明が必要な状況とは何でしょう。何か参考になることがあれば、教えていただけませんか。

堀江　反対票が投じられる会社には、いくつかのパターンが存在すると思います。

一つの例は、キャッシュフローを創出する能力が極めて高い企業で、貸借対照表上の資本政策が不十分なケースです。利益は十分に上がっているが、資本政策が適切ではなく、もっと資本生産性を高めることができるような事例です。

もう一つの例は、外形上の取締役会構成に課題のある企業です。例えば、極めて人数が多い、社内の利害関係者ばかりで構成されているような、外形上のコーポレートガバナンスで問題がある場合です。

この二つの例では、投資家の多くは外形的に判断し反対票を投じると思います。ある企業で、外形上のガバナンスに問題があるとされ、二割以上の反対票があったところもあります。二割を超える反対票は、やはり相当数の反対だと思います。一〇％未満はおそらく相当数ではないでしょうが、一〇％を超える反対があった場合は、どのようなコーポレートガバナンス体制を企業が採用しているかにもよりますが、海外の感覚でいうと「相当数」と考える投資家もいるのではないでしょうか。

◆総会運営のどのような点に関心があるのか？

澤口　基本原則1の総会運営のどのような点に投資家は関心があるのか。特に、株主総会当日に実質株主が出席できるようにというような中身も入っているようですが、堀江様ご自身のご関心でも結構です、少し教えていただけますか。

堀江　実質株主の出席を認めるべきとの意見は、有識者会議でも投資助言会社の方などから出ました。海外の機関投資家からも同様の要請があります。

その目的は、出席して自ら発言するというより、株主総会で経営者がどのような説明をしているのかを、その場で出席して確認する、経営者が株主にどのような対応をしているのかを判断するといった、経営者の資質を知るため、株主として出席をさせてもらいたいという意味合いが強いと思います。

つまり、その場で質問することは、あまり意味がないと感じている機関投資家が大多数だと思います。彼らはその目的のため、実質的な株主であるのになぜ出席できないのか疑問を呈しているわけです。実質株主を確認する手順等の総会対策が大変だとは思いますが、株主総会におけるトップマネジメントの資質チェックの意味合いを考え、もう少し柔軟に対応してほしい、というのが投資家サイドからの意見です。

◆取締役会の機関設計は？

澤口　基本原則4との関係で、取締役会については、モニタリングモデルやマネージメントボードと呼ばれるようなスタイルの差異が着眼されたり、新しく監査等委員会設置会社ができるというような話があります。この点については、中長期投資家の、あるいは堀江様ご自身の目線はどのようなお考えですか？

堀江　日本では取締役会の機関設計に関する議論はなかなか複雑です。事業会社とは少し異なりますが、年金ファンドの世界で、私はGPIFのガバナンス会議の議長や厚労省年金部会の中の「年金積立金の管理運用に係る法人のガバナンスの在り方検討作業班」委員を務めていますが、取締役会のガバナンスになかなか理解が進まないのが現状です。

例えば、日銀との比較でGPIFのガバナンス構造が議論されることがあります。日銀は、黒田総裁ら執行部三名を含む九名の政策委員会が金融政策を決定する、執行と監督がいわば一体化したガバナンス構造になっています。GPIFも執行と監督機能が一体化した、いわゆるマネージングボード型がよいとの意見も根強くあります。私は、監督と執行をクリアに分ける、いわゆるモニタリング型が、GPIFのような巨額の資金を扱っている機関設計としては望ましいと強く思っています。

事業会社の取締役会の機関設計では、年金ファンドのように強い意見を持っているわけではないですが、一般論としては、監督と執行をある程度分けたほうが投資家の立場の意見を反映しやすいと思います。マネージングボード型である監査役設置会社でも株主の意見を反映した取締役会を機能させている立派な事業会社もあり、監査役設置会社、指名委員会等設置会社、監査役等委員会設置会社の三つの間の優劣をいうつもりはないですが、どちらかというと、指名委員会等設置会社のほうが、相対的には監督と執行の役割分担が、ある程度容易にできるのではないかと思っています。

今回のコードは、機関設計間の優劣を付ける価値判断は入れなかったわけで、どの機関設計であっても構わないという前提です。今回のコードの趣旨は、あくまで資本生産性を今よりも改善してもらいたいという意図を持っており、その目的に適うもので投資家の意見を反映できる設計であれば、どの設計でもよいのではないかと思います。

◆「株主との建設的な対話の促進」とは？

澤口　補充原則5－1②に、「株主との建設的な対話を促進するための方針について」が、かなり個別に列挙されて、これはどうやら他国にはあまりない原則だというお説を聞きました。先ほどご説明いただいた投資家との対話の本質的な問題と比較すると、比較的スペシフィックなことが書かれていますので、どの程度投資家に強い思いがあるのか、教えていただけますでしょうか。

堀江　今のご質問は、補助原則5－1②に、各事業会社の中で投資家に対応する経営陣幹部の指定、それを補助すべき対応部署の設置、対応手段、フィードバックの方法など具体的な項目に言及されている点へのものと理解しています。

事業会社の方に申し上げたいのは、原則5－1にある「会社の持続的な成長と中長期的な企業価値の向上に資するよう」、投資家との議論を行わなければならない、という点です。この目的を果たすうえで、法務部門が投資家との窓口になることは考えられません。繰り返しますが、投資家の関心は、企業価値が中長期的に上がる企業かどうかを見極めたいという点です。株主平等の原則を守るのはもちろんですが、原則5－1で想定しているのは、中長期の企業価値に関心のある投資家であり、そうでない投資家は対象ではないという前提です。

このような投資家の窓口になり得るのは、やはりトップマネジメント、取締役会の中では投資家の代表になり得る独立社外取締役、また企業内部で企業価値の考えをある程度理解している部署、経営企画部ではないでしょうか。その人たちが窓口になって、トップマネジメントの意見が十分に反映される議論がなされるのが正しい対話のあり方なのではないかと思います。

したがって、中長期の企業価値を理解した対話が実行できることを担保するには、社内では経営企画部が中心になることはもちろんですが、機関設計の対応等を含めると、経営企画部だけで問題は閉じず、ＩＲ部門や法務部門等いろいろな部署に情報連携され、対応されることが望ましいということを、具体的に述べているのではないかと理解しています。

◈開示した情報は、どこまで投資家は見てくれるのか？

澤口　次に、原則、補充原則を離れて、このガバナンス・コードに関しては、堀江様のご説明のとおり、エクスプレインの内容や、コードから求められる開示は、コーポレートガバナンス報告書に書くという方向で進んでいるようですけれども、そのガバナンス報告書には今まであまりいいことを書いていないという、厳しいご指摘をいただきました。しかし、コードに基づく相当数の開示がコーポレートガバナンス報告書に載るだろうと想定されているのですが、これだけボリュームのありそうな開示をして、本当に投資家の方が見ていただけるのか、一抹の不安も感じているところです。いかがですか？

堀江　その不安はそのとおりだと思います。投資家は、コーポレートガバナンス報告書を全部は見ないと思います。海外の投資家も含めた、中長期の企業価値を本当に真剣に考えている投資家の方が主として情報としてほしいのは、資料5－6（三二二ページ）の上に書いた四つの項目です。その項目さえ明確に書かれていれば、独立社外取締役の数といった外形的な基準を彼らはあまり気にしません。長期投資家の中で、外形的な基準を気にするのは、パッシブの運用会社や、運用会社の中でもコーポレートガバナンス対応部門であると思います。しかし、真剣に中長期の企業価値だけを考えている投資家から、外形的な基準が重要であるという発言を聞いたことは一度もありません。

例えば、再建途上にある事業会社が再建のスピードを上げるために、ＣＥＯに全部権限を集中させ独立社外取締役なしで走る。そのようなケースでもまったく問題ありません。彼らは事業会社ごとに投資すべきなのかどうかだけを考えています。その投資判断に必要な情報は、先ほどの四項目なのではないでしょうか。コーポレートガバナンス・コードのすべての項目が重要だとは思いますが、今述べたことが基本的にカバーされていれば、その他の付随的な項目は、投資家はあまり気にしないのではないかと思います。

澤口　そのあまり気にしないところに、相当な労力を取られているのが実情です。でも、何が一番大切なのかが非常によくわかりました。

◆株主還元策は？

澤口　それから、これはお聞きしたいと思っていたところなのですが、株主還元策です。いろいろなものが出てきて、中には配当性向一〇〇％というような話も出てまいりました。中長期運用の投資家がどの点に着眼されるのかは、会社が悩んでいるところでもございますので、少し教えていただけますでしょうか。
堀江　事業会社ごとの状況に応じて、答えはまったく違うと思います。基本的には、上がった利益は一〇〇％企業価値が上がる投資に回してほしいというのが、真っ当な中長期の企業価値を考える投資家の考え方だと思います。配当や自己株買いなども全く求めない。それがおそらく一番真っ当な、中長期でずっとその企業に投資をし続けたい投資家が思っていることです。

なぜなら、どの事業に投資することが最も利益が上がるかという判断は、経営者にすべて任せているからです。その判断を経営者に任せ企業価値が上がってくれれば、株式保有により中長期的に株価も結果的に上がります。したがって、経営者の方が判断する、最も利益が高いと思われる事業に、一〇〇%その利益を投資していただくというのが、基本的には一番、中長期で企業を保有したいと考えている投資家が思っていることです。ただし、経営者の方が考えて、そのような利益が上がる投資先がないのであれば、投資家に対していろいろな利益の還元の仕方があり得るのではないかと思います。

しかし利益還元を行うには、企業として、自らの企業価値に対するしっかりした評価基準を持っていなければなりません。自己株買いをやるのであれば、自らの一株当たりの株主価値と株価にどの程度の乖離があるのかを評価できる力が必要です。株価が、自ら判断する株主価値に比べ明らかに安いのであれば、自己株買いをやることで、企業価値を向上させることができますが、株価が高い場合は、自己株買いで株主価値を棄損することになります。事業会社として、企業価値を正確に評価できる判断基準を持たなければ、自己株買いや配当水準を決めることはできないといえます。したがって、事業会社は、利益の使い方は非常に慎重に考えるべきというのが、真っ当な株式投資家の意見です。配当性向をどの水準にするのかという判断は、事業会社が自らの企業価値を正当に考えたうえで判断すべきであり、他社との横並びなどで決定すべきことではありません。配当性向は一〇〇％がよい、〇％がよいといったことは、事業会社によって全く違うものです。配当性向は三割が妥当などという業界平均から見た比較をするのは、全く間違っていると思います。いいたいポイントは、事業会社が企業価値をきちんと踏まえたうえで、判断していただくべきことであるということです。

◆企業年金のスチュワードシップ・コード受け入れについては？

澤口　発行会社に関係あることとして、企業年金のスチュワードシップ・コードの受入表明を堀江様は発言されていますが、受入が求められる背景や、受入表明が増えそうなのか、教えていただけますか。

堀江　今のところスチュワードシップ・コードをサインアップしたのは、ＧＰＩＦを含めた公的年金がほとんどです。企業年金は五社のみです。

企業年金は、今、厚生年金基金を除くと約五〇兆円の資産があり、一四％以上は日本株に投資されていると思います。おそらく七兆円以上の保有があり、非常に重要な機関投資家であることは確かです。

一方で、企業年金は、スポンサー企業あっての年金であり、スポンサー企業のコーポレートガバナンスに対する考え方を踏まえてスチュワードシップ・コードに対応したいと考えていると思います。規約型はスポンサー企業の中の一部です。基金型も形式的には企業とは独立した存在ですが、スポンサー企業あっての年金基金ですので、コーポレートガバナンス・コードをどのようにスポンサー企業が準拠するのかを踏まえて、企業年金もスチュワードシップ・コードへの対応を考えたいというところが、非常に多いように感じています。企業年金の方とも議論させていただくなか、「署名をしてください」とお願いしても、暖簾に腕押しで、今のところはあまり進捗状況が芳しくない状況です。スポンサー企業がコーポレートガバナンス・コードに対して、どのような対応をするのかによって、少し流れが見えてくるのではないかと考えます。

◆GPIFのガバナンス改革の焦点は？

澤口　前段のご説明の中で、GPIF改革のお話がございました。短く話せる話ではないと思いますが、特に今どこがイシューになっているのかだけでも教えていただけますか。

堀江　GPIFのガバナンス改革に関しては、厚労省の下に年金部会が、そのまた下に「年金積立金の管理運用に係る法人のガバナンスの在り方検討作業班」があり、これまでそこで五回議論がされています。私もメンバーの一人ですが、論点は以下の通りです。

今のGPIFは独任制で、理事長がすべてを決める体制です。独法は全部、理事長がすべてを決める形であり、一三〇兆円以上の資産運用のガバナンスのあり方として適切ではないというのが一つの論点です。独任制を合議制にする点に関しては委員の意見の一致を見ています。

一方、先ほど日銀との比較をいいましたが、その合議制の中身をどうするかについて意見がまとまっていない状況です。私のように監督権限を果たす理事の中に、GPIFのCIOやCEO等の執行部を一人も入れるべきでなく、監督と執行を完全分離すべきという意見から、日銀のようにある程度、執行と監督を兼ねたようなボードがよいという意見まであり、なかなか意見のまとまりが得られないという状況で、現時点でまだ法案を出せるかどうかは流動的ではないでしょうか。

◆中長期運用の投資家の声をどうのように選別できるのか?

澤口　ご説明を伺うと、企業と企業価値の持続的成長という目的を共通とする中長期運用の投資家とならば、いろいろな説明やアクションの合理性が、論理的に説明できるのかなと思います。しかしその一方で、果たして、中長期運用の投資家とはなかなか直接コミュニケーションする機会も乏しいし、そのようなコミュニケーションをする中長期投資家の存在自体フィクションではないか、あるいは、そのような方の声をどのように選別して聞けばいいのか、と素朴な疑問を持っている方もいらっしゃると思います。教えていただけますか。

堀江　私の資料5－5（三一八ページ）で説明したように、事業会社の方が対峙している投資家は、この横軸でいうと、まだ左の方に寄っている、短期投資家が大部分を占めるのではないでしょうか。四半期決算の数値についてこと細かに質問をされるアナリストの方もいると聞いています。やはりそのような投資家が多いのは、事実だと思います。

ただし、この図の右側の上の方に存在する、皆様と平仄の合った、本当に中長期の企業価値の向上を考えている投資家がいます。事業会社の株主名簿の上から見て、名前を見れば自分の会社がどのような投資家に保有されているのかがわかります。以前、ある会社の大株主名簿と、他の同業の会社の株主名簿を見比べたことがあり、かなり異なることがわかりました。ある会社は長期投資家から見ると評価の高い会社のようで、この図の右上のゾーン、中長期の企業価値を考える投資家の名までが大株主の中に数多く見られたのに対し、他社ではパッシブ投資家が多かったと記憶しています。

投資家の投資戦略に関する知見がある程度あれば、株主名簿を見ると、どのような投資戦略の投資家が保有をしているのかがわかるというのが第一点。中長期の企業価値を真剣に考える投資家が少ないのであれば、おそらく事業会社側に課題があります。「海外の投資家にはがっかりした。金融危機のとき、中長期で持つといっていたくせに、全部売却された」という不満を述べられた事業会社の社長さんがおられましたが、「それは御社の利益構造に問題があったのではないか」と申し上げました。日本企業全体で見ると、中長期の企業価値を真剣に考える投資家が好む企業がそれほど多くないのは事実です。彼らは、参入障壁が高くキャッシュフローの安定性が極めて頑健である企業を好みます。事業会社が持ってもらいたい投資家と事業会社の事業内容に大きなミスマッチがあるので、澤口さんがいわれるように、そのような投資家がどこにいるのだと仰るのかもしれません。それは、今申し上げたように、事業会社の事業内容そのものにも原因があると申し上げたい。

中長期の企業価値を真剣に考える投資家が多い企業の場合、トップマネジメントは彼らに会うことによって、いろいろな建設的な意見をもらうことが可能になります。キャッシュフローの生み出す中身、そのあたりについても改善していかないと、持ってほしい投資家がなかなか増えていかないというのも、事実ではないかと思います。

◆経営者にコードの中身をどう説明すればよいのか?

澤口　本日は、このコードの中身を、あるいはどのように対処すべきかについて、経営トップに進言する立場の方も多いと思います。経営者にとっては、かなりショッキングな内容かもしれませんが、このコードの内容を経営者に説明しなければいけない皆さんに、何かアドバイスがあれば、お願いしたいと思います。

堀江　私は何回か事業経営者の方に今のようなお話をして、怒られもしています。いいたいポイントは、資料5－6に尽きています。

企業価値が、事業会社の努力によって上がると信じて投資している投資家に対して、事業会社から中長期の企業価値に関するメッセージを発信すべきというのが、今回のコードの一番重要なポイントです。株主の平等性の原則はありますが、短期投資家に対する対応を考えるのではなく、事業会社の社長さんと同じように、中長期で企業価値を見極めることを目的として投資をしている投資家に、その企業価値を上げていくための考え方を共有してもらうため、ディスクローズをお願いしたいと思います。それを明確に、投資家がわかるような形で情報発信をしていただきたいというのが、一番重要なポイントです。そのためには、投資家の立場をある程度反映させた取締役会の機関設計も、ある程度頭に入れていただければと思います。

本当に投資家の意見が経営者に届くのかどうか。そのあたりの不安を持っておられる投資家もいますが、それはあくまで一部分の投資家だと申し上げたい。一番重要なポイントは、企業価値を上げるための手立てが、どのような形、プロセスで行われるのかを、明確に投資家がわかる形で書くことです。その点をぜひ、トップマネジメントの方にお伝えいただければ、ありがたいと思っています。

主な著書・論文として、『Q＆Aグループガバナンスの実務』（株式会社商事法務 2015年）、『平成26年改正会社法　改正の経緯とポイント』（有斐閣 2014年、共編著）、『平成26年会社法改正を踏まえた実務の検討「親会社株主の保護等に関する規律の見直し」』（旬刊商事法務 2015年、共著）、「子会社管理についての親会社取締役の責任」（ジュリスト増刊 有斐閣 2013年）など多数。

菊地　伸（きくち　しん）　**第3章**
森·濱田松本法律事務所 パートナー弁護士
1982年東京大学法学部卒業、1989年弁護士登録。1994年ハーバード大学ロースクール卒業。1997年ニューヨーク州弁護士登録。
2010年～13年東京大学大学院法学政治学研究科客員教授。コーポレート・ガバナンス、M&A、株主総会対応、紛争解決、企業再編その他会社法務全般を取り扱う。
主な著書・論文として、『企業危機・不祥事対応の法務』（株式会社商事法務 2014年、共著）『会社法　改正法案の解説と企業の実務対応』（清文社 2014年、共著）、『「組織再編セミナー」法務・会計・税務のポイント』（株式会社商事法務 2013年、共著）など多数。

澤口　実（さわぐち　みのる）　**第1章・第2章・第5章**
森·濱田松本法律事務所 パートナー弁護士
1991年東京大学法学部卒業、1993年弁護士登録。
会社法分野を中心に、訴訟やM&A業務など、企業法務全般を取り扱う。現在、一橋大学法科大学院講師、経済産業省のコーポレート・ガバナンスの在り方に関する研究会委員、株主総会のあり方分科会委員、日本取締役協会幹事などを務める。
主な著書として、『新しい役員責任の実務』（株式会社商事法務 2012年、共著）『取締役会運営の実務』（株式会社商事法務 2010年）など多数。

太子堂　厚子（たいしどう　あつこ）　**第2章**
森·濱田松本法律事務所 パートナー弁護士
1999年東京大学法学部卒業、2001年弁護士登録。
コーポレート・ガバナンス、株主総会対応、会社訴訟その他会社法務全般を取り扱う。
主な著書・論文として、『Q＆A監査等委員会設置会社・社外取締役の実務』（株式会社商事法務 2015年）、『平成26年会社法改正を踏まえた実務の検討「「グループ・ガバナンスに関する規律等の見直し」』（旬刊商事法務 2015年、共著）、「取締役会規則における付議基準の見直し-社外取締役の選任、会社法改正その他近時のコーポレート・ガバナンスの動向を踏まえて-」（資料版商事法務 2014年、共著）など多数。

執筆者一覧（森・濱田松本法律事務所）

石井　裕介（いしい　ゆうすけ）　**第3章・第4章**
森･濱田松本法律事務所 パートナー弁護士
1999年東京大学法学部卒業、2000年弁護士登録。2008年コーネル大学ロースクール卒業、2009年ニューヨーク州弁護士登録。
2004年～06年法務省出向（会社法現代化に関する改正作業を担当)。コーポレート・ガバナンス、株主総会対応、会社訴訟からM&A/企業再編まで会社法務全般を取り扱う。
主な著書・論文として、「内部統制システムの基本方針決議の見直しのポイント」（資料版商事法務 2015年、共著)、「会社法改正法案の解説と企業の実務対応」（清文社 2014年、共著)、『平成26年会社法改正を踏まえた実務の検討「コーポレート・ガバナンスに関する規律の見直し」』（旬刊商事法務 2015年、共著）など多数。

石綿 学（いしわた　がく）　**第4章**
森･濱田松本法律事務所 パートナー弁護士
1995年東京大学法学部卒業、1997年弁護士登録。2001年シカゴ大学ロースクール卒業、2002年ニューヨーク州弁護士登録。2007年～15年京都大学法科大学院非常勤講師。
M&A/企業再編、コーポレートガバナンスを含む会社法務全般を取り扱う。経済産業省「企業価値研究会」委員、金融庁「コーポレートガバナンス連絡会議」メンバー、金融庁「開示制度ワーキンググループ　法制専門研究会」委員などを務める。
主な著書・論文として、「対話型アクティビスト対応の手法」（旬刊商事法務 2015年、共著)、『企業結合法の総合的研究』（株式会社商事法務 2009年、共著)、『M&A判例の分析と展開Ⅱ』（別冊 金融・商事判例 2010年、共編）など多数。

内田　修平（うちだ　しゅうへい）　**第2章・第4章**
森･濱田松本法律事務所 パートナー弁護士
2002年東京大学法学部卒業、2003年弁護士登録。2008年コロンビア大学ロースクール卒業、2009年ニューヨーク州弁護士登録。
2010年～13年法務省出向（民事局にて会社法改正の立案を担当)。M&A/企業再編、ファイナンス（投資・資金調達)、コーポレート・ガバナンスなどを含む会社法務全般を取り扱う。
主な著書・論文として、「コーポレートガバナンス・コードへの対応―既存の開示事例を参考に―」（資料版商事法務 2015年、共著)、「平成26年会社法改正がM&A法制に与える示唆（上）（下)」（旬刊商事法務 2014年)、「平成26年改正会社法の解説〔Ⅰ〕～〔Ⅸ〕」（旬刊商事法務 2014年、共著）など多数。

奥山　健志（おくやま　たけし）　**第3章**
森・濱田松本法律事務所 パートナー弁護士
2002年早稲田大学法学部卒業、2003年弁護士登録。
2014年より早稲田大学大学院法務研究科准教授。コーポレートガバナンス、株主総会対応、紛争解決、M&A/企業再編その他会社法務全般を取り扱う。

経営法友会副代表幹事を経て評議員。経団連、東京商工会議所、大学基準協会などで企業法務の観点で法制や法科大学院教育に関する委員を務める。経済産業省 コーポレート・ガバナンス・システムの在り方に関する研究会委員。

田中　亘（たなか　わたる）　**第2章**
東京大学社会科学研究所 教授
1996年東京大学法学部卒業。2007年から、東京大学社会科学研究所准教授。2010年1月～3月シカゴ大学ロースクール客員准教授。
博士（法学）。専門は商法・法と経済学。法制審議会会社法制部会幹事、企業会計審議会監査部会臨時委員などを務める。

寺下　史郎（てらした　しろう）　**第4章**
株式会社アイ・アール ジャパンホールディングス代表取締役社長・CEO
1982年青山学院大学経営学部卒。株式会社AIAを経て、1997年に株式会社アイ・アール ジャパンに入社。2008年より同社代表取締役社長・CEO。2015年より現職。経済産業省「企業価値研究会」「コーポレート・ガバナンス・システムの在り方に関する研究会」委員を務める。

藤田　友敬（ふじた　ともたか）　**第3章**
東京大学大学院法学政治学研究科 教授
1988年東京大学法学部第1類（私法コース）卒業、1988年東京大学助手、1991年成蹊大学法学部専任講師、1993年成蹊大学法学部助教授、1998年東京大学大学院法学政治学研究科助教授、2004年東京大学大学院法学政治学研究科教授。現在、法制審議会幹事、交通政策審議会海事分科会委員などを務める。

堀江　貞之（ほりえ　さだゆき）　**第5章**
野村総合研究所上席研究員
1981年神戸商科大学管理科学科卒業、野村総合研究所資産運用研究室室長、野村アセットマネジメントIT第一運用室長などを経て現在に至る。金融庁 日本版スチュワードシップ・コードに関する有識者検討会メンバー、コーポレートガバナンス・コードの策定に関する有識者会議メンバー、年金積立金管理運用独立行政法人運用委員会委員長代理などを務める。

和田　照子（わだ　てるこ）　**第2章**
日本経済団体連合会国際経済本部　上席主幹
1993年早稲田大学法学部卒業、1995年東京大学大学院法学政治学研究科民刑事法専攻（修士）修了。
1995年経済団体連合会（現、日本経済団体連合会）事務局入局。2002年フルブライト奨学金により、ジョージタウン大学ローセンター（法科大学院）（法学修士・LL.M.）に留学。2003年法学修士号取得後、IMF（国際通貨基金）法務局にてインターン（2004年6月まで）。2004年ニューヨーク州弁護士資格を取得した後、経団連事務局に復職、経済基盤本部上席主幹を経て現職。

執筆者一覧（パネリスト・ゲスト、50音順）

石田　猛行（いしだ　たけゆき）　　**第2章**
インスティテューショナルシェアホルダーサービシーズ株式会社 代表取締役
ジョンズホプキンズ大学高等国際問題研究大学院にて、国際関係論修士号を取得。1999年からワシントンDCのInvestor Responsibility Research Center（IRRC）に勤務。主に日本企業の株主総会の議案分析やコーポレートガバナンスの調査を担当。2005年のInstitutional Shareholder Services（ISS）によるIRRCの買収に伴い、同年12月からISS Japanに勤務。2008年11月から日本企業の株主総会分析を統括。
金融庁 日本版スチュワードシップ・コードに関する有識者検討会メンバー。経済産業省　コーポレート・ガバナンス・システムの在り方に関する研究会委員を務める。

神作　裕之（かんさく　ひろゆき）　　**第4章**
東京大学大学院法学政治学研究科 教授
1986年東京大学法学部第1類（私法コース）卒業、1986年東京大学法学部助手、1989年学習院大学法学部専任講師、1991年学習院大学法学部助教授、1995年～97年ドイツ連邦共和国テュービンゲン大学客員研究員、1998年学習院大学法学部教授、2004年東京大学大学院法学政治学研究科
現在、金融審議会委員、関税・外国為替等審議会臨時委員などを務める。

佐々木　貴司（ささき　たかし）　　**第3章**
あらた監査法人パートナー公認会計士
20年以上に及ぶ金融機関監査の経験を有し、大手金融機関等に監査及びアドバイザリー業務を提供。日本公認会計士協会銀行業一般指針等専門部会の部会長を務め、業種別委員会報告第39号「銀行等金融機関における財務報告に係る内部統制の監査の留意事項（中間報告）」及び実務指針第46 号「会計監査及び内部統制監査と金融検査との連携に関するガイドライン」の策定に携わる。早稲田大学大学院ファイナンス研究科非常勤講師。

静　正樹（しずか　まさき）　　**第4章**
株式会社東京証券取引所 取締役常務執行役員
1982年早稲田大学法学部卒業、東京証券取引所入所。1996年から2004年まで、上場制度やディスクロージャー制度の改革に従事。 その後、財務部長、経営企画部長を歴任。2007年執行役員、2011年常務執行役員、2013年より取締役常務執行役員に就任、現在に至る。
現在、経済産業省コーポレート・ガバナンス・システムの在り方に関する研究会委員、財務会計基準機構理事、日本証券アナリスト協会理事、日本IR協議会理事を務める。

島岡　聖也（しまおか　せいや）　　**第3章**
株式会社東芝　取締役監査委員
1979年神戸大学法学部卒。2007年6月から株式会社法務部長、2014年6月より現職。

変わるコーポレートガバナンス

2015年5月20日　1版1刷

編　者　森・濱田松本法律事務所
©Mori Hamada & Matsumoto, 2015
発行者　斎藤　修一
発行所　日本経済新聞出版社
http://www.nikkeibook.com/
東京都千代田区大手町1-3-7　〒100-8066
電　話　(03)3270-0251(代)

印刷・製本　三松堂
ISBN978-4-532-31998-4

本書の内容の一部あるいは全部を無断で複写（コピー）することは、法律で認められた場合を除き、著者および出版社の権利の侵害となりますので、その場合にはあらかじめ小社あて許諾を求めてください。

Printed in Japan